Marcel Hänggi

Wir Schwätzer im Treibhaus

W0177676

Marcel Hänggi

Wir Schwätzer im Treibhaus

Warum die Klimapolitik versagt

Rotpunktverlag

Der Autor dankt für die großzügige finanzielle Unterstützung seiner Recherchen:
- dem Kanton Solothurn,
- dem Schweizerischen Klub für Wissenschaftsjournalismus.

Der Verlag dankt für Druckkostenbeiträge:
- der Cassinelli Vogel Stiftung,
- Greenpeace Schweiz.

Umschlagfoto: Seth White, Der Barne-Gletscher in der Antarktis, 2002
Druck und Bindung: fgb · freiburger graphische betriebe · www.fgb.de
ISBN 978-3-85869-380-8

2., aktualisierte Auflage 2009

Inhaltsverzeichnis

Aus Sorge um die Zukunft
meiner Kinder Judith und Rahel.

Magerjoghurt statt Klimaschutz
Einleitung

Das Klima ist eine komplexe Sache. Die Antwort auf die Frage aber, was angesichts des vom Menschen verursachten Klimawandels zu tun sei, ist entwaffnend einfach: Wir müssen die Menge der Treibhausgase, die wir in die Atmosphäre pumpen – vor allem Kohlendioxid (CO_2) –, drastisch senken. Das geht nur, wenn wir wesentlich weniger Erdöl, Erdgas und Kohle verbrennen. Das Einfache ist aber schwer zu machen. In Wirklichkeit steigt der CO_2-Ausstoß nicht nur, er steigt immer schneller – schneller, als das von der Uno eingesetzte Klima-Expertengremium IPCC (Intergovernmental Panel on Climate Change) in seinem pessimistischsten Szenario angenommen hat.[1] Was läuft falsch?

Am 11. Januar 2007 publizierte die deutsche Wochenzeitung *Die Zeit* einen Leitartikel unter dem Titel »Wir könnten auch anders«. Anlass war die bevorstehende Präsentation des jüngsten IPCC-Berichts. Obwohl zu diesem Zeitpunkt noch streng vertraulich, war doch schon einigermaßen durchgesickert, dass die Prognosen dieses Berichts düster ausfallen würden. Das Klima wurde zu einem der wichtigsten globalen Themen für Medien, Politik und Wirtschaft.

Das Terrain für die verstärkte Präsenz des Themas in der Öffentlichkeit war ein paar Monate zuvor, im Herbst 2006, bereitet worden. Al Gores Dokumentarfilm *Eine unbequeme Wahrheit (An Inconvenient Truth)* war ein Kassenschlager.[2] Ende Oktober desselben Jahres präsentierte die britische Regierung eine Studie über die Folgekosten des Klimawandels, verfasst vom ehemaligen Weltbank-Chefökonomen Nicholas Stern.[3] Stern rechnete vor, dass der Klimawandel die Wirtschaft sehr teuer zu stehen kommen werde, wenn nicht bald gehandelt wird. Selbst US-Präsident George W. Bush gestand Anfang 2007 erstmals ein, dass es eine vom Menschen verursachte

Klimaerwärmung gebe. Begleitet wurde die Debatte von Wetteranomalien, die zu den Vorhersagen der Klimawissenschaftler passten – in unseren Breiten war das eine Serie deutlich zu warmer Monate, das Ausbleiben des Winters 2006/07 und der sommerliche April 2007.

Das Terrain war also vorbereitet. *Die Zeit* gab sich in ihrem Leitartikel engagiert und optimistisch. Tenor: Wir haben es in der Hand. Und forderte – etwa dass wir weniger Auto fahren würden? Nein! »Niemand«, schrieb die Autorin, »kann uns verbieten, millionenfach nach Ökoautos zu verlangen.«

Die Aussage illustriert, woran die gegenwärtige Klimadebatte krankt.

Während wir weniger brauchten – weniger Treibhausgase –, sprechen alle von mehr. Mehr »Ökoautos«. Mehr Energieeffizienz. Mehr erneuerbare Energien. Nachhaltiges Wachstum. Politiker, Ökonominnen, Wissenschaftler, selbst Umweltorganisationen scheinen das Wort »weniger« mit einem Tabu belegt zu haben. In der Zusammenfassung des dritten Teils des IPCC-Berichts – dieser befasst sich mit den Maßnahmen gegen den Klimawandel und wurde im Mai 2007 präsentiert – kommt das Wort »weniger« viermal, das Wort »mehr« dreißigmal vor.

Wir benehmen uns wie Übergewichtige, die zu viel Fettes essen und nun, einsichtig, dass es so nicht weitergehen kann, statt weniger Fett zu jeder Mahlzeit zusätzlich noch einen Magerjoghurt essen. Magerjoghurts und alles, was aussieht wie solche, haben Hochkonjunktur. Was verspricht, weniger CO_2 auszustoßen, ohne dass man sein Verhalten ändern muss, ist gut. Damit riskieren wir nicht nur, das Ziel zu verfehlen. Es werden im Namen des Klimaschutzes heute auch Entwicklungen angestoßen, die fatale Nebenwirkungen haben oder haben könnten. Wir sind bereit, sogar giftige Joghurts zu essen, wenn sie nur mager sind.

Wir brauchten, was schlecht in unsere Zeit passt: eine Kultur, eine Politik, eine Wirtschaft des Weniger. Ich will in diesem Buch fragen, weshalb wir uns damit so schwertun. Im ersten Teil betrachte ich die Grundlagen der Klimapolitik – die Wissenschaft, namentlich die Ökonomie, in ihrem gesellschaftlichen Umfeld. Im zweiten Teil diskutiere ich Maßnahmen, die unter dem Begriff Klimaschutz angepriesen werden – und will zeigen, wo wir uns selbst belügen. Im dritten Teil frage ich, wie das denn aussehen könnte: eine Welt, die mit weniger auskommt. Im Anhang des Buches finden sich ein Glossar und eine Übersicht zu den wichtigsten Zahlen.

In vielem werde ich radikale Kritik üben. Aber: Alles, was ich vorschlage, ist in der Klimapolitik im Grundsatz schon vorhanden oder in anderen Politikfeldern erprobt. Ich werde ein paar einfache Antworten geben. Klimaschutz ist im Grunde eine einfache Angelegenheit: weniger fossilen Kohlenstoff verbrennen; Einfaches soll man nicht unnötig verkomplizieren. Aber wer einfache Antworten gibt, ist eine Erklärung schuldig, weshalb nicht alle anderen auf dieselben Antworten gekommen sind.

Diese Erklärung suche ich in den Tabus, die unsere Sicht von Ökonomie und Politik beschränken: das Wachstumstabu vor allem; damit eng verbunden das Tabu, das Präsident George Bush senior 1992 am Uno-Umweltgipfel in Rio de Janeiro ausgesprochen hat und dem sich der politische Widersacher seines Sohnes, Friedensnobelpreisträger Al Gore, stillschweigend anschließt: »Der amerikanische Lebensstil steht nicht zur Debatte.«

Ich könnte nun in das gerade beim Klimaschutz beliebte USA-Bashing einstimmen. Aber man sollte sich nichts vormachen: Der europäische Lebensstil steht genauso wenig zur Debatte wie der amerikanische.

Teil I

Die falschen Fragen

Kleine Eiszeit, Kalter Krieg und die Klimaerwärmung
Prolog

Es wird in diesem Buch viel von der Zukunft die Rede sein. Beginnen wir mit einem Abstecher in die Vergangenheit.

Im Winter 1303 fror die Ostsee zu. Vier Jahre später wiederholte sich das seltene Ereignis. 1315 regnete es ohne Unterlass, was in Europa zu einer Hungersnot führte, die Christian Pfister, Professor für Geschichte an der Universität Bern und Klimahistoriker, als die schlimmste des Jahrtausends bezeichnet. Es war der Auftakt zu einer Zeit der Katastrophen: Unwetter, Missernten und Heuschreckenplagen; dazu politische Wirren, wirtschaftliche Zusammenbrüche und immer wieder Krieg; schließlich mehrere Pestwellen, deren erste und schwerste um 1350 ein Drittel aller Einwohner Europas tötete.

Die Unwetter zu Beginn des 14. Jahrhunderts waren erste Vorboten dessen, was man die Kleine Eiszeit nennt, also Vorboten einer Klimakatastrophe. 1318 schneite es in Köln am 30. Juni. Die Jahre 1345 und 1347 galten als »Jahre ohne Sommer«. Die Pest konnte auch deshalb so verheerend wüten, weil sie eine durch Missernten geschwächte Bevölkerung traf.

Es wurde kühler. Hunger gehörte damals zum Leben der Menschen, aber eigentliche Hungersnöte hatte es im Hochmittelalter wenige gegeben; nun stieg ihre Zahl in Westeuropa bis ins 18. Jahrhundert stetig an. Lebensstandard und Ernährungsqualität nahmen im Zuge von Kleiner Eiszeit und Bevölkerungswachstum ab. Erst im 20. Jahrhundert konnten die Menschen in Europa pro Kopf wieder so viel Fleisch konsumieren wie im Hochmittelalter.[4]

Das Klima wandelt sich. Das war schon immer so. Einige meinen deshalb, dass auch die gegenwärtige Erwärmung nichts Außergewöhnliches sei. Doch die jetzige Erwärmung übertrifft an Geschwindigkeit und Ausmaß alles, was in historischer Zeit an natürlichem Klimawandel vorkam.[5] Und die Klimageschichte eignet sich schlecht dazu, Klimaprobleme zu verharmlosen. Sie zeigt im Gegenteil, dass schon viel geringere Schwankungen als die heutigen sich in einem viel weniger dicht bevölkerten Europa katastrophal auswirkten. Und wenn zumindest der reichere Teil der Menschheit heute mit klimatischen Unbilden besser umgehen kann als früher, so hat das mit einer präzedenzlosen historischen Dynamik zu tun. Es ist eine Dynamik wissenschaftlicher, technischer und agrarwirtschaftlicher Fortschritte. Diese Dynamik beruht wesentlich auf der Verbrennung von Kohle und Erdöl, die für die Klimakatastrophen der Zukunft hauptsächlich verantwortlich ist.

Die Kleine Eiszeit dauerte bis ins 19. Jahrhundert. Im selben Jahrhundert, 1827, postulierte der Franzose Joseph Baron de Fourier als Erster den (natürlichen) Treibhauseffekt. Wenn heute vom Treibhauseffekt die Rede ist, meinen wir damit vor allem den vom Menschen verstärkten Effekt. Auch dieser wurde schon im 19. Jahrhundert erkannt. Der Schwede Svante Arrhenius, später mit dem Chemienobelpreis ausgezeichnet, schätzte 1896, dass eine Verdoppelung des Gehalts an Kohlendioxid (CO_2) in der Atmosphäre zu einer Erwärmung von 4,9 bis 6,1 Grad führen würde. Er befand sich damit in der Größenordnung heutiger Schätzungen: Das IPCC rechnet mit einem Anstieg um 2 bis 4,5 Grad, aber »wesentlich höhere Werte als 4,5 Grad können nicht ausgeschlossen werden«.[6]

Ebenfalls im 19. Jahrhundert entwickelte der schweizerisch-amerikanische Biologe und Geologe Louis Agassiz die Theorie der Eiszeiten. Nach der Kleinen fürchtete man sich vor einer richtigen Eiszeit. Diese Furcht hielt bis weit ins 20. Jahrhundert an. Arrhenius begrüßte deshalb den von ihm vorausgesagten Temperaturanstieg durch vom Menschen verursachte CO_2-Emissionen.

Eine eigentliche Klimawissenschaft entstand in den 1950er-Jahren in den USA.[7] In der Nachkriegszeit herrschte ein ungehemmter Wissenschafts- und Fortschrittsglaube. Die Wissenschaft darbte nicht: Im Zeichen des Machbarkeitsglaubens der Zeit sowie des Kalten Kriegs entstand *Big Science* – von der öffentlichen Hand finanzierte, hauptsächlich militärisch kontrollierte riesige Forschungsprojekte in Physik, Informationswissenschaften und Biologie.

Klimawissenschaft war Big Science. Das Interesse am Klima war vor allem ein militärisches. »Wetterveränderung« wurde als mögliche Waffe gesehen; gleichzeitig fürchtete man sich vor klimatischen Folgen anderer Waffen, namentlich vor dem »nuklearen Winter« nach einer Atombombenexplosion. Es wurde auch aus zivilen Motiven ins Auge gefasst, das Wetter zu steuern. Ein wärmeres Klima, das zu höheren Ernten in der Landwirtschaft führen würde, galt nach wie vor als wünschbar. Einige träumten vom eisfreien Nordpolarmeer, das Schiffsrouten und Bodenschätze freigäbe. 1961 regte Präsident John F. Kennedy vor der Uno-Generalversammlung eine internationale Zusammenarbeit an, um »Wettersteuerung« zu erreichen. Heute betreibt vor allem China Forschungsprojekte zur gezielten Veränderung des Wetters.

Ob der Welt eine kühlere oder eine wärmere Zukunft bevorstehe, blieb bis in die 1970er-Jahre hinein umstritten. Zwischen 1940 und 1970 sanken die weltweiten Durchschnittstemperaturen leicht. Wie man heute weiß, hat die Luftverschmutzung, die in den 1960er- und 70er-Jahren ihren Höhepunkt erreichte, den Treibhauseffekt ausgeglichen – Schmutzpartikel in der Luft halten Sonnenlicht zurück. Der Ökonom Ralph d'Arge, der 1975 als Erster Kosten und Nutzen einer Klimaveränderung abzuschätzen versuchte, rechnete noch mit Szenarien sowohl für eine Erwärmung wie auch für eine Abkühlung.

Doch während manche noch Wetterkontrollfantasien nachhingen, mehrten sich die warnenden Stimmen. 1957 wurde die erste Kohlendioxid-Beobachtungsstation auf dem Mauna Loa (Hawaii) eingerichtet. 1965 stellte erstmals eine offizielle Stelle – das Wissenschaftliche Beratungskomitee des Präsidenten der USA – fest, dass ein vom Menschen verursachter Klimawandel gefährliche Folgen haben könnte. Extremwetterereignisse in allen Teilen der Welt in den frühen 70er-Jahren bestärkten bestehende Bedenken. 1974 rief der US-Außenminister Henry Kissinger vor der Uno-Vollversammlung zu internationalen Forschungen über Naturkatastrophen auf und bekräftigte die Bereitschaft der USA, diese Anstrengungen anzuführen. 1979 organisierte die Meteorologische Weltorganisation in Genf eine erste Klimakonferenz und lancierte das erste internationale Klimaforschungsprogramm.[8] Sechs Jahre später war es unter den Teilnehmern einer wissenschaftlichen Konferenz bereits Konsens, dass »in der ersten Hälfte des nächsten Jahrhunderts eine Erwärmung der globalen Durchschnittstemperatur auftreten wird, die größer ist als jede andere Erwärmung in der Geschichte der Menschheit«[9].

Diese Beschäftigung mit dem Klima fiel in die Zeit eines entstehenden breiten Umweltbewusstseins. 1961 wurde der WWF gegründet. 1962 erschien das Buch *Der stumme Frühling* von Rachel Carson, das auf die Umweltverschmutzung und Gesundheitsgefährdung durch Pestizide, namentlich das Insektengift DDT, aufmerksam machte und vielen als Gründungsdokument der Umweltbewegung gilt. Für Al Gore ist es die Fotografie der Erde aus dem All im Jahre 1968, die bewusst machte, dass dieser Planet verletzlich ist. Beide Datierungen, Carsons Buch und das Porträtbild der Erde, sind etwas amerikazentrisch, aber die USA spielten tatsächlich die führende Rolle. Weitere Umweltorganisationen wurden gegründet: Friends of the Earth 1969, Greenpeace 1971. Verstärkt wurde die Umwelt- durch die Hippie-Bewegung und den Aufbruch von 1968.

Um 1970 fand in den USA eine erste große Debatte über die Risiken einer Technik statt: über die Entwicklung eines zivilen Überschallflugzeugs. Die wissenschaftlichen Studien, die im Rahmen dieser Debatte unternommen wurden (und 1971 zum Abbruch des Projekts führten), lieferten der Erforschung des Klimawandels wichtige Impulse und waren ein Schritt hin zur Entdeckung des »Ozonlochs«. 1972 publizierte der Club of Rome den viel beachteten Bericht über die »Grenzen des Wachstums«[10] und sprach damit ein Thema an, das die Wirtschaftswissenschaften seit dem späteren 19. Jahrhundert fast vollständig ausgeblendet hatten. In Europa artikulierte sich die ökologisch motivierte Technikkritik im Widerstand gegen Atomkraftwerke, der in Deutschland und in der Schweiz seinen Höhepunkt 1975 in den erfolgreichen Bauplatzbesetzungen von Wyhl respektive Kaiseraugst erreichte. Die 80er-Jahre waren das Jahrzehnt von Waldsterben und saurem Regen und der Tschernobylkatastrophe (26. April 1986), in Westeuropa entstanden ökologisch ausgerichtete politische Parteien (Gründung der deutschen Grünen 1980).

Gleichzeitig gewann aber eine sehr andere Bewegung an Einfluss. Sie ist unter dem (unscharfen) Begriff »Neoliberalismus« bekannt geworden und geht vor allem auf den österreichischen Ökonomen Friedrich August von Hayek (1899–1992; Wirtschaftsnobelpreis 1974[11]) zurück. Es ist eine Bewegung in Ökonomie und Politik, die sich der reinen Lehre des Laissez-faire verschrieben hat. Für sie führt der freie Markt zur besten aller Welten – versagt der Markt, war er nicht frei genug. Der Staat hat die Aufgabe, die Freiheit des Marktes zu schützen, soll sich sonst aber nicht einmischen.

1973 errichtete Augusto Pinochet in Chile das erste neoliberale Regime, nachdem er sich mithilfe der CIA an die Macht geputscht hatte. Diktator Pinochets Berater war Milton Friedman (1912–2006; Wirtschaftsnobelpreis 1976), als Anführer der »Chicagoer Schule« eine zentrale Figur des Neoliberalismus. Die ersten demokratisch gewählten neoliberalen Regierungen waren die von Premierministerin Margaret Thatcher in Großbritannien (1979 bis 1990) und von Präsident Ronald Reagan in den USA (1981 bis 1988).

Es geht an dieser Stelle nicht um eine Gesamtwürdigung des Neoliberalismus, sondern um seine Rolle in der Umweltpolitik. In den USA bedeutete Reagans Amtsantritt den Bruch mit dem Konsens des New Deal, der seit dem Amtsantritt von Franklin D. Roosevelt (Präsident von 1933 bis 1945) die US-amerikanische Politik geprägt hatte. New Deal war kein Programm, sondern ein Schlagwort aus Roosevelts Wahlkampf in der Weltwirtschaftskrise. Mit Umweltschutz hatte er nichts zu tun – und doch prägte er das Denken in einer für die

Umweltdebatte relevanten Art. Der New Deal lässt sich beschreiben als die Ansicht, dass wirtschaftliches Profitstreben allein keine Richtschnur für gesellschaftliches Handeln abgebe; dass der Staat die Aufgabe habe, gestaltend in die Gesellschaft einzugreifen. Bemerkenswert ist, wie Roosevelt mitten in der Krise die Wachstumsversessenheit seiner Zeit kritisierte: »Die Menschen dieses Landes wurden irrigerweise dazu verführt zu glauben, sie könnten die Produktion von Farmen und Fabriken endlos steigern, und irgendein Zauberer fände Mittel und Wege, wie diese gesteigerte Produktion auch mit vernünftigem Profit für die Produzenten konsumiert würde.«[12] Eine Kritik, die heute vor allem von Umweltschützern geäußert wird.*

Eine der frühen Amtshandlungen Präsident Ronald Reagans bestand darin, der 1970 geschaffenen Umweltbehörde Environment Protection Agency (EPA) die Mittel drastisch zu kürzen. Weiter verfügte Reagan, dass sämtliche umweltpolitischen Maßnahmen einer Kosten-Nutzen-Analyse zu unterziehen seien: Die Umwelt sollte geschützt werden, wenn dieser Schutz sich wirtschaftlich rechnete. Diese Sichtweise hat sich mithilfe US-amerikanischer Umweltdiplomatie so weit verbreitet, dass sie die Klimadebatte heute prägt. Der US-amerikanische Ökonom William Nordhaus, den das Wirtschaftsmagazin *The Economist* (nicht ganz zu Recht) den »Vater der Ökonomik des Klimawandels« nennt[13], verspottet die Ansicht, die Umwelt sei an sich und jenseits von Kosten-Nutzen-Überlegungen schützenswert, als »ultrakonservativ«.[14]

In dieser Situation entwickelte sich die Umweltdiplomatie. Ihre erste große Veranstaltung war die Umweltkonferenz in Stockholm

---

* Damit will ich nicht sagen, der New Deal sei ökologische Politik gewesen. Die massive Subventionierung von Hypothekarkrediten durch den Staat heizte die ökologisch desaströse Zersiedelung der amerikanischen Landschaft an. Man sollte den Rufen nach einem »Grünen New Deal«, wie sie im Zuge der Finanzkrise und der Wahl Barack Obamas zum US-Präsidenten im Herbst 2008 ertönten, mit viel Skepsis begegnen.

1972, an der das Uno-Umweltprogramm (Unep) ins Leben gerufen wurde. Weitere Meilensteine waren die Verabschiedung des Montreal-Protokolls zum Schutz der Ozonschicht im November 1987, die Publikation des Uno-Berichts *Unsere gemeinsame Zukunft* (Brundtland-Bericht) einen Monat später und der Uno-Umweltgipfel von Rio de Janeiro 1992. Zu den ersten großen Themen der Klimadiplomatie gehörten Luftverschmutzung und saurer Regen, Artenvielfalt, das Ozonloch und bald schon der Klimawandel. Die USA spielten in dieser Entwicklung eine ambivalente, aber immer entscheidende Rolle.

Die Klimadiplomatie ist die Veranstaltung einer Politik, die auf ein gewachsenes Umweltbewusstsein der Bevölkerung Rücksicht nehmen muss, aber auch auf Wohlstands-, Wachstums- und steigende Konsumerwartungen. Diese Politik wird in unterschiedlichem, aber zunehmendem Maße von einer Denkrichtung geprägt, die Umweltprobleme in erster Linie aus ökonomischer Warte betrachtet.

Dazu gesellt sich eine Klimaforschung, die aus *Big Science* heraus gewachsen ist, eine Wissenschaft mit einem starken Selbstbewusstsein. Sie sieht sich als die Instanz, die Lösungen für die Probleme dieser Welt entwickelt. Sie ist es nicht gewohnt, Erwartungen, die an sie gestellt werden, zu enttäuschen. Mit der Politik steht sie in einem Verhältnis wechselseitiger Abhängigkeiten – sie hängt am finanziellen Tropf der Politik, der sie im Gegenzug Legitimation liefert. Der bislang ehrgeizigste Versuch, Politik wissenschaftlich zu begründen, ist das Intergovernmental Panel on Climate Change (IPCC).

Stichwort
Treibhauseffekt, Treibhausgase

Treibhäuser, wie sie in der Landwirtschaft eingesetzt werden, lassen mehr Sonnenenergie rein als raus – es ist drinnen wärmer als draußen. Die Erde ist ein riesiges Treibhaus: Gewisse Gase in der Atmosphäre haben die Eigenschaft, für eintreffendes, kurzwelliges Licht transparent zu sein, während sie von der Erde reflektierte, langwellige Strahlung absorbieren und in Wärme umwandeln. Die entsprechenden Gase heißen Treibhausgase.

Wäre das nicht so, wäre die Erde ein unwirtlicher Ort: Der natürliche Treibhauseffekt macht die Erde im Durchschnitt 33 Grad wärmer, als sie ohne ihn wäre. Problematisch wird es, wenn der Treibhauseffekt durch menschliche Aktivitäten verstärkt wird.

Zahlreiche Gase wirken als Treibhausgase; die wichtigsten sind:

* *Kohlendioxid (CO$_2$)*. CO_2 ist zu 70 Prozent für den vom Menschen verursachten (anthropogenen) Treibhauseffekt verantwortlich. Alle organischen Stoffe enthalten Kohlenstoff. Verbrennt dieser – beispielsweise bei der Atmung von Pflanzen und Tieren – zu CO_2, wird Energie frei. Aus einem Kilogramm Kohlenstoff entstehen bei der Verbrennung 3,66 Kilogramm CO_2. Umgekehrt gewinnen Pflanzen aus dem CO_2 in der Atmosphäre Kohlenstoff. Die dazu nötige Energie liefert das Sonnenlicht; der Prozess heißt Fotosynthese. CO_2 ist also Teil eines natürlichen Kohlenstoffkreislaufs. Über Jahrmillionen wurde diesem Kreislauf Kohlenstoff entzogen, wenn Biomasse in geologischen Prozessen zugedeckt wurde. Daraus entstanden die unterirdischen Kohle-, Erdöl- und Erdgasvorkommen. Indem diese Vorräte nun innert Jahrzehnten verbrannt werden, wird der natürliche Kohlenstoffkreislauf erheblich gestört. Dasselbe geschieht, wenn Wälder abgeholzt werden oder Böden, die Kohlenstoff speichern, verarmen. Außerdem entsteht CO_2 bei der Zementherstellung. CO_2 verweilt durchschnittlich etwa 150 Jahre in der Atmosphäre. Die CO_2-Konzentration in der Atmo-

sphäre ist heute um 28 Prozent höher als je zuvor in den letzten 800 000 Jahren.[15]

- *Methan (CH4)* trägt zu 23 Prozent zum anthropogenen Treibhauseffekt bei. Es entsteht bei der Vergärung organischer Stoffe ohne Sauerstoff. Erdgas besteht zur Hauptsache aus Methan. Zur Hälfte stammt das anthropogene Methan aus der Landwirtschaft (vor allem aus Viehzucht und Reisanbau). Methan entsteht zudem in Abfalldeponien und es entweicht aus Lecks bei der Erdgasgewinnung und beim Erdgastransport; es ist in Böden gespeichert, von wo es bei der Übernutzung der Böden oder beim Auftauen gefrorener Böden entweicht. Es verweilt durchschnittlich 12 Jahre in der Atmosphäre. Die Methan-Konzentration in der Atmosphäre ist heute um 124 Prozent höher als je zuvor in den letzten 800 000 Jahren.[16]
- *Lachgas* oder *Distickstoffoxid (N2O)*. N_2O entsteht ebenfalls in der Landwirtschaft sowie bei der Verbrennung fossiler Energieträger. Anteil am anthropogenen Treibhauseffekt: 7 Prozent. Dieses Gas entweicht namentlich von gedüngten Böden. Es wird in der Atmosphäre in durchschnittlich 114 Jahren abgebaut.
- *Schwefelhexafluorid (SF6)* sowie die Gase der Stoffgruppen *Fluorkohlenwasserstoffe (HFC)* und *perfluorierte Fluorkohlenwasserstoffe (PFC)* entstehen in Industrieprozessen als Abfallprodukte oder werden gezielt als Kühlmittel, Reinigungsmittel, Isoliergase und zu weiteren Zwecken hergestellt. Sie sind sehr unterschiedlich langlebig; einige PFC können bis 50 000 Jahre in der Atmosphäre verbleiben. Ihr Anteil am Treibhauseffekt ist gering.

Mit diesen vier Gasen und zwei Gasgruppen beschäftigt sich das Kioto-Protokoll. Dabei regelt das Protokoll nicht den Umgang mit jedem einzelnen der Gase, sondern mit deren Summe. Damit dies möglich ist, müssen die Gase in eine gemeinsame Einheit umgerechnet werden. Diese Einheit heißt *CO2-Äquivalent*. Eine Tonne CO_2-Äquivalente trägt danach gleich viel zur Erwärmung bei wie eine Tonne Kohlendioxid. Eine Tonne Methan etwa entspricht gemäß Kioto-Protokoll 21 Tonnen CO_2-Äquivalenten, beim Lachgas ist der »Wechselkurs«

310, bei den synthetischen Gasen kann er mehrere Tausend erreichen. Diese Umrechnung ist allerdings nur eine Annäherung, weil die verschiedenen Stoffe sehr unterschiedlich stabil sind. Für das Kioto-Protokoll ist ein Umrechnungsfaktor ausschlaggebend, der die durchschnittliche Wirkung über hundert Jahre betrachtet.

Weitere Treibhausgase werden vom Kioto-Protokoll nicht abgedeckt:

- *Wasserdampf (H_2O)* ist das wichtigste Gas des natürlichen Treibhauseffekts, für den es zu rund 60 Prozent verantwortlich ist. Menschliche Wasserdampfemissionen spielen aber eine geringe Rolle, weil der atmosphärische Gehalt an Wasser – die Luftfeuchtigkeit – sich über das Wetter reguliert: Ist es zu feucht, regnet es. Das gilt allerdings nicht für die sogenannte Stratosphäre (ab 8000 Meter Höhe). Hier, wo Wasserdampf aus Flugzeugabgasen hingelangt, ist das Wasser dem Wetterkreislauf entzogen. Messungen haben eine Zunahme des stratosphärischen Wassergehalts seit den 1990er-Jahren ergeben; eine Zunahme seit der Mitte des 20. Jahrhunderts wird vermutet. Diese Zusammenhänge sind laut dem IPCC noch unzureichend erforscht.[17]

- *Fluorchlorkohlenwasserstoffe (FCKW).* Diese synthetischen Gase wurden als Kühlmittel, Treibmittel und zum Schäumen von Kunststoffen verwendet. Sie zerstören die Ozonschicht und wurden durch das Montreal-Protokoll zum Schutz der Ozonschicht (1987) und dessen Nachfolgeabkommen verboten. Sie sind deshalb nicht Gegenstand des Kioto-Protokolls.

- *Ozon (O_3)* entsteht nicht direkt bei menschlichen Aktivitäten. Es wird aber in der Atmosphäre unter dem Einfluss von sogenannten Vorläuferstoffen gebildet. Diese Vorläuferstoffe – Stickoxide und Flüchtige Organische Substanzen – entstehen bei der Verbrennung fossiler Energieträger sowie in Industrieprozessen.

- *Aerosole* (feine Stäube verschiedener chemischer Zusammensetzung) können sowohl wärmend wie kühlend wirken. Ihre Wirkung ist noch wenig bekannt.

Die Konsensmaschine
Intergovernmental Panel on Climate Change (IPCC)

Die Ehrung seiner Organisation mit dem Friedensnobelpreis, sagte der IPCC-Vorsitzende Rajendra Pachauri anlässlich der Preisvergabe am 10. Dezember 2007, sei eine Anerkennung für »die Macht und die Verheißungen gemeinsamer wissenschaftlicher Anstrengungen« sowie – Wissenschaftler drücken sich gerne etwas sperrig aus – für »die Wichtigkeit der Rolle des Wissens bei der Gestaltung der öffentlichen Angelegenheiten und bei der Implementierung des globalen Handelns für Nachhaltigkeit«.

Das IPCC ist die Instanz, an der in der Klimadebatte niemand vorbeikommt. Die vier Buchstaben stehen für den bislang ehrgeizigsten Versuch, internationale Politik auf eine wissenschaftliche Basis zu stellen. »Über 2500 wissenschaftliche Experten – über 800 Autoren – und über 450 Hauptautoren – aus über 130 Staaten – 6 Jahre Arbeit – 4 Bände – 1 Bericht« warb die Homepage des IPCC im Januar 2007 für die bevorstehende Publikation seines vierten »Sachstandsberichts« *(Assessment Report)*. Doch das IPCC ist kein Forschungsinstitut. Das I von IPCC steht nicht für International, sondern für Intergovernmental: Das IPCC ist eine Organisation von Regierungen; Mitglieder sind alle Staaten, die entweder Mitglied des Uno-Umweltprogramms (Unep) oder der Meteorologischen Weltorganisation (WMO) sind – also fast alle.

Gegründet wurde das IPCC 1988 durch die Uno-Vollversammlung.[18] Die Zeit war günstig: 1987 war das bis dahin wärmste Jahr seit Beginn der systematischen Temperaturmessungen; 1987 und 1988 hatten Wetterkatastrophen und -anomalien die Aufmerksamkeit für Klimafragen in der Öffentlichkeit gestärkt: Hitzewellen suchten Nordamerika heim, der Hurrikan Gilbert wütete ungewöhnlich stark in der Karibik, und in der Antarktis kollabierte ein riesiger Eisschild. In den USA war Präsidentschaftswahlkampf. Sowohl der republikanische Kandidat George Bush senior wie sein demokratischer Gegenspieler Michael Dukakis machten den Klimawandel in ihren Kampagnen zum Thema. Die Entspannung im Ost-West-Verhältnis infolge der Perestroika-Politik in der Sowjetunion setzte politische Energien frei, die durch den Kalten Krieg gebunden gewesen waren.

Die Uno-Vollversammlung zeigte sich in der IPCC-Gründungsresolution »besorgt, dass eine wachsende Gewissheit darauf hinweist, dass die Zunahme der Konzentration von ›Treibhausgasen‹ in der Atmosphäre eine globale Erwärmung verursachen könnte, verbunden mit einem Anstieg des Meeresspiegels, deren Auswirkungen für die Menschheit katastrophal sein könnten, wenn nicht rechtzeitig Maßnahmen ergriffen werden«.[19] Die Vollversammlung gab dem IPCC den Auftrag, den »Stand des wissenschaftlichen Wissens vom Klima und vom Klimawandel« darzulegen – »politisch neutral« und im Hinblick auf ein »mögliches künftiges internationales Klimaabkommen«. Salopp ausgedrückt, hieß das: Ihr, Wissenschaftler, einigt euch und sagt uns, was Sache ist; wir, Politiker, werden dann handeln.

Viermal – 1990, 1995, 2001 und 2007 – hat das IPCC seitdem einen Sachstandsbericht vorgelegt; dazu kommen mehrere Spezialberichte. Die Berichte bieten einen Überblick über das Wissen aller wissenschaftlichen Disziplinen, die sich mit dem Klimawandel befassen. Beteiligt sind Natur- wie Sozialwissenschaften. Der Vorgabe, politisch neutral zu sein, werden die Berichte dadurch gerecht, dass sie keine Empfehlungen abgeben. Sie legen dar, was geschieht, wenn die Menschheit sich so oder anders verhält.

Doch: Kann das IPCC seinen Auftrag überhaupt erfüllen, den Konsens eines ganzen Wissenschaftsbereichs zu finden – noch dazu auf einem politisch so hart umkämpften Feld wie der Klimaforschung? Ist die Konsenssuche der Wissenschaft nicht geradezu abträglich, weil nur Dissens – der Streit von Für und Wider – die Wissenschaft voranbringt?

Thomas Stocker, Professor für Klima- und Umweltphysik der Universität Bern, sagt: Doch, das geht. Stocker ist Kovorsitzender von einer der drei Arbeitsgruppen des IPCC. Dass die Konsenssuche zu einem unwissenschaftlichen Ausklammern dissidenter Stimmen führe, wie dem IPCC von seinen Kritikern vorgeworfen wird, bestreitet Thomas Stocker und verweist auf die Mitarbeit Richard Lindzen vom Massachusetts Institute of Technology (MIT) beim Bericht von 2001. Lindzen ist der wohl renommierteste Klimaforscher, der bezweifelt, dass es einen ernsthaften, vom Menschen verursachten Klimawandel gibt – manche meinen, er sei überhaupt der einzige ernst zu nehmende Forscher, der diese Position noch vertrete. Lindzen, erzählt Stocker, bezweifelte im IPCC die Tauglichkeit der verwendeten Klimamodelle. Die Auseinandersetzungen mit ihm hätten viele Nerven gekostet. Sandrine Bony vom Centre National de la Recherche Scientifique (CNRS) in Paris, eine weitere Autorin des dritten Berichts, schreibt, die Auseinandersetzung mit Lindzen sei zwar in ihrer Intensität weit über das hinausgegangen, was in wissenschaftlichen Debatten üblich sei; letztlich habe sie aber dazu beigetragen, dass die Qualität der Expertise in den strittigen Fragen heute besser sei.[20] Und: Lindzen unterschrieb den IPCC-Bericht mit (am vierten Bericht von 2007 war er nicht mehr als Autor beteiligt).

Politische Anfeindungen, sagt Thomas Stocker, habe er nur außerhalb des IPCC erlebt. Selbst wenn das IPCC von direkter politischer Einflussnahme betroffen war, habe sich das nicht auf die Inhalte ausgewirkt. Beispielsweise wurde 2002 der Vorsitzende des IPCC ausgewechselt. Robert Watson, ehemaliger Berater der US-Regierung von Bill Clinton, war der Erdölindustrie ein Dorn im Auge. Der Erdölkonzern ExxonMobile beklagte sich mit einem vertraulichen Fax vom 6. Februar 2001[21] an das Weiße Haus über Watson und seine »aggressive Agenda«. Auf Druck der USA wählten die IPCC-Mitglieder anstelle Watsons den als zahmer geltenden Inder Rajendra Pachauri zum neuen Vorsitzenden. »Es ist für unsere Arbeit nicht so wichtig, ob der Vorsitzende Watson oder Pachauri heißt«, sagt Stocker.

»Die entscheidende Frage lautet, ob der vierte Bericht anders ausgesehen hätte, wenn immer noch Watson im Amt gewesen wäre. Ich glaube nicht.«

Der Einfluss der Politik auf das IPCC ist institutionalisiert. Die im IPCC vertretenen Regierungen besetzen das Büro, das seinen Sitz bei der Meteorologischen Weltorganisation in Genf hat, und schlagen die Autoren vor. Sie sind in den umfangreichen Begutachtungsprozess involviert. Und sie beraten die Texte der jeweiligen »Zusammenfassungen für Entscheidungsträger« Satz für Satz. Die Zusammenfassungen sind besonders wichtig, weil kein Politiker (und kein Journalist) drei tausendseitige Berichte liest.

Diese Einflussnahme ist gewollt, denn sie bewirkt, dass die beteiligten Regierungen die Berichte mindestens zur Kenntnis nehmen müssen. Dass sie natürlich auch missliebige Passagen zu kippen versuchen, ist für Stocker kein Problem: Der Begutachtungsprozess sei sehr transparent (alles ist im Internet dokumentiert), und jeder Antrag müsse wissenschaftlich begründet werden, sonst habe er keine Chance.

Allerdings gestaltet sich das Zusammenspiel von Wissenschaft und Politik mitunter reichlich chaotisch. Der Politologe Shardul Agrawala von der Universität Princeton zitiert einen britischen Diplomaten, der 1990 an der vierten IPCC-Plenarsitzung in Sundsvall teilnahm: »Nachdem das Ganze sehr organisiert begann und Kinderchöre Lieder über die Zukunft sangen [...], kam die Sitzung ihrem Abbruch nahe. Sie endete schließlich um vier Uhr früh, einen Tag zu spät, mit Delegierten, die nicht mehr an ihren Plätzen saßen, sondern sich vor dem Podium im Konferenzsaal gegenseitig anschrien.«[22]

Das IPCC forscht nicht und gibt keine Forschungen in Auftrag, sondern es fasst Forschungsresultate zusammen. Allein durch seine Existenz trägt es aber zur Dynamik des Forschungsprozesses bei, es löst Impulse aus, die sehr wohl die Agenda der Forschung beeinflussen. Es gliedert sich in drei Arbeitsgruppen, die je einen Teilbericht verfassen. Die erste, naturwissenschaftliche Arbeitsgruppe, die von

Stocker geleitet wird, befasst sich mit dem Klimawandel an sich – also mit der Frage, wie und unter welchen Voraussetzungen sich das Klima entwickeln wird. Die zweite, gemischt natur- und sozialwissenschaftliche, widmet sich den Folgen des Klimawandels für Mensch und Umwelt. Die dritte, von den Wirtschaftswissenschaften dominierte Arbeitsgruppe fragt nach Maßnahmen zur Verlangsamung des Klimawandels. Die drei Arbeitsgruppen sind zirkulär aufeinander angewiesen: Arbeitsgruppe II betrachtet die Folgen des Klimawandels aufgrund der Voraussagen von Arbeitsgruppe I, Arbeitsgruppe III stützt sich auf Erkenntnisse der beiden anderen und entwickelt die Emissionsszenarien[23], die wiederum die Basis für die Arbeit der ersten und zweiten Arbeitsgruppe liefern.

Innerhalb des IPCC haben sich die Akzente im Lauf der Zeit verschoben. Zwar wird das IPCC auch heute noch in erster Linie über seine naturwissenschaftlichen Aussagen wahrgenommen. Doch das Gewicht der Sozialwissenschaftler und vor allem der Ökonomen hat zugenommen. Ursprünglich, schreibt die Wissenschaftsforscherin Amy Dahan-Dalmedico[24] vom CNRS, sei die Sicht der IPCC-Berichte sehr stark auf die Physik beschränkt gewesen. Ein von Dahan-Dalmedico interviewter Vertreter eines Entwicklungslandes im IPCC sagte 2004: »Der erste IPCC-Bericht [1990] sprach von Molekülen, der zweite [1995] von Molekülen und Dollars, im dritten Bericht [2001] hat man endlich den Menschen eingeführt.«

Seit der Klimakonferenz in Delhi 2002 hat zudem das Thema der Anpassung an den Klimawandel an Gewicht gewonnen. Auch hier wirkt der Einfluss der USA: 2002 begann die Regierung von Bush junior – nachdem sie sich vom Kioto-Protokoll verabschiedet hatte –, die »Reduktion der Verletzlichkeit der armen Länder gegenüber der Klimavariabilität« auf die Agenda zu heben. Statt etwas gegen den Klimawandel zu unternehmen, sollte die Welt sich daran anpassen. Den ärmeren Ländern kam das entgegen, denn sie erhofften sich von einer solchen Agenda zusätzliche Gelder (bislang gibt es Versprechungen, aber noch kaum Geld). Noch heute wird die Anpassung gelegentlich gegen die Bekämpfung des Klimawandels ausgespielt, doch ist mittlerweile klar, dass es Anpassungsmaßnahmen sowieso braucht: Der Klimawandel findet ja längst statt.

Obwohl das IPCC den Anspruch hat, seine Hauptautoren in erster Linie nach ihren wissenschaftlichen Verdiensten auszuwählen, achtet das Büro seit 1993 darauf, dass an jedem Kapitel mindestens ein Forscher aus einem Entwicklungs- oder Schwellenland mitarbeitet. Dieser Miniproporz wird dadurch abgeschwächt, dass die meisten Wissenschaftler aus solchen Ländern im reichen Norden studiert haben. Aber immerhin ist es ein Zugeständnis, dass auch der beste Wissenschaftler nicht völlig objektiv und unabhängig von seinem Lebensumfeld Wissenschaft betreiben kann.

War das IPCC bis heute ein erfolgreiches Unternehmen? Shardul Agrawala wollte sich 1998 nicht festlegen.[25] Zehn Jahre später will ich eine Antwort wagen. Anspruch und Auftrag des IPCC ist es, die Politik im Kampf gegen den Klimawandel anzuführen. Die erste Klimakonferenz nach Erscheinen des vierten Berichts fand im Dezember 2007 auf Bali (Indonesien) statt. Sie brachte mit Ach und Krach eine Schlusserklärung zustande, die sich im Wesentlichen darauf beschränkt, festzulegen, wie weiter verhandelt werden soll. Konkrete Zielvorgaben, wie sie sich aus den Erkenntnissen der IPCC-Berichte ergeben, werden nicht genannt; das IPCC wird lediglich in einer Fußnote erwähnt.

Das IPCC ist eine wissenschaftliche Erfolgsgeschichte. Und es hat in seinen ersten Jahren viel dazu beigetragen, dass die Politik sich überhaupt mit dem Klimawandel befasst. Darüber hinaus aber ist sein Einfluss auf die Politik gering. Insofern hat es das IPCC nicht geschafft, seine Hauptaufgabe zu erfüllen.

Exkurs
Neunzig Prozent und mehr: Wie ernst es wirklich ist

Die EU will den Ausstoß an Treibhausgasen bis 2020 um zwanzig Prozent senken, oder um dreißig Prozent, sofern andere Staaten mitmachen. Die schweizerische Regierung will sich an der EU orientieren.

Oft ist, mit Berufung auf das IPCC, davon die Rede, die Emissionen müssten weltweit bis 2050 um fünfzig Prozent gesenkt werden. Die EU-Absichtserklärung scheint also auf Zielkurs zu liegen. Leider bleibt von diesem Eindruck nichts übrig, wenn man sich die IPCC-Zahlen genauer anschaut.

Es sei Konsens der Wissenschaft, dass eine durchschnittliche Erwärmung um 2 Grad gegenüber vorindustrieller Zeit noch erträglich sei, wird immer wieder behauptet. Das ist falsch. Was erträglich ist, ist keine wissenschaftliche Frage, und das IPCC macht keine solche Aussage. Das IPCC sagt lediglich: Wenn wir das und das tun, erwärmt sich die Erde soundso stark, und das hat die und die Folgen.

Die 2 Grad wurden nicht von der Wissenschaft ins Spiel gebracht, sondern von der Politik, nämlich 1997 von der EU. Die Schwelle ist einigermaßen willkürlich gewählt, sie wurde aber von vielen Gremien und auch von vielen Wissenschaftlern übernommen.* Immer mehr Fachleute sind freilich der Meinung, schon 2 Grad seien zu viel. Der Nasa-Klimatologe James Hansen schreibt etwa, die Weltgemeinschaft müsse eine Erwärmung um weniger als 1 Grad gegenüber dem

---

* Meist wird deshalb unter der »gefährlichen anthropogenen Störung des Klimasystems«, die es laut dem Uno-Rahmenabkommen zum Klimawandel zu vermeiden gilt, eine Erwärmung um 2 Grad verstanden.

Jahr 2000 anzielen (1,7 Grad gegenüber vorindustrieller Zeit), und schon das könne zu viel sein.[26] Hansen fordert deswegen, die Menge der Treibhausgase in der Atmosphäre sei nicht nur zu stabilisieren, sondern zu reduzieren – von gegenwärtig 385 parts per million auf 350 parts per million »oder vermutlich weniger«, wenn »ein Planet ähnlich dem, auf dem sich die Zivilisation entwickelt hat«, erhalten bleiben soll. [27]

Das IPCC schreibt in seinem Bericht von 2007, um wie viel die Emissionen bis 2050 reduziert werden müssten, um die Erwärmung auf bestimmten Niveaus zu stoppen.[28] Das tiefste Niveau, das überhaupt betrachtet wird, ist eine Erwärmung um 2 bis 2,4 Grad gegenüber vorindustrieller Zeit. Dafür müssten die Treibhausgas-Emissionen bis 2050 um 50 bis 85 Prozent gegenüber dem Jahr 2000 gesenkt werden. Dazu bemerkt das IPCC in einer Fußnote, diese Schätzung sei womöglich zu vorsichtig, da man sogenannte Rückkoppelungseffekte, die erst unzureichend bekannt seien, nicht berücksichtigt habe.

Wenn man in Rechnung zieht, dass die Weltbevölkerung wächst, so müssen die Emissionen *pro Kopf* noch stärker sinken als die absoluten Emissionen. Wenn man annimmt, dass 2050 neun Milliarden Menschen leben – eine zurückhaltende Schätzung –, und wenn man annimmt, dass das Verhältnis der Treibhausgase untereinander gleich bleibt, so müssten die CO_2-Emissionen pro Kopf von heute 4,6 auf 1,3 bis 0,4 Tonnen pro Jahr sinken, um in globo eine Reduktion um 50 bis 85 Prozent zu erreichen. Den höheren Wert erreichen heute etwa die Einwohner von Kolumbien (1,4 Tonnen), Costa Rica (1,3 Tonnen) oder Albanien (1,25 Tonnen); den tieferen Kamerun (0,42 Tonnen) oder Senegal (0,39 Tonnen).[29] Im globalen Durchschnitt wurden die 1,3 Tonnen pro Kopf bereits 1900 überschritten, die 0,4 Tonnen 1870. Großbritannien als führendes Industrieland wies bereits 1800 Pro-Kopf-Emissionen von 2 Tonnen aus.

1,3 bis 0,4 Tonnen pro Kopf und Jahr, das ist zwei Drittel bis neun Zehntel weniger als heute. Die Industrieländer verursachen heute mit durchschnittlich 13 Tonnen pro Kopf[30] gar das Neun- bis Dreißigfache dessen, was erlaubt wäre, um die Erwärmung auf rund 2,4 Grad über dem vorindustriellen Niveau zu begrenzen. Sie müssten also ihre Emissionen pro Kopf um 89 bis 97 Prozent senken. Im Klartext: Wir brauchen eine Wirtschaft, die fast vollständig auf fossile Energieträger verzichtet – *und* müssen die Entwaldung stoppen, die Methanemissionen reduzieren (weniger Viehzucht respektive Fleischkonsum, andere Reisanbaumethoden), die Lachgasemissionen reduzieren (weniger Kunstdünger), die synthetischen Treibhausgase abschaffen.

Stichwort
Wie verändert sich das Klima laut IPCC?

Der Jüngste IPCC-Bericht gibt den Wissensstand vom Sommer 2006 wieder. Einige seiner Erkenntnisse über Ausmaß und Folgen des Klimawandels lauten[31]:

Die CO_2-Konzentration in der Atmosphäre betrug 2005 379 ppm (parts per million). Das übertrifft die natürliche Bandbreite der letzten 650000 Jahre (180 bis 300 ppm) bei Weitem.

Der Anstieg der Konzentration war in den letzten Jahren so schnell wie nie zuvor seit Beginn der atmosphärischen Messungen. Ähnliches gilt für andere Treibhausgase wie Methan oder Lachgas. Dadurch strahlt heute im Vergleich zu vorindustrieller Zeit pro Quadratmeter netto 1,6 Watt mehr Sonnenenergie auf die Erdoberfläche ein. Selbst wenn die CO_2-Konzentration ab sofort nicht mehr stiege, würde die Temperatur weiterhin um 0,1 Grad pro Jahrzehnt steigen. Die anthropogenen (vom Menschen verursachten) CO_2-Emissionen werden für länger als ein Jahrtausend zu Erwärmung und Meeresspiegelanstieg beitragen.

Elf der letzten zwölf Jahre (bis 2006) gehören zu den wärmsten seit Beginn der Messungen (1850). Seit 1850 hat die durchschnittliche Temperatur auf der Erdoberfläche um 0,76 Grad zugenommen. Die Ozeane sind bis in mindestens 3000 Meter Tiefe erwärmt.

Der mittlere globale Meeresspiegel ist von 1961 bis 2003 durchschnittlich 1,8 Millimeter pro Jahr angestiegen, in den letzten zehn Jahren dieser Zeitspanne aber um 3,1 Millimeter pro Jahr. Die Ausdehnung des arktischen Meereises hat um 2,7 Prozent pro Jahrzehnt abgenommen. Für die Antarktis ist bisher kein Trend feststellbar.

Als es vor 125000 Jahren letztmals signifikant, nämlich 3 bis 5 Grad wärmer war, lag der Meeresspiegel wahrscheinlich 4 bis 6 Meter höher als heute.

Das IPCC untersuchte sechs mögliche Zukunftsszenarien. Gemäß diesen ist ein Temperaturanstieg bis Ende des 21. Jahrhunderts um 1,1 bis 6,4 Grad und ein Anstieg des Meeresspiegels um 18 bis 59 Zentimeter gegenüber den Durchschnittswerten von 1980 bis 1999 zu erwarten. Dabei sind Rückkoppelungseffekte nicht berücksichtigt, weshalb die Zahlen zum Meeresspiegelanstieg zu vorsichtig geschätzt sein dürften.

Heiße Extreme, Hitzewellen und starke Niederschläge werden sehr wahrscheinlich zunehmen, tropische Wirbelstürme wahrscheinlich intensiver werden. Die Niederschlagsmengen werden in höheren Breiten sehr wahrscheinlich zu-, in subtropischen Landregionen wahrscheinlich abnehmen. In einigen Tropengebieten, die bereits heute unter Wassermangel leiden, werden die Niederschläge um 10 bis 30 Prozent zurückgehen. Ebenso nimmt die verfügbare Wassermenge in Gebieten ab, die vom Schmelzwasser der großen Gebirge versorgt werden. Davon ist ein Sechstel der Menschheit betroffen.

Wenn der Temperaturanstieg 2 bis 3 Grad gegenüber vorindustrieller Zeit überschreitet, ist ein erhöhtes Aussterberisiko für 20 bis 30 Prozent der bekannten Tier- und Pflanzenarten wahrscheinlich. Die Korallen dürften großräumig absterben.

Bis 2080 dürften viele Millionen Menschen pro Jahr zusätzlich von Überschwemmungen betroffen sein. Deren Zahl wird in den großen Deltas Afrikas und Asiens am höchsten sein.

In *Afrika* dürften bis 2020 75 bis 250 Millionen Menschen aufgrund der Klimaerwärmung unter zunehmender Wasserknappheit leiden. Für viele Regionen Afrikas sind schwerwiegende Beeinträchtigungen der landwirtschaftlichen Produktion zu erwarten. In einigen Ländern könnten sich die Erträge der vom Regen abhängigen Landwirtschaft bis 2020 um die Hälfte reduzieren.

In *Zentral-, Süd- und Ostasien* könnte sich der Rückgang des verfügbaren Grundwassers bis 2050 für mehr als eine Milliarde Menschen nachteilig auswirken. Wegen der Überschwemmungen kommt es häufiger zu Durchfallerkrankungen, wodurch auch die endemischen Krankheiten in diesen Regionen zunehmen werden.

In *Europa* könnten in den Gebirgen gemäß gewissen Szenarien bis zu 60 Prozent der Arten aussterben. Für nahezu alle Regionen Europas werden nachteilige Folgen erwartet.

In *Lateinamerika* wird die Abnahme der Bodenfeuchtigkeit eine allmähliche Umwandlung tropischer Wälder in Savannen bewirken.

In *Nordamerika* wird sich der Wettbewerb um übernutzte Wasserressourcen verschärfen. Hitzewellen und Tropenstürme werden häufiger.

Schnee von gestern?
Was man von den »Klimaskeptikern« lernen kann

Da gibt es zum Beispiel Christopher Lord Monckton, Viscount von Brenchley, Mathematiker, katholischer Konservativer, Unternehmensberater, Rätselerfinder, Regierungsberater unter Premierministerin Margaret Thatcher, bunter Vogel. Und »Klimaskeptiker«. Monckton erwirkte im Vereinigten Königreich ein Gerichtsurteil, nach dem Al Gores Film *An Inconvenient Truth* in Schulen nur noch gezeigt werden darf, wenn auf ein paar Fehler im Film hingewiesen wird. Fehler will Monckton auch in den Berechnungen des IPCC festgestellt haben. Wenn aber das IPCC irrt, dann gibt es keinen Klimawandel, und dann ist eine Politik, die diesen zu verhindern sucht, des Teufels.

»Skurril« nannte die *Süddeutsche Zeitung* den englischen Edelmann und porträtierte ihn als Exemplar einer aussterbenden Gattung. Tatsächlich hatten die »Klimaskeptiker«, die bezweifeln, dass es einen vom Menschen verursachten Klimawandel gibt, schon bessere Zeiten. Doch es gibt sie noch: die Lobbyisten derer, die sich vom Leugnen des Klimawandels wirtschaftliche Vorteile erhoffen; die Handvoll Wissenschaftler, die sich in den Dienst dieser Kreise stellen; die Journalisten, die im Schreiben gegen den Konsens ihre Nische gefunden haben.

Es gibt sie noch, aber sie werden weniger, und sie werden schwächer. In den USA bleibt zwar ihr Einfluss auf öffentliche Meinung und Politik beträchtlich, doch selbst Präsident George W. Bush hat im Januar 2007 eingeräumt, dass der vom Menschen verursachte Klimawandel eine Tatsache und ernst zu nehmen sei. Ja sogar ein Sprecher von ExxonMobile, jenes Konzerns, der am meisten Geld in »klimaskeptische« Kampagnen gesteckt hatte, sagte im Juni 2007, man wolle die Gefahren des Klimawandels nicht abstreiten.

Unternehmen, die den Klimawandel einst als Panikmache abtaten, versuchen nun, ihn zu Marketingzwecken zu benützen. Am prominentesten tut dies der Erdölkonzern BP. Sein damaliger Konzernchef John Browne rief 1997 in einer Rede zum Kampf gegen den Klimawandel auf. BP nahm sich eine grüngelbe Sonne zum Firmenlogo und will den Firmennamen – vormals British Petroleum – als »beyond petroleum« (über Erdöl hinaus) verstanden wissen. Wenn es der Erdölindustrie gelingt, neben dem Öl zusätzlich neue, »klimafreundliche« Treibstoffe zu verkaufen, hat sie gewonnen. Wenn die Autoindustrie ihre Kunden glauben macht, es sei ein Akt des Klimaschutzes, alle zwei Jahre ein neues Auto auf dem neuesten Stand der Technik zu kaufen, dann hat sie gewonnen: Das ist lukrativer als das Bestreiten des Klimawandels.

Die »Klimaskeptiker« verlieren also an Boden. Man könnte es sich deshalb einfach machen, und viele tun das: Der Klimawandel ist erwiesen, die Wissenschaft hat gesprochen, basta. »Die Debatte ist vorbei«, sagt Al Gore. Das ist Unfug, der die »Skeptiker« in ihrem Selbstverständnis bestärkt, die Letzten zu sein, die die Tugend der Skepsis noch hochhalten und unbequeme Fragen stellen. Es gibt ein paar Argumente der »Skeptiker« und Verharmloser, auf die ich hier näher eingehen möchte. Nicht alles, was sie sagen, ist einfach dumm (wenn auch einiges sehr dumm ist). Ich will zwei zentrale Argumente betrachten – und werde ihnen teilweise zustimmen. Erstens: Die Aussagen der Klimawissenschaft sind durch politische Interessen mitgeprägt, und zweitens: Der Klimawandel mit all seinen Implikationen ist zu komplex, um vorhergesagt werden zu können.

Zum Ersten: Das IPCC sei ein politisches Gremium. Die Wissenschaftler seien von Interessen geleitet, die nichts mit Wissenschaft zu tun haben. »Die IPCC-Zusammenfassungen sind nicht Wissenschaft, sie sind Uno-Politik«, sagte der republikanische Senator Chuck Hagel aus Nebraska im Jahr 2001.

Dass die Klimaforschung wissenschaftsfremden Einflüssen unterliegt, ist richtig. Im IPCC ist der Einfluss der Politik, wie beschrieben, institutionalisiert. »Skeptiker« wie Hagel meinen, dieser Einfluss wirke in Richtung einer Übertreibung. Blickt man auf die Kräfteverhältnisse, kommt man jedoch zu einem anderen Bild. Zweifellos gibt es Personen und Organisationen, die sich von möglichst dramatischen Aussagen zum Klimawandel Vorteile erhoffen. Und natürlich leisten Greenpeace, WWF & Co. professionelle Lobbyarbeit. Aber ihr Einfluss ist vergleichsweise gering. In den Plenarsitzungen des IPCC, in denen der Wortlaut der Zusammenfassungen diskutiert wird, stellen Staaten wie die USA, China und Saudi-Arabien die meisten Abänderungsanträge – abschwächende Abänderungsanträge. Die Regierung von George W. Bush hat versucht, den Forschungsinstitutionen des Bundes, namentlich der Nasa, einen Maulkorb zu verpassen.[32] Die Lobbyorganisationen der »Skeptiker« – die Global Climate Coalition oder die neokonservative Denkfabrik American Enterprise Institute in den USA, das Frazer Institute in Kanada oder das Institute of Public Affairs in Australien – haben Millionen in eine Forschung (und in eine Politik) investiert, die den Klimawandel bezweifelt oder relativiert. Hinter diesen Organisationen (und hinter Pseudo-Umweltschutzorganisationen mit Namen wie Greening Earth Society) steht vor allem die Erdöl- und Automobilindustrie, deren Einfluss auf die Politik in dem Land, das die Klimaforschung anführt, massiv ist (und unter keinem Präsidenten war dieser Einfluss größer als unter George W. Bush). »Klimaskepsis« ist gekaufte Wissenschaft und Pseudowissenschaft, hinter der viel Lobbying und wenig originäre Forschung steht.[33] Man wird mit dem Argument also leicht fertig. Bemerkenswert scheint mir vor allem eines: Die Feststellung, die Klimaforschung sei von Interessen beeinflusst, die nichts mit Wissenschaft zu tun haben, ist eine korrekte Aussage. Die Aussage ist aber trivial, so funktioniert Wissenschaft eben. Die Aussage ist nur dann ein Argument für oder gegen irgendetwas, wenn man davon ausgeht, Wissenschaft dürfe nicht so funktionieren und es gebe so etwas wie eine »reine« Wissenschaft. Das wäre erkenntnistheoretisch naiv und eine Überschätzung von Wissenschaft im Allgemeinen. Viele, die sich für die Anerkennung des Klimawandels als Tatsache einsetzen, teilen jedoch diese erkenntnistheoretische Naivität. Sie machen sich dadurch für das besprochene Argument erst anfällig.

Zum zweiten Argument: Wir wüssten viel zu wenig und es sei vermessen, etwas so Komplexes wie die Entwicklung des Klimas auf längere Zeit voraussagen zu wollen. Je mehr man wissenschaftliche Aussagen für problematisch hält, desto suspekter ist einem der wissenschaftliche Konsens. Wer glaubt, wissenschaftliche Aussagen über die Zukunft des Klimas seien unmöglich, der sieht in einem Dokument wie dem IPCC-Bericht nicht so sehr einen Ausdruck zwingender Evidenz als vielmehr einen Ausdruck sozialer Zwänge innerhalb der Wissenschaft. (Der deutsche Journalist und »Klimaskeptiker« Dirk Maxeiner geht so weit, in Anspielung an die Nazizeit von »Gleichschaltung des Wissens« zu sprechen.[34])

Auch dieser Einwand ist nicht abwegig. Jede Wissenschaft hat ihre Denkstile und Denkverbote. Gekontert wird das Argument in der Regel mit dem Verweis auf die großen Fortschritte, die die Klimawissenschaften in den vergangenen drei Jahrzehnten erzielt haben. Das ist zu billig: Die Fortschritte der Kenntnisse über das Klima sind enorm, und es wurden riesige Geldbeträge in die Klimaforschung gesteckt. Aber das bedeutet natürlich nicht, dass die Kenntnisse ausreichend sind. Es gibt ein besseres Gegenargument: Wenn wir warten, bis die letzten Ungewissheiten ausgeräumt sind, ist es mit aller Wahrscheinlichkeit zu spät.

Aber stimmt es denn, dass wir noch (zu) wenig wissen?

Einige Vorhersagen stimmen verblüffend genau mit der Wirklichkeit überein, viele komplexe Modellrechnungen bestehen den Realitätstest gut. Andere Vorhersagen treffen die tatsächlichen Entwicklungen schlecht, und die Schätzungen der Experten liegen weit auseinander. Doch während die »Skeptiker« suggerieren, dass vermutlich alles nicht so schlimm komme wie vom IPCC angenommen, deuten die jüngsten Messresultate in die gegenteilige Richtung: Die Treibhausgas-Emissionen steigen und das Eis schmilzt schneller als erwartet[35]; die Meere können weniger CO_2 absorbieren als angenommen[36]. Wenn man sich ansieht, aus welchen Gründen die Klimamodelle unzureichend sind und was sie ausklammern, wird verständlich, weshalb die Modelle zu vorsichtig sind.

Ein Beispiel: Der IPCC-Bericht schätzt, dass der Meeresspiegel bis 2100 um 18 bis 59 Zentimeter ansteigen werde, falls nichts gegen den Klimawandel unternommen wird.* James Hansen, Klimatologe der US-Raumfahrtbehörde Nasa, geht von einem Anstieg um mehrere Meter aus.[37] Woher die Differenz?

Der Meeresspiegel steigt aus drei Gründen: Erstens dehnt sich Wasser aus, wenn es wärmer wird. Zweitens schmelzen Gletscher, wodurch mehr Wasser in die Meere gelangt. Diese beiden Faktoren sind mehr oder weniger linear – je größer die Erwärmung, desto stärker die Folge –, und sie machten den bisher beobachteten Meeresspiegelanstieg im Wesentlichen aus. Ein dritter Faktor aber ist nicht linear, das heißt: Es kann zu abrupten Zustandsänderungen kommen. Damit meint Hansen die Eisschmelze in den Polarregionen und das Kollabieren ganzer Eisschilder.

Das IPCC bemerkt, es sei nicht in der Lage, »schnelle dynamische Änderungen im Eisfluss« zu berücksichtigen, weil gesicherte Erkenntnisse zu deren Berechnung fehlten.[38] Also verzichtet es darauf und rechnet die Erfahrungswerte aus der Vergangenheit hoch. In Zukunft aber, sagt Hansen, sei zu erwarten, dass die vom IPCC ausgeklammerten nicht linearen Faktoren den Löwenanteil des Anstiegs des Meeresspiegels ausmachen werden. Hansen verweist darauf, dass es vor drei Millionen Jahren 2 bis 3 Grad wärmer und der Meeresspiegel zwischen 15 und 35 Meter höher gewesen sei als heute.

---

*   An einem internationalen Kongress der Klimawissenschaften in Kopenhagen im März 2009 wurden die Schätzungen des IPCC von 18 bis 59 Zentimeter auf »einen Meter oder womöglich mehr« korrigiert. http://climatecongress. ku.dk/newsroom/rising_sealevels.

Wie schnell es gehen kann, zeigte sich 2002: Innert nur fünf Wochen kollabierte der 3250 Quadratkilometer große Larsen-B-Eisschild in der Antarktis.[39] Als Folge floss antarktisches Inlandeis, das von Larsen B gestützt worden war, schneller ab. Der Kollaps des Eisschilds führte dazu, dass weiteres Eis nun schneller schmolz. Von März bis Juli 2008 kollabierte nach dem gleichen Muster ein Zehntel des 13 500 Quadratkilometer großen Wilkins-Eisschilds; ein Kollaps von weiteren 2100 bis 5000 Quadratkilometern wird erwartet.[40]

Solche Effekte heißen Rückkoppelung: Die Folge des Ereignisses wirkt auf dessen Ursache zurück. Es gibt viele Rückkoppelungen im Klimasystem. Wird die Luft wärmer, kann sie mehr Wasserdampf aufnehmen, was die Erwärmung beschleunigt, denn Wasserdampf ist ein Treibhausgas. Taut ständig gefrorener Boden (Permafrost) auf, wird darin gespeichertes Methan frei, was die Erwärmung beschleunigt, denn Methan ist ein Treibhausgas. Schrumpfen die vergletscherten Flächen auf der Erde, wird die Erdoberfläche dunkler; dunkle Flächen aber wandeln mehr Sonnenlicht in Wärme um als helle. Schmelzwasser, das in Gletscher eindringt, transportiert Wärmeenergie; am Grund angekommen, wirkt es als Gleitmittel und lässt Gletscher schneller abrutschen. Und so weiter.*

Rückkoppelungen und nicht lineare Zustandsänderungen sind extrem schwer in Modellen zu fassen. Das IPCC verzichtet in der Regel darauf, Effekte, die noch zu wenig erforscht sind, zu berücksichtigen. James Hansen spricht von »wissenschaftlicher Zurückhaltung« *(scientific reticence)*: Die meisten Wissenschaftler zögerten,

---

* Chris Field, Vorsitzender der zweiten Arbeitsgruppe des IPCC, wies an der Jahrestagung der American Association for the Advancement of Science im Februar 2009 darauf hin, dass die Szenarien des IPCC-Berichts von 2007 zu optimistisch gewesen seien. Gründe für seine Einschätzung sind einerseits die Tatsache, dass die CO_2-Emissionen viel schneller zunehmen als noch vor Kurzem angenommen, andererseits Rückkoppelungsmechanismen im Klimasystem. www.sciencedaily.com/releases/2009/02/090214162648.htm.

aus drastischen Messresultaten drastische Schlüsse zu ziehen, weil sie nicht als Alarmisten gelten wollten. Hansen nennt Beispiele von Wissenschaftlern, denen der Ruf des Alarmisten anhaftet und die seither Mühe haben, Gelder für ihre Forschungsprojekte zu erhalten.

Wie Larsen B und der Wilkins-Eisschild könnte der zwei Millionen Quadratkilometer große Westantarktische Eisschild kollabieren; allein dadurch stiege der Meeresspiegel um fünf bis sechs Meter. Nur weiß niemand, bei welcher Temperatur das geschieht. Die Zusammenfassung des Berichts von 2007 weicht dieser Unsicherheit aus, indem er – anders als die Zusammenfassungen der Vorgängerberichte – den Westantarktischen Eisschild gar nicht erwähnt. Die in der IPCC-Zusammenfassung genannten 18 bis 59 Zentimeter Meeresspiegelanstieg bis 2100 zeichnen somit ein falsches Bild.[41] Das IPCC selber hält die Angabe für »wahrscheinlich unterschätzt«, verbannt diese Bemerkung in der Zusammenfassung für Entscheidungsträger aber in eine Fußnote.[42]

Die Wissenschaft behilft sich, wenn sie etwas nicht genau wissen kann, oft mit Wahrscheinlichkeiten. Auch Versicherungen tun das: Ob Frau Soundsos Auto gestohlen wird, kann die Versicherung nicht vorhersagen, aber es gibt eine auf Erfahrung beruhende Wahrscheinlichkeit. Wenn diese, sagen wir, ein Tausendstel in einer gewissen Zeitspanne beträgt, und die Versicherung hat hunderttausend Autos versichert, kann sie mit hundert Schadensfällen in dieser Zeitspanne rechnen. Wenn es tausend Westantarktische Eisschilde gäbe und die Wahrscheinlichkeit ihres Kollapses wäre bekannt, könnte man abschätzen, wie viele Eisschilde kollabieren werden. Es gibt aber nur einen Westantarktischen Eisschild, nur eine Atmosphäre, nur ein Klima. Wahrscheinlichkeitsaussagen bringen da nichts.

Natürliche Systeme können zu komplex sein für Vorhersagungen, sie beruhen aber immerhin auf Naturgesetzen, die in der Wissenschaft unstrittig sind. Noch schwieriger wird es, wenn es um die Vorhersage sozialer Systeme – der Wirtschaft, sozialer Verhaltensmuster – geht: In den Sozial- und Wirtschaftswissenschaften sind schon die Grundannahmen weltbildabhängig. Während die Zusammensetzung der Atmosphäre aufgrund von Eisbohrkernen aus der Antarktis mittlerweile bis 800 000 Jahre zurück sehr genau bekannt ist, arbeitet die Wirtschaftswissenschaft mit Datensätzen, die ein paar Jahrzehnte umfassen. Und es wäre auch gar nicht sinnvoll, viel weiter in die Vergangenheit zu gehen, hat doch mit der Nutzbarmachung der fossilen Energieträger eine Sonderentwicklung der Wirtschaft begonnen, die in der Geschichte einmalig ist.

Mit den Unsicherheiten der wirtschaftswissenschaftlichen Voraussagen argumentiert der »Klimaskeptiker« Nigel Lawson, ehemaliger Schatzkanzler des Vereinigten Königreichs.[43] Das IPCC schätze die Zunahme der Treibhausgase im 21. Jahrhundert zu pessimistisch ein, weil es das Wirtschaftswachstum zu optimistisch sehe. Vermutlich hat er recht.* Interessanterweise argumentieren andere Bremser der Klimapolitik wie etwa Bjørn Lomborg gerade mit dem steilen Wirtschaftswachstum, das dafür sorge, dass künftige Generationen die Gefahren des Klimawandels besser abwenden könnten. Vorhersagen über soziale Folgen des Klimawandels und über seine Kosten sind mit extremer Vorsicht zu genießen.

Im Dezember 2007 hat eine Gruppe von zweihundert Klimaforschern die Teilnehmer der Klimakonferenz in Bali aufgefordert, so zu handeln, dass »die Treibhausgas-Emissionen bis 2050 um mindestens 50 Prozent unter den Wert von 1990« reduziert würden, um eine Erwärmung von 2 Grad gegenüber vorindustrieller Zeit nicht zu überschreiten. Die Wissenschaftler berufen sich dabei auf das IPCC.[44] Der IPCC-Bericht sagt aber: Um eine Erwärmung um 2 *bis* 2,4 Grad nicht zu überschreiten, sei eine Reduktion um 50 *bis* 85 Prozent ge-

---

* Auf die zu optimistischen Wachstumsprognosen weist auch Eberhard Jochem hin, Energieökonom an der ETH Zürich. Jochem kritisiert, dass die Wirtschaftswissenschaften von exponentiellem Wirtschaftswachstum ausgingen. Das sei ein Relikt aus einer Zeit, in der die Wirtschaft der Industrieländer tatsächlich exponentiell gewachsen sei. Heute aber wachse sie linear.

genüber 2000 (das entspricht 46 bis 79 Prozent gegenüber 1990) nötig. Und bemerkt in der Fußnote, dass dies eine zu optimistische Schätzung sein dürfte.[45] Die zweihundert Wissenschaftler verwenden also in ihrem Aufruf die optimistischsten Werte eines vermutlich zu optimistischen IPCC. Der Grund dürfte darin liegen, dass sie gelernt haben, von der Politik nicht allzu viel zu erwarten. Das magere Resultat der Konferenz von Bali – man hat sich auf nicht viel mehr als auf einen Fahrplan für weitere Verhandlungen geeinigt – hat das einmal mehr bestätigt.

Die soziale Dynamik zwischen Wissenschaft, Politik und den Medien ist die einer Abwärtsspirale, man könnte auch von einer Rückkoppelung sprechen: Die Politiker wollen nicht handeln, die Wissenschaftler senken ihre Erwartungen und halten sich mit ihren Aussagen zurück, und was übrig bleibt, wird dann von Politik und Medien wiederum verharmlost.

Als das IPCC am 4. Mai 2007 in Bangkok den dritten Teil seines Berichts präsentierte, sagte Ogunlade Davidson, einer der beiden Kovorsitzenden der dritten Arbeitsgruppe: »Wir müssen unseren Lebensstil ändern.« Auf die Frage aus dem Publikum, welche Opfer wir denn bringen müssten, prägte er die Formel, wir müssten zwar unseren Lebensstil ändern, aber keine Opfer bringen. Und sein Kollege Bert Metz lieferte eine Illustration dazu: »Wir trafen uns«, sagte Metz und lächelte zaghaft, »die vergangenen Tage im Raum nebenan. Weil es zu kalt war, reduzierten wir die Kühlung. Und indem wir das taten, änderten wir unseren Lebensstil und leisteten einen Beitrag zum Klimaschutz – und fühlten uns erst noch wohler.«

Klimaanlage runterschalten und weitermachen wie bisher? Das steht zu den dramatischen Aussagen des IPCC-Berichts in scharfem Kontrast und war im besten Fall ein misslungenes Witzchen, im schlechteren Fall ist es ein Exempel extremer »wissenschaftlicher Zurückhaltung«. Das müsste zu Kritik herausfordern. Aber an der Kritik am IPCC fallen zwei Dinge auf: Erstens richtet sich Kritik hauptsächlich gegen die naturwissenschaftlichen Aussagen des IPCC, und zweitens kommt Kritik fast ausschließlich von Seiten der Verharmloser und »Skeptiker«. Die großen Umweltorganisationen kritisieren das IPCC allenfalls zaghaft. Das IPCC wird von denen angegriffen, die keinen Klimaschutz wollen. Den Umweltschützern liefert es Argumente, also verteidigen sie es und schweigen, wo sie aufschreien müssten.*

* Ein Beispiel ist der WWF International. Statt die Präsentation des dritten IPCC-Teilberichts am 4. Mai abzuwarten und kritisch zu würdigen, präsentierte er am 3. Mai in Bangkok in grober Schönfärberei siebzehn »Erfolgsgeschichten« aus dem Kampf gegen den Klimawandel.

Bjørn Lomborg oder Der Optimismus.
Besichtigung eines Denkstils

Welche Faktoren bestimmen, ob eine wissenschaftliche These Aufsehen erregt? Gewiss nicht einfach die Richtigkeit ihres Inhalts. Es braucht den richtigen Zeitpunkt und den richtigen Überbringer.

2001 genoss Bjørn Lomborg, damals Statistikprofessor der Universität Aarhus (Dänemark) und heute vor allem Selbstvermarkter, große Medienaufmerksamkeit, nachdem er sein Buch *The Skeptical Environmentalist* (deutsch unter dem Titel *Apocalypse No!*) publiziert hatte. Sein neues Buch *Cool It! Warum wir trotz Klimawandels einen kühlen Kopf bewahren sollten*[46] (englisch 2007) erregte weniger großes, aber immer noch beachtliches Aufsehen. Darin argumentiert Lomborg, es sei falsch, politische Maßnahmen zum Schutz des Klimas zu ergreifen. Betrachtet man die Artikel, die 2001 und 2002 in der deutschsprachigen Presse über ihn erschienen sind, so könnte der böse Verdacht aufkommen, Lomborg schulde die Aufmerksamkeit vor allem seinem Äußeren: Alle Artikel, die ich mir ansah, erwähnten sein gutes Aussehen und seinen T-Shirt-Look.

Lomborg ist an dieser Stelle interessant, weil sich an ihm ein Denkstil besichtigen lässt, der in der Klimadebatte weit verbreitet ist – gerade auch unter Leuten, die eine ganz andere Position einnehmen als er. Und wenn ich hier sein Aussehen erwähne, so deshalb, weil dieses etwas über das Funktionieren des Phänomens »Lomborg« aussagt. Wenn alle Journalisten schreiben, Lomborg sehe nicht aus wie ein Professor, so implizieren sie eine gewisse Vorstellung, wie ein Professor typischerweise aussieht – nur so ergibt die Feststellung Sinn. Wer oft mit Wissenschaftlern zu tun hat, weiß zwar, dass T-Shirts an den Instituten wohl häufiger getragen werden als Hemden und Krawatten und dass Wissenschaftler auch nicht schlechter aussehen als andere Menschen, aber die Journalisten scheinen anzunehmen, dass sich ihre Leser einen Professor *nicht* gut aussehend und *nicht* im T-Shirt vorstellen – sondern vielleicht wie eine Mischung aus Albert Einstein und Sigmund Freud.

Das ist der rhetorische Trick der Medien, Lomborg als den Außenseiter im Wissenschafts-Establishment erscheinen zu lassen. Und Lomborg bedient diese Sicht mit seiner eigenen Rhetorik. Am krassesten hat er das in einem Interview zum Ausdruck gebracht: »Ich will mich ja nicht mit Galileo Galilei vergleichen. Aber es tut schon gut, recht zu haben.«[47]

Lomborg baut seinen *Skeptical Environmentalist* nach dem rhetorischen Muster »Die Litanei« (so lautet der Titel des ersten Teils des Buchs) versus »Die Wirklichkeit« (elf Kapitel beginnen mit »The Reality ...«) auf. Auch hier wird – wie bei den Medien, die hässliche Professoren voraussetzen – ein Bild überzeichnet; eine Folie, vor dem sich der Kontrast dann umso deutlicher abhebt: Umweltschutz, Entwicklungs- und Menschenrechtsorganisationen behaupten (behauptet Lomborg), die Welt werde immer schlechter; sie pflegen ihre »Litaneien«. Lomborg dagegen beweist, dass es der Welt immer besser geht – in Bezug auf Umwelt, Ernährungssicherheit, Wohlstand und so weiter. *The Real State of the World* lautet der Untertitel der englischen Ausgabe; der Titel des dänischen Originals ist gar *Der wahre Zustand der Welt (Verdens sande tilstand)*. Und diesen »wirklichen« respektive »wahren Zustand« der Welt, den der Statistiker den »Litaneien« entgegenstellt, belegt er fakten- und zahlenreich: 2930 Fußnoten hat das Buch.

Lomborg nennt sich einen »skeptischen Umweltschützer«, womit die rhetorische Nähe zu den »Klimaskeptikern« offensichtlich wird. Dabei ist Lomborg keiner, wenn er auch das gleiche Publikum bedient. Lomborg anerkennt, dass es eine Klimaerwärmung gibt, und bezeichnet deren Folgen als »weitreichend und größtenteils negativ«.[48] Er will nur nachweisen, dass es falsch sei, Maßnahmen dagegen zu ergreifen.

Lomborgs Bücher folgen einer Holzschnittrhetorik, und seine Argumente lassen sich auf zwei Kerngedanken reduzieren, die er materialreich durchdekliniert. Der erste ist der Optimismus, der mit einem bestimmten Umgang mit Statistik zusammenhängt; dieser liegt Lomborgs erstem Buch zugrunde. Der zweite ist das moralische Argument, man müsse, wenn man die Welt verbessern wolle, das dort tun, wo man mit einem bestimmten Aufwand am meisten Menschen helfen könne. Dieser Gedanke lag dem »Kopenhagener Konsens« zugrunde, einem wirtschaftswissenschaftlichen Planspiel, das Lomborg 2004 organisierte. Beide Gedanken kombiniert er in *Cool It!,* womit er gegen die Klimapolitik polemisiert.

Optimismus: Das bedeutet nicht, dass Lomborg die Probleme der Welt negierte, er widmet sich geradezu leidenschaftlich Armut, Hunger, Seuchen und Umweltschäden. Die Welt, sagt er, ist nicht perfekt. Aber sie ist besser, als sie war, und sie wird besser, als sie ist. Als Motor dieser Entwicklung sieht Lomborg den technischen Fortschritt, der Umweltprobleme bewältigt, Krankheiten besiegt und die Nahrungsmittelproduktion befördert. Zwar stünden, schreibt Lomborg, den Einwohnern Burundis heute (2001) pro Kopf 21 Prozent weniger Kalorien zur Verfügung als zehn Jahre zuvor. Doch den 6,5 Millionen Burundiern stünden 108 Millionen Nigerianer gegenüber, die über 33 Prozent mehr Kalorien verfügten. Nur von Burundi zu sprechen, wäre Litanei; er aber habe »das Ganze im Auge«.

Wenn Lomborg »das Ganze im Auge« hat, so meint er damit, mit einem Begriff der Statistik ausgedrückt, den Durchschnitt: Im Durchschnitt haben Burundier und Nigerianer mehr zu essen als vor zehn Jahren. Durchschnitt sagt aber nichts über Verteilung aus – dafür gäbe es andere statistische Größen wie die Standardabweichung oder die Varianz. Der Statistikprofessor müsste das wissen. In Lomborgs Rechnung kann einer, der bereits übergewichtig ist und nun noch mehr isst, den Verlust eines bereits Mangelernährten, der jetzt noch weniger essen kann, ausgleichen. Dass Lomborg die Statistiken einseitig auswählt und ebenso einseitig interpretiert, kommt noch dazu.

Das zweite zentrale Element ist der Grundgedanke des »Kopenhagener Konsenses«. Acht Ökonomen, darunter drei Nobelpreisträger, und eine Ökonomin trafen sich im Mai 2004 für eine Woche in der dänischen Hauptstadt. Sie nahmen an, sie hätten fünfzig Milliarden Dollar zur Verfügung. Wie müsste das Geld eingesetzt werden, um möglichst viel Gutes zu tun? Siebzehn Maßnahmen standen zur Debatte, Resultat war eine Prioritätenrangliste. In die Kategorie »sehr gute Projekte« fielen vier: zwei gegen Krankheiten (Aids und Malaria), eine gegen Unterernährung und eine gegen Subventionen und Handelsschranken (die Liste deutet schon eine weltanschauliche Ausrichtung an: »Subventionen und Handelshemmnisse« sind nicht ein Problem an sich, im Gegensatz zu Krankheiten und Unterernährung; hier findet eine Verwechslung von Mittel und Ziel statt). Unter »schlechte Projekte« fielen ebenfalls vier Maßnahmen, drei gegen den Klimawandel (zwei Sorten CO_2-Steuern und das Kioto-Protokoll) und eine im Bereich Migration (Programme für unterqualifizierte Gastarbeiter).

Die Prioritätenliste entstand, indem die Ökonomen sich Spezialisten zu den jeweiligen Bereichen anhörten und dann deren Argumente evaluierten. Würde man den Spezialisten die Gewichtung überlassen, wäre es logisch, dass die Klimaforscherin den Klimawandel als besonders wichtig betrachtet, während der Entwicklungshelfer, der in einem malariaverseuchten Gebiet arbeitet, den Kampf gegen Malaria den Vorzug gäbe. Deshalb soll man Nichtspezialisten als Schiedsrichter einsetzen, oder, wie es der Teilnehmer des Kopenhagener Konsenses Bruno S. Frey ausdrückte: »Wir Ökonomen sind die Spezialisten des Vergleichens.«[49]

Das ist vernünftig. Nur: Haben nicht auch Ökonomen ihre spezifische, durch ihr Fach bestimmte Blindheit? Die Frage, welche Probleme mit welcher Priorität gelöst werden sollen, ist eine eminent politische. Will die Ökonomie sie wissenschaftlich beantworten, muss sie sie zu einer ökonomischen Frage machen: Für den Besitzer eines Hammers sieht jedes Problem aus wie ein Nagel.

Lomborg argumentiert moralisch. Man kann einen Dollar nur einmal ausgeben. Deshalb muss man es so sinnvoll (nämlich effizient) wie möglich tun. Rette ich mit einem Dollar hier einen Menschen, wo ich mit demselben Dollar da zwei Menschen hätte retten können, handle ich moralisch falsch. Das Geld, das wir für Klimaschutzmaßnahmen ausgeben – von dem allenfalls in Zukunft Menschen profitieren werden –, kann ich nicht mehr für Malariabekämpfung ausgeben, um heute Leben zu retten. In ökonomischen Begriffen ausgedrückt: Jedem Dollar, der für Klimaschutz ausgegeben wird, wird als Opportunitätskosten das belastet, was mit demselben Dollar erreicht werden könnte, wenn er gegen Malaria eingesetzt würde.

Das ist, ich wiederhole es, ein vernünftiger Gedanke, aber er hat zwei Haken: Erstens setzt er voraus, dass sich der Nutzen tatsächlich voraussagen lässt. Und das hängt nicht zuletzt von den Annahmen ab, die man trifft. Die Zeitschrift *The Economist*, Sponsor des Kopenhagener Konsenses, berichtete von Kritik aus den Reihen der Teilnehmer: Lomborg habe die Experten bewusst so ausgewählt, dass der Klimaschutz bei den Panel-Mitgliedern habe durchfallen müssen.[50]

Zweitens: Der Kopenhagener Konsens ist ein Spiel. Es stand ein fester Betrag zur Verfügung; sparten die Ökonomen hier einen Dollar, konnten sie ihn da ausgeben. In der Realität gibt es kein solches festes Budget, um »Gutes zu tun«. Das Geld, das die Politiker nicht in Klimaschutz investieren, fließt nicht automatisch in den Kampf gegen die Malaria.

Lomborg spielt Klimaschutz und Malariabekämpfung gegeneinander aus. Er sagt: Wir haben zu wenig Mittel im Kampf gegen Malaria, weil wir das Geld in den Klimaschutz stecken. Warum aber sagt er nicht: Wir haben zu wenig Mittel im Kampf gegen Malaria, weil wir zu viel Geld in Militärausgaben stecken? Oder, um Ähnliches mit Ähnlichem zu vergleichen: Weshalb fordert Lomborg nicht den Verzicht auf teure spitzenmedizinische Forschung, die allenfalls in ferner Zukunft einmal Menschen mit Alzheimer oder Parkinson heilen hilft, wo man mit Forschung gegen Malaria oder Tuberkulose in naher Zukunft viel mehr Menschen helfen könnte? Warum fordert er nicht den Verzicht auf Krebstherapien, wo doch eine einzelne Therapie so viel kostet wie Zehntausende Moskitonetze?

Was herauskommt, wenn Lomborg die beiden Elemente – den Optimismus und den Kerngedanken des Kopenhagener Konsenses – kombiniert und auf den Klimawandel anwendet, fasst ein Zitat aus einem Vortrag Lomborgs zusammen: »Die Leute vergessen, dass in hundert Jahren, wenn die meisten Folgen des Klimawandels spürbar werden, die Menschen viel reicher sein werden. Sogar nach den pessimistischsten Schätzungen der Uno wird ein durchschnittlicher Einwohner eines Entwicklungslandes 2100 etwa so reich sein wie wir in den Industrieländern; vermutlich wird er eher sogar zwei- bis viermal reicher sein als wir. Wenn wir davon sprechen, den Leuten in Bangladesch im Jahr 2100 zu helfen, dann sprechen wir nicht über einen anderen Bengalen, sondern über einen ziemlich reichen Niederländer.«

Lomborg setzt drei Dinge voraus: Dass die Weltwirtschaft tatsächlich dauerhaft weiter wächst, dass dieses Wachstum größer ist als die Umweltschäden und dass auch die Ärmsten von diesem Wachstum profitieren. Die erste Annahme schreibt rein spekulativ die Wachstumsphase der letzten Jahrzehnte fort. Die zweite Annahme schließt ebenfalls aus der Vergangenheit auf die Zukunft, übersieht aber, dass Umweltschäden mit teilweise großer zeitlicher Verzögerung auftreten und nicht linear zunehmen. Die dritte Annahme ist naiv. Gewiss: In einzelnen Ländern ist genau das eingetroffen; selbst wenn sich soziale Gegensätze noch verschärft haben sollten, geht es den Ärmsten in den reicheren Ländern mit einem sozialen Wohlfahrtssystem heute dank Wirtschaftswachstum viel besser als den Ärmsten in den gleichen Ländern vor fünfzig oder hundert Jahren. Diese Länder haben aber das »Hinterland« der Entwicklungsländer. Sie können wirklich unangenehme, schmutzige, gefährliche Arbeit in solche Länder auslagern, die weder strenge Umweltgesetze noch Sozialstandards und starke Gewerkschaften kennen; sie können Umweltbelastungen in solche Länder exportieren. Global geht das nicht:

Die Erde als Ganzes hat kein »Hinterland«. Selbst bei anhaltendem Wirtschaftswachstum ist nicht damit zu rechnen, dass in hundert Jahren niemand mehr ärmer sei als ein heutiger Durchschnitts-Niederländer.

Ich habe Bjørn Lomborg deshalb so viel Aufmerksamkeit gewidmet, weil wir den Gedanken, die bei ihm angelegt sind – technozentrischer Fortschrittsoptimismus, Indifferenz gegenüber Fragen der Verteilung, der Versuch, ethische und politische Entscheide aufgrund objektiver ökonomischer Zahlen zu fällen –, noch oft begegnen werden. Auch bei Leuten, die über Lomborg die Nase rümpfen.

Problematischer Prophet
Nicholas Stern und die Buchhalter des Klimawandels

So, wie Lomborg ein Buhmann der Klimaschützer ist, ist Nicholas Stern einer ihrer Helden. Einen »Rockstar des Klimawandels« nannte ihn der britische *Guardian*.

Am 30. Oktober 2007 präsentierte die britische Regierung eine Studie, die der frühere Weltbank-Chefökonom Nicholas Stern und sein Team in ihrem Auftrag verfasst hatten. Als »Stern-Report« erregte sie sofort großes Aufsehen. Ihre wichtigsten Aussagen lauten: Die wissenschaftlichen Beweise für den Klimawandel sind »überwältigend«, es ist aber »immer noch Zeit, die schlimmsten Auswirkungen zu vermeiden, wenn wir jetzt entschieden handeln«.[51] Stern schätzte, dass die Folgen des Klimawandels, wenn nicht gehandelt wird, jährlich mindestens fünf Prozent, möglicherweise aber auch zwanzig Prozent oder mehr des globalen Bruttoinlandprodukts (BIP), »jetzt und für immer«, kosten werden. Demgegenüber würden die Maßnahmen, die die schlimmsten Auswirkungen des Klimawandels verhindern können, etwa ein Prozent des globalen BIP kosten. Weiter: »Die Welt braucht sich nicht zwischen der Vermeidung des Klimawandels und der Förderung von Wachstum und Entwicklung zu entscheiden. [...] Die Bekämpfung des Klimawandels ist langfristig gesehen eine Pro-Wachstum-Strategie.«

Viele, die sich in Politik, Wirtschaft und Zivilgesellschaft seit Langem für ein Handeln gegen den Klimawandel eingesetzt hatten, begrüßten den Bericht enthusiastisch – auch wenn das Denken, das dem Bericht zugrunde liegt, nämlich Kosten und Nutzen des Klimawandels in Geldwerten auszudrücken, ihnen bei anderer Gelegenheit wohl zynisch vorkäme. Doch der Stern-Bericht lieferte Argumente, die auch Menschen überzeugen müssten, die nur an Geld und Gewinn denken – so lautete die Argumentation in Umweltschutzkrei-

sen. Wenn die Wirtschaft für den Klimawandel hauptsächlich verantwortlich ist, weil sie Gewinne über den Schutz der Umwelt stellt,
so gibt es nichts Besseres, als ihr vorzurechnen, dass sie gerade im
Interesse ihrer Gewinne Umweltschutz betreiben müsse. Umweltschützer begannen also, ökonomisch zu argumentieren. Der Klimawandel als ökonomische Chance ist in den politischen Debatten mittlerweile allgegenwärtig nach dem Motto: Man muss die Sprache
derer sprechen, die man überzeugen will.

Muss man? Und was ist der Preis, den man zahlt, wenn man sich
auf diese ökonomistische Argumentation einlässt?

Stern hat eine sogenannte Kosten-Nutzen-Analyse vorgelegt.[52]
Solche Analysen sind im Grunde nichts anderes als das, was wir im
Alltag anstellen, wenn wir einen Entscheid fällen (sofern wir diesen
Entscheid nicht intuitiv fällen, was meistens der Fall ist): Wir wägen
Vor- und Nachteile ab. Kosten-Nutzen-Analysen versuchen – so, wie
das Lomborg mit seinem Kopenhagener Konsens versucht hat –,
objektive Grundlagen für politische Entscheide wissenschaftlich
herzuleiten, frei von weltanschaulichen Annahmen. Doch jede Kosten-Nutzen-Analyse impliziert gewisse weltanschauliche Voraussetzungen – gut versteckt hinter Zahlen.

1975 erschien die erste, unter der Leitung des Ökonomen Ralph
d'Arge verfasste Studie zum Thema Klimawandel. Es ging darum,
mögliche Folgen ziviler Überschallflugzeuge auf Atmosphäre und
Klima zu untersuchen. Danach war der Klimawandel bis in die späten 8oer-Jahre kaum mehr ein Thema für die ökonomische Forschung. Nun war es vor allem William Nordhaus von der Yale University, der solche Analysen verfasste – mehrere in Serie mit immer
ausgeklügelteren Modellen. Dieser Nordhaus ist auch einer der hef-
tigsten Kritiker Sterns.

Denn Nordhaus' Resultate sind denen Sterns ziemlich genau ent-
gegengesetzt: Stern sieht bescheidene Kosten von Klimaschutzmaßnahmen und einen großen Nutzen, wenn dadurch der Klimawandel
begrenzt wird. Nordhaus sieht hohe Kosten und einen geringen Nut-

zen: Für ihn wäre es »optimal«, die Treibhausgas-Emissionen nicht zu senken, sondern lediglich deren Wachstum zu bremsen.*

Nordhaus' Analysen bilden eine der wichtigen Grundlagen der US-amerikanischen Position in den internationalen Verhandlungen zum Klimawandel. Damit ist das Argument vom Tisch, mit dem Stern-Report ließen sich auch jene vom Klimaschutz überzeugen, die nur die Sprache des Geldes verstünden. Diese können sich geradeso gut an Nordhaus halten.

Aber wer hat recht? Bietet die Ökonomie einfach eine Auswahlsendung, aus der man sich nach Belieben aussuchen kann, was einem am besten in den Kram passt?

Kosten-Nutzen-Analysen sind ein Instrument, aber eben nur eines. Darauf weist beispielsweise Wolfgang Sachs vom Wuppertal Institut für Klima, Umwelt und Energie hin. Sachs ist einer der wenigen, die das IPCC von der anderen Seite her kritisieren als die »Klimaskeptiker«. Er war Mitautor des dritten IPCC-Berichts (2001). Beim jüngsten Bericht hat der Soziologe und Theologe nicht mehr mitgemacht – unter anderem deshalb, weil er fand, die Kosten-Nutzen-Sicht dominiere die Arbeit des IPCC und führe so zu einseitigen Resultaten. »Das ist ein Tunnelblick«, sagt Sachs. »Andere Kriterien als der ökonomische Nutzen – Recht, Ethik, Ästhetik – werden ignoriert, von so Werten wie Spiritualität ganz zu schweigen.« Sachs erläutert das an einem Beispiel: Wenn die Malediven untergingen, so brächte das Kosten mit sich, aber diese wären im globalen Vergleich eher gering: 300 000 Einwohner lassen sich notfalls umsiedeln. Wenn

---

* Dazu schlägt Nordhaus eine bescheidene, allmählich steigende CO_2-Steuer von anfänglich 7 Dollar pro Tonne vor. Dadurch würde die globale Durchschnittstemperatur bis 2100 um 2,6, bis 2200 um 3,5 Grad steigen. Gar keine Maßnahmen gegen den Klimawandel zu ergreifen erachtet Nordhaus als sehr viel »effizienter« denn starke Emissionsbeschränkungen, wie sie etwa Stern vorschlägt. William Nordhaus, *A Question of Balance. Weighing the Options on Global Warming Policies*, New Haven 2008.

die Kosten, das zu verhindern, sehr hoch ausfielen, dann erscheine es als ökonomisch sinnvoller, die Malediven untergehen zu lassen. Das ignoriere aber, dass die Bewohner der Malediven ein Recht hätten, dort zu wohnen.

Man muss Sachs' Kritik am IPCC etwas relativieren. Die harten Kosten-Nutzen-Analytiker haben sich 1995 beleidigt aus dem IPCC verabschiedet, nachdem sie bei einem internen Streit eine Niederlage erlitten hatten. Doch das IPCC kann nicht besser sein als die Wissenschaft, deren Konsens es abbilden soll, und in den ökonomischen Wissenschaften ist die Kosten-Nutzen-Sicht nach wie vor eine dominierende Position.

Michael Grubb, Chefredaktor der Fachzeitschrift *Climate Policy*, unterscheidet in der Diskussion um die richtige Klimapolitik zwei Positionen. Die Position des Vorsorgeprinzips[53] und die der Kosten-Nutzen-Analysen. Für Letztere ist eine Maßnahme dann zu ergreifen, wenn ihre mutmaßlichen Kosten geringer sind als der mutmaßliche Nutzen. Für Erstere gibt es Risiken, die unter (fast) keinen Umständen eingegangen werden dürfen, auch wenn die Wahrscheinlichkeit des Risikos gering oder unbekannt ist. Zwischen diesen beiden Positionen, so Grubb, klaffe ein Graben, sodass die Kontroverse es kaum verdiene, »Debatte« genannt zu werden.[54]

Angenommen, man schätze die Kosten von Klimaschutz-Maßnahmen auf 1 Billion Dollar. Die Schäden, die dadurch verhindert werden könnten, würden auf einen Bereich zwischen 0,25 und 10 Billionen geschätzt, mit der größten Wahrscheinlichkeit auf 0,8 Billionen. Wer nach Kosten-Nutzen-Analyse vorgeht, wird die Maßnahmen ablehnen, da Kosten von 1 Billion ein wahrscheinlicher Nutzen von 0,8 Billionen gegenübersteht. Ein Vertreter des Vorsorgeprinzips wird argumentieren, ein möglicher Schaden von 10 Billionen sei zu vermeiden, auch wenn er eher unwahrscheinlich sei.[55]

Damit Kosten-Nutzen-Analysen Sinn ergeben, müssen sich Kosten und Nutzen einigermaßen passabel abschätzen lassen. Dass Nordhaus und Stern zu so unterschiedlichen Resultaten kommen, lässt schon einmal an der Tauglichkeit dieser Methode im Kontext des Klimawandels zweifeln. Weitere krass unterschiedliche Einschätzungen ließen sich nennen: So rechnet Nordhaus in seiner Studie von 1998, dass eine Erwärmung der chinesischen Landwirtschaft große Gewinne bringe, während Samuel Fankhauser in seiner Analyse von 1995 zum Schluss kommt, dass die chinesische Landwirtschaft stark unter der Erwärmung leiden werde. Für die Kosten einer Tonne CO_2 – das heißt für die zusätzlichen Schäden, die eine zusätzliche Tonne CO_2 verursacht – kommen die Studien, die das IPCC für seinen Bericht von 1995 ausgewertet hat, zu Werten zwischen 5 und 125 Dollar![56]

Kosten-Nutzen-Analysen sind extrem stark von den Annahmen abhängig, von denen ein Analytiker ausgeht. Viele dieser Annahmen beruhen aber auf Spekulation – und auf impliziten Wertungen. Schon die grundlegende Idee, dass die Summe des Nutzens möglichst hoch respektive die Summe der Kosten möglichst tief ausfallen müsse – dass also des einen Nutzen des anderen Schaden kompensieren könne –, beinhaltet eine implizite ethische Wertung: Die Summe ist gegenüber Verteilung so blind wie Lomborgs Durchschnitt.

Viele der verwendeten Werte sind über den Daumen gepeilt. Ein Beispiel ist eine häufig zitierte Zahl zu den Kosten von Migration. William R. Cline schätzt diese in seiner Analyse von 1992 auf 4500 Dollar pro Klimaflüchtling. Er geht davon aus, dass lokale Behörden in den USA im Jahr 1989 durchschnittlich 3000 Dollar pro Einwohner ausgaben. Weiter rechnet er, dass ein Klimaflüchtling durchschnittlich achtzehn Monate brauche, bis er am neuen Wohnort eine Lohnarbeit gefunden habe. Bis dahin fällt er der öffentlichen Hand also mit anderthalb mal 3000 Dollar zur Last, danach zahle er Steuern und sei kostenneutral.[57] Stern rechnet als Kosten eines Flüchtlings das Dreifache des Jahreseinkommens im Herkunftsland und begründet dies nicht weiter.[58]

Ein anderes Beispiel sind Vorteile für Sport und Freizeit. Richard Tol führte diese Kategorie 1995 als Erster in seine Rechnungen ein, Nordhaus folgte ihm 1998. Denn wenn es wärmer ist, kann man häufiger campen, Golf spielen, wandern – ein Nutzen des Klimawandels! Clive Spash von der australischen Wissenschaftsagentur CSIRO bemerkt dazu spöttisch: »Wie genau der Klimawandel den Wert solcher Freizeitaktivitäten steigern soll, lässt Tol offen, aber offenbar stellt er sich eine künftige Welt vor wie die heutige, einfach ein wenig wärmer und mit weniger Regentagen.« Und fügt an: »Der wichtigste Faktor, der solche Freizeitaktivitäten begrenzt, dürfte [...] für den größten Teil der Weltbevölkerung der Kampf ums Überleben sein und nicht ein Mangel an sonnigen Tagen.«[59]

Die Gewinne durch bessere Freizeitmöglichkeiten *(recreational gains)* in die Analyse aufzunehmen, heißt nichts anderes, als dass mehr Tote am einen Ort auf der Welt dadurch aufgewogen werden, dass an einem anderen Ort öfter ohne Regenschirm Golf gespielt werden kann. Nordhaus setzt etwa die »Freizeitgewinne« in China dreimal so hoch an wie die chinesischen Verluste durch gesteigerte Sterblichkeit und Krankheitsanfälligkeit. In Europa gleichen diese Gewinne die Verluste der Landwirtschaft in seinem Modell ungefähr aus.

Doch nicht um solche Bewertungen wird unter Kosten-Nutzen-Analysten am meisten gestritten, sondern um die Frage, wie die Zukunft zu bewerten sei: Was ist mehr wert – zehn Euro heute oder elf in einem Jahr?

Es ist in der Ökonomie üblich, künftige Werte zu »diskontieren«, das heißt abzuwerten. Was in Zukunft geschieht, dessen Wert – seien es Kosten oder Nutzen – wird um einen bestimmten Prozentsatz pro Jahr abgewertet. Begründet wird das damit, dass die Menschen so funktionierten – lieber den Spatz heute als die Taube morgen. Ein Ausdruck dieser Haltung sind Zinsen: Damit ich bereit bin, heute auf mein Geld zu verzichten, muss mir mein Schuldner einen Preis für diesen Aufschub zahlen – eben den Zins. Die Diskontierung der Zukunft wird auch mit technischem Fortschritt und Wirtschaftswachstum begründet: Künftige Generationen könnten mit Umweltschäden besser umgehen, weil sie erstens reicher seien und zweitens über bessere Techniken verfügten, also seien Schäden in Zukunft weniger schlimm als heute. Voraussetzung dafür ist natürlich, dass die Wirtschaft tatsächlich stetig weiter wächst, was eine sehr spekulative Annahme ist.

Üblich ist, mit Diskontraten von ein paar Prozent pro Jahr zu rechnen. Nordhaus rechnet in seiner jüngsten Analyse mit durchschnittlich 4 Prozent.[60] Eine Diskontrate von 3 Prozent bedeutet, dass Schäden, die in 17 Jahren auftreten, bereits nur noch zur Hälfte zählen; was in 50 Jahren der Fall sein wird, schlägt noch mit einem Achtel zu Buche, und was in hundert Jahren sein wird, ist vernachlässigbar. Langfristiges Denken erscheint bei hohen Diskontraten per se als irrational; was heute kostet, aber erst in hundert Jahren wirkt, kann fast nur durchfallen. Mit anderen Worten: Wer Kosten-Nutzen-Analysen mit solchen Diskontraten einer globalen Politik zugrunde legt, entscheidet sich dafür, die Interessen künftiger Generationen praktisch zu ignorieren.

Stern hat sich deshalb dafür entschieden, mit einer tieferen Diskontrate zu rechnen als üblich. Nordhaus' Hauptkritik an Stern lautet, solch tiefe Diskontraten passten »nicht zu den *tatsächlichen* Zinsen der heutigen Märkte«.[61] Nordhaus kritisiert, dass Stern ethisch entscheidet[62] – und übersieht, dass der Entscheid, die Ethik aus dem Spiel zu lassen, genauso eine ethische Wertung ist.

Damit sind aber noch nicht alle Probleme angesprochen. Geht es nämlich um den Klimawandel, so sind gewisse Faktoren, die zur Berechnung nötig wären, schlichtweg nicht bekannt. Einige davon lassen sich als Risiken behandeln, so, wie das Versicherungen tun: Erfahrungswerte geben einen Hinweis darauf, als wie wahrscheinlich ein Ereignis einzuschätzen ist; diese Wahrscheinlichkeit, multipliziert mit der zu erwartenden Schadenshöhe, ergibt das Risiko. Bei anderen Faktoren geht das nicht, wie ich oben am Beispiel eines Kollapses des Westantarktischen Eisschilds gezeigt habe. Auf diesen Unterschied zwischen (berechenbaren) Risiken und (unberechenbaren) Ungewissheiten weist auch das IPCC hin.[63] Weil sich Ungewissheiten nicht berechnen lassen, Kosten-Nutzen-Analysen aber auf Zahlen angewiesen sind, behandeln diese Analysen Ungewissheiten in der Regel einfach wie Risiken und weisen ihnen eine willkürliche Wahrscheinlichkeit zu.

Völlig unberücksichtigt lassen die Analysen eine positive Nebenwirkung von Klimaschutzmaßnahmen: Wer mit weniger Fossilenergie auskommt, ist besser auf die Zeit nach *Peak Oil* respektive *Peak Gas* und *Peak Coal* vorbereitet – auf die Zeit, in der die Vorräte dieser Energieträger zur Neige gehen. Das müsste als ein Nutzen von Klimapolitik in die Rechnung einfließen. Dass es nicht geschieht, ist aber folgerichtig: Für hartgesottene neoklassische Ökonomen gibt es kein Ressourcenproblem. Angebot und Nachfrage regeln sich über den Marktpreis, keine wichtige Ressource wird uns je plötzlich ausgehen, sondern allmählich steigende Preise sorgen für einen allmählichen Umstieg auf eine Ersatzressource oder Ersatztechnik. Ist man weniger marktgläubig und blickt stärker auf die Realität – etwa auf die schon stattfindenden Kriege um Erdöl oder die Erpressung der Ukraine durch den parastaatlichen russischen Energieriesen Gazprom –, dann dürfte dieser vernachlässigte Punkt sogar entscheidend für das Resultat einer Kosten-Nutzen-Abschätzung sein.

Gibt es denn Alternativen? Das Vorsorgeprinzip ist eine, also das Bestreben, mögliche untragbare Folgen zu vermeiden, auch wenn sie nicht als wahrscheinlich eingestuft werden. Dabei hat immer noch die Wissenschaft allein die Aufgabe, mögliche Folgen zu erkennen und zu bewerten. Radikaler ist – auch wenn das Resultat ähnlich wie beim Vorsorgeprinzip sein dürfte – der Vorschlag der Wissenschaftsphilosophen Silvio Funtowicz und Jeroma Ravetz: »Wie viel ist ein Singvogel wert?«, fragen sie und kommen zur Antwort, dass sich das objektiv-wissenschaftlich nicht sagen lasse.[64] Genau das versuche aber die Mainstream-Klimaökonomie in ihren Analysen: Wenn Modelle der Naturwissenschaftler voraussagen, dass soundso viele Vogelarten aussterben, muss ein Kosten-Nutzen-Analytiker diesen Verlust in Geldwerte fassen. Angesichts der präzisen Zahlen, die Kosten-Nutzen-Analysen liefern, fühlen sich Funtowicz und Ravetz an einen Witz erinnert: Ein Museumswärter wird von einem Besucher gefragt, wie alt die ausgestellten Dinosaurierknochen seien. »56 000 012 Jahre«, sagt der Wärter. Auf die erstaunte Frage, woher er das so genau wisse, antwortet der Wärter: »Als ich eingestellt wurde, waren die Knochen 56 Millionen Jahre alt, und das ist jetzt zwölf Jahre her.«

Funtowicz und Ravetz fordern eine »post-normale« Wissenschaft – eine, die sich nicht mehr als (einzige) Lieferantin von Wahrheit versteht. Eine post-normale Wissenschaft integriere Laien, die verschiedene Interessen und soziale und kulturelle Hintergründe vertreten, in den wissenschaftlichen Prozess (ein Verfahren, das bei der Abschätzung von Technikfolgen bereits angewendet wird).

Demokratische Prozesse in die Wissenschaft einbauen, die doch nur der Wahrheit und nichts als der Wahrheit verpflichtet zu sein hat – manch einem Wissenschaftler dürfte die »post-normale« Wissenschaft die Haare zu Berge stehen lassen. Doch das Wirtschaftsmagazin *The Economist* kommt in einem Artikel über Kosten-Nutzen-Analysen zum Klimawandel zu einem ganz ähnlichen Schluss: »Die Ökonomie des Klimawandels ist zu ungewiss, als dass Politiker sich darauf verlassen könnten, und deshalb müssen diese am Ende selber entscheiden.«[65] Die Frage, welche Risiken eingegangen werden sollen und zu welchem Preis, ist eine politische Frage. Und politische Fragen müssen politisch beantwortet werden.

Und was tut das IPCC? Das IPCC legt nicht eine eigene Kosten-Nutzen-Abschätzung vor, ja das IPCC hinterfragt sogar grundsätzlich die Tauglichkeit dieser Methode: Für die »meisten ökonomischen Analysen« sei »fraglich«, ob Nutzen und Kosten abgeschätzt werden könnten, was für eine sinnvolle Analyse die Voraussetzung wäre.[66] Lakonisch schrieb es in einem seiner früheren Berichte: »Die Abschätzung der sozioökonomischen Folgen des Klimawandels sind von ziemlich bescheidenem Niveau.«[67]

Das IPCC versucht aber zu benennen, wie teuer Maßnahmen kämen, mit denen die Treibhausgas-Konzentration in der Atmosphäre auf verschiedenen Niveaus stabilisiert werden könnte. Und dabei geht das IPCC, das den Auftrag hat, politisch neutral zu sein, implizit von derselben Wertannahme aus, die Stern explizit nennt. Das IPCC rechnet nämlich vor, um wie viel das BIP-Wachstum durch Klimaschutzmaßnahmen gebremst würde. Wenn ein Minderwachstum des BIP als Kosten ausgewiesen wird, dann gilt BIP-Wachstum als per se gut.

Das IPCC schätzt in seinem jüngsten Bericht, dass Maßnahmen, die die Erwärmung auf rund zwei Grad begrenzen, das Wachstum um weniger als 0,12 Prozent pro Jahr verringern. Das liegt unterhalb der Wahrnehmbarkeitsschwelle und weit unterhalb der jährlichen Schwankungen: Das weltweite BIP-Wachstum schwankte in den letzten dreißig Jahren zwischen 1,10 (1982) und 4,52 Prozent (2000), mit Sprüngen von bis zu 2 und mehr Prozentpunkten von einem Jahr zum anderen.[68] 0,12 Prozent Minderwachstum bedeuten derzeit ein Minderwachstum von 53 Milliarden Dollar – zwei Drittel des Privatvermögens des reichsten Menschen (Warren Buffett). Zum Vergleich: Die weltweiten jährlichen Rüstungsausgaben belaufen sich auf 1300 Milliarden Dollar[69]; die Finanzmarktkrise 2007/08, ausgelöst durch leichtfertige Kreditvergaben und abenteuerliche Spekulationen, richtete Schäden in Billionenhöhe an.*

Ich halte die Schätzung, wirksamer Klimaschutz koste die Weltwirtschaft nur 0,12 Prozent ihres Wachstums pro Jahr, für äußerst optimistisch. Das IPCC ist in dieser Frage auch widersprüchlich, denn es sagt aus, dass der Verbrauch der fossilen Energieträger, also der zentralen Ressource unseres Wirtschaftssystems, innert weniger Jahrzehnte um bis zu 85 Prozent oder mehr, pro Kopf um 90 Prozent

---

* Nach dem Zusammenbruch der Investmentbank Lehmann Brothers und der damit verbundenen Finanzkrise haben Staaten und der Internationale Währungsfonds bis Februar 2009 nach Berechnungen der *NZZ am Sonntag* für 7,4 Billionen Euro Rettungsprogramme für die taumelnde Wirtschaft beschlossen (eine Billion sind tausend Milliarden). »Die teuerste Rechnung aller Zeiten«, in: *NZZ am Sonntag* vom 15. Februar 2009.

und mehr gedrosselt werden müsse. Das gleiche Gremium sagt aus, diese Reduktion verursache Kosten, die sich unterhalb der Wahrnehmungsschwelle bewegen. Das passt nicht zusammen.

Wer aber so sehr auf den technischen Fortschritt setzt wie die offizielle US-Politik, für den dürften die beiden Aussagen kein Widerspruch sein. Dennoch protestierte ein Regierungssprecher der USA postwendend, 0,12 Prozent seien zu viel. Man kann aber nicht ernsthaft gegen etwas sein, dessen Auswirkungen nicht wahrnehmbar sind. Deshalb ist der ganze Zahlenstreit vermutlich ein Scheingefecht. Nicht so sehr die Sorge um die Weltwirtschaft dürfte die USA bewegen, denn sie leben gut mit ihrem hohen CO_2-Ausstoß. Die USA (und andere Länder mit sehr CO_2-intensiven Volkswirtschaften) ziehen einen Wettbewerbsvorteil daraus, dass sie billiges Öl verbrennen. Von diesem Vorteil müssten sie etwas abgeben, während Volkswirtschaften, die weniger Öl, Gas und Kohle konsumieren, gewännen. *Das* wäre spürbar, nicht die 0,12 Prozent Minderwachstum.

Wer für einen wirksamen Klimaschutz einsteht und mit Stern argumentiert, lässt sich also nicht nur möglicherweise auf ein Scheingefecht ein. Er lässt sich auch auf eine Logik ein, die Schäden und Vorteile verschiedenster Art für miteinander verrechenbar hält, die Gewissheit suggeriert, wo solche nicht zu haben ist, und die blind ist für Verteilungsfragen. Und er gerät in argumentative Zwänge: Er muss den Technikoptimismus des IPCC teilen, weil er sich sonst ins Nordhaus-Lager setzt. Wer heute mit Stern sagt, Klimaschutz sei die »Pro-Wachstum-Strategie«, der kann nicht morgen kommen und sagen, vielleicht müssten wir auch mal unser Wachstum überdenken.

Wie viele Afrikaner wiegen einen Europäer auf?

Wie viel ist ein Mensch wert? 1,5 Millionen Dollar, wenn dieser Mensch in einem Industrieland lebt, sonst 150000: So stand es im Entwurf zum zweiten Bericht des IPCC von 1995.[70] In der Endfassung des Berichts stand das nicht mehr, was nicht erstaunt: Es hagelte Proteste gegen den Entwurf. Von Vertretern der Entwicklungsländer, aber nicht nur. In einem offenen Brief, den die Fachzeitschrift *Nature* publizierte, protestierten vierzig Wissenschaftler, darunter mehrere IPCC-Autoren.[71] Es war die bislang heftigste Kontroverse in der Geschichte des IPCC. An der Stelle von konkreten Zahlen steht im Bericht nun eine zweiseitige Diskussion der Schwierigkeiten, den Wert eines »statistischen Lebens« zu messen.[72]

Wie, um Himmels willen, kam überhaupt jemand auf die Idee, das Leben einer Afrikanerin, eines Inders oder einer Brasilianerin sei nur ein Zehntel des Lebens eines Japaners, einer Nordamerikanerin oder eines Europäers wert?

Kosten-Nutzen-Analysen können grundsätzlich alles in ihre Rechnung einbeziehen – nicht nur, was effektiv etwas kostet, sondern auch »weiche« Faktoren wie etwa den Verlust einer schönen Landschaft. Sie müssen dies aber in Geldwerte übersetzen. Ein weicher Faktor ist auch der Wert eines Menschenlebens, denn Menschen haben keine Preise. Wie rechnen Ökonomen Werte, die keinen Preis haben, in Geldwerte um?

Eine gängige Methode ist die »Zahlungsbereitschaft« *(willingness to pay)*. Etwas ist so viel wert, wie Menschen für dessen Erhalt zu zahlen bereit sind. Das lässt sich durch Umfragen herausfinden: Wie viel würden Sie zahlen, damit man das idyllische Wäldchen in ihrer Nachbarschaft erhält? Der zweite IPCC-Bericht von 1995 enthält eine Liste mit den Zahlungsbereitschafts-Werten für ein paar Tierarten und Landschaften.[73] In den USA schaffte es das Wappentier, der Weißkopfseeadler, auf 12,4 Dollar: So viel wären durchschnittliche Einwohner der USA pro Jahr zu zahlen bereit, wenn sie damit das Aussterben der Vogelart verhindern könnten. Der Grizzlybär brachte es auf 18,5 Dollar pro Jahr und Einwohner (während sein Bruder, der Braunbär, in Norwegen 15 Dollar erreichte), und der Grand Canyon war den Leuten 27 Dollar wert. Der Buckelwal erreichte 40 bis 48 Dollar, wenn man einfach so nachfragte, und 49 bis 64 Dollar, wenn die zu Befragenden zuvor einen Dokumentarfilm über diese Tiere gesehen hatten.

Doch das eine ist, zu sagen, man würde soundso viel zahlen, und das andere, es wirklich zu tun. Man versucht die Zahlungsbereitschaft deshalb auch empirisch zu erfassen, zum Beispiel: Wie viel mehr Miete zahlen die Leute, wenn ihre Wohnung in einer schöneren Landschaft liegt?

Wenn es um Menschenleben geht, kann man sich beispielsweise dadurch behelfen, dass man schaut, zu welchem Lohn Menschen bereit sind, eine gefährlichere Arbeit anzunehmen – zu welchem Preis sie ihr Leben aufs Spiel setzen. Oder man kann fragen, wie teuer es wird, jemanden zu ersetzen, der stirbt – am Arbeitsplatz, als Vater oder Mutter in der Kinderbetreuung und so weiter. Oder, wie viel Geld für Ausbildung und Gesundheit in einen Menschen investiert wurde.

Man sieht schon das Problem: Wer wenig hat, kann auch nicht viel Zahlungsbereitschaft aufbringen. Wer arm ist und Kinder zu ernähren hat, ist schnell bereit (respektive gezwungen), für wenig Geld sein Leben zu riskieren. Wer niemanden hat, der in ihn »investiert«, erreicht nie einen hohen Wert.

In seiner Kosten-Nutzen-Analyse von 1995 rechnet Samuel Fankhauser ganz ähnlich wie der IPCC-Entwurf: Er setzt für das Leben des Einwohners eines reichen Landes ebenfalls 1,5 Millionen ein; wer in einem Land mit mittlerem Volkseinkommen lebt, bringt es auf

300000, und wer in einem armen Land lebt auf 100000 Dollar. Fankhauser zitiert mehrere Studien, die einem Leben aufgrund der Zahlungsbereitschaft Werte von 0,2 bis 16 Millionen Dollar zuschreiben, mit einem Durchschnitt von 3 Millionen. Fankhauser reduziert das auf 1,5 Millionen. Die Schätzung für ärmere Länder nennt er selber »beliebig« und schreibt dazu: »Das bedeutet natürlich nicht, dass das Leben beispielsweise eines Chinesen weniger wert sei als das eines Europäers. Es widerspiegelt nur die Tatsache, dass die Zahlungsbereitschaft für eine erhöhte Sicherheit (ein geringeres Sterberisiko) in entwickelten Ländern höher ist.«[74] Auch Fankhauser wertet nicht, sondern bildet nur »Tatsachen« ab. Auch er übersieht, dass die Ökonomie noch nie nur beschreibende, sondern immer auch legitimierende, Normen setzende Wissenschaft war.

Soll man solche Zahlen für zynisch halten? Sie sind es. Aber sie sind konsequent, und wer solche Zahlen aus dem IPCC-Entwurf streicht, aber an der Methode festhält, belügt sich selbst (oder die Leser seines Berichts). Zynisch ist die Methode, und diese zeitigt zwangsweise zynische Resultate.

Eine bequeme Wahrheit
Die Rolle des Friedensnobelpreisträgers Al Gore

Im Herbst 2007 traf ich in Ghanas Hauptstadt Accra Erasmus Aborley von Friends of the Earth Ghana. Ich fragte ihn, was er von Al Gores Film *Eine unbequeme Wahrheit* halte. Aborley zögerte. Das sei innerhalb der Friends of the Earth kontrovers diskutiert worden. Gore ist für viele, die sich Sorgen machen um den Klimawandel, eine Lichtfigur. Aber schließlich sagte Aborley: »Der Film wirkte zynisch auf mich. Gore war zu feige, die ganze Botschaft zu vermitteln.«

Im Sommer 2007 wurde die an sich trockene Sahelzone quer durch Afrika von heftigen Regenfällen heimgesucht. In Ghanas Norden starben 20 Menschen in den Fluten, 400000 verloren ihr Obdach. Im Süden verfaulten viele Kakaofrüchte, Ghanas Hauptexportgut, an den Bäumen. Zuvor war es ein Jahr lang zu trocken gewesen. Der Volta-Stausee, der das Land mit Strom versorgt, hatte so wenig Wasser wie noch nie. Eine schwere Energiekrise war die Folge. In den Städten stank es mehr noch als sonst schon nach Abgasen, weil alle, die es sich leisten konnten, sich ihren Strom mit Dieselgeneratoren erzeugten – bis auch kein Diesel mehr erhältlich war.

Aborleys Aufgabe als Verantwortlicher des Klimaprogramms von Friends of the Earth ist eine doppelte: Nach innen versucht er, ein Bewusstsein für den Klimawandel zu erreichen, nach außen vertritt er die Sicht eines Entwicklungslandes in der Klimadebatte. Was das Klimabewusstsein seiner Landsleute angeht, wäre er wohl froh um das Kommunikationstalent – und die Mittel – eines Al Gore, sagt er. Klimawandel sei in der ghanaischen Öffentlichkeit kein Thema. Keiner der zahlreichen Medienberichte über die Hochwasser, sagt Aborley, habe auf den Klimawandel als die wahrscheinliche Ursache hingewiesen – obwohl die Regenfälle wie auch die vorausgegangene Trockenheit sehr gut zu den Erwartungen der Klimaforschung passten.

Das Büro von Friends of the Earth Ghana befindet sich in einem der besseren Außenquartiere von Accra, und doch liegt auch hier der Gestank der Großstadt in der Luft. Auf den Straßen fahren einerseits Autos, die in keinem reicheren Land mehr zugelassen würden, und verpesten die Luft mit Ruß, andererseits kurvt die Oberschicht in riesigen klimatisierten Allradautos herum. Die Abwässer von zweieinhalb Millionen Stadtbewohnern fließen in offenen Kanälen, die in der Regenzeit regelmäßig über die Ränder treten (in den besseren Quartieren sind sie wenigstens mit Gittern gedeckt). Die Müllabfuhr funktioniert nicht. Ghana hat enorme Umweltprobleme, und es gibt kaum ein Umweltbewusstsein. Und doch: Lebten alle Menschen der Welt auf dem Verbrauchsniveau Ghanas, gäbe es kein Klimaproblem. Ein durchschnittlicher Ghanaer produzierte 2004 0,3 Tonnen CO_2 – der globale Durchschnittswert liegt sechzehnmal, der Durchschnittswert der Industrieländer vierzigmal so hoch.[75]

Al Gore ist im Film *Eine unbequeme Wahrheit*, wenn er sich nicht im Vortragssaal befindet, fast ausschließlich im Auto, Flugzeug oder Hubschrauber zu sehen. Der Film respektive Gores Vorträge sind eindrücklich und gut gemacht, wenn es um die Vermittlung des Klimawandels geht. Aber wenn es darum geht, was dagegen zu tun sei? »Das Problem ist lösbar«, verkündet Gore freudig, und im Abspann des Films erfährt der Zuschauer, wie. Die Tipps richten sich vorwiegend an Gores Landsleute, Angehörige der Nation, die pro Kopf fast siebzigmal so viel Treibhausgase ausstößt wie Ghana. Logisch, wirkt es auf einen Ghanaer zynisch, wenn Gore seinem Publikum empfiehlt: »Kaufe energieeffiziente Geräte und Sparlampen. Passe deinen Thermostat an. Isoliere dein Haus besser, besuche eine Energieberatung. Rezykliere. Wenn du kannst, kaufe ein Hybridauto.« Und dann immerhin auch noch: »Gehe, wenn du kannst, zu Fuß oder fahre Fahrrad. Benütze, wo du kannst, den öffentlichen Verkehr.« Und: »Pflanze Bäume, viele Bäume. [...] Hilf den Bauern, Energiepflanzen anzubauen. [...] Wenn du ans Gebet glaubst, bete.« Und zum Schluss: »Ermutige alle, diesen Film zu sehen.«

Die meisten dieser Tipps sind nicht falsch, aber nichts geht wirklich an die Ursachen des Problems, und alles miteinander reicht bei Weitem nicht aus. Der Film, der dem ehemaligen Vizepräsidenten der Vereinigten Staaten zwei Oscars und den Friedensnobelpreis einbrachte, hält sich brav an das von George Bush senior 1992 ausgesprochene Tabu: »Der amerikanische Lebensstil steht nicht zur Debatte.« – »Bist du bereit, dein Leben zu ändern?«, fragt der Film zwar im Abspann, doch die genannten Vorschläge sind dazu geeignet, genau das zu vermeiden. Globale Gerechtigkeit zwischen Ländern wie beispielsweise Ghana und den USA ist im Film des Friedensnobelpreisträgers kein Thema. Gores Film ist symptomatisch für die heutige Situation: Das Problembewusstsein ist groß, der Lösung des Problems kommen wir dennoch nicht näher.

Im November 2000 war Al Gore Vizepräsident der USA. In Den Haag fand die jährliche Klimakonferenz statt. Das Kioto-Protokoll war drei Jahre vorher beschlossen worden, es ließ aber wichtige Punkte offen, die es nun auszuhandeln galt. Die Haager Konferenz scheiterte. Als sie im darauffolgenden Juli in Bonn fortgesetzt wurde, gelang in den strittigen Fragen der Durchbruch. Was war zwischenzeitlich geschehen? Al Gore hatte die Präsidentschaftswahlen verloren. George Bush junior war Präsident geworden und erklärte, das Kioto-Protokoll dem Kongress nicht zur Ratifizierung vorlegen zu wollen (Gore hätte es wahrscheinlich vorgelegt, aber ratifiziert worden wäre es auch unter einem Präsidenten Gore nicht). Plötzlich war es nicht mehr nötig, auf die USA Rücksicht zu nehmen. Bushs klimafeindliche, aber klare Haltung deblockierte die Verhandlungen.

Al Gore habe, sagte das Nobelpreiskomitee, mit seinem Film und seinen Vorträgen mehr als jeder andere Mensch dazu beigetragen, das Bewusstsein für den Klimawandel zu stärken. Das mag stimmen. Gore hat aber auch mehr als jeder andere dazu beigetragen, die internationale Klimapolitik zu verwässern.

Zugegeben, seine Rolle war undankbar. Er betreute das Klimadossier der Regierung Clinton und wusste, dass der Kongress ihn nicht unterstützte. Der Senat hatte im Sommer, bevor das Kioto-Protokoll unterzeichnet wurde, mit 95 zu 0 Stimmen eine Resolution[76] verabschiedet, die sich gegen ein internationales Klimaschutzabkommen wandte, sofern dieses die Entwicklungs- und Schwellenländer nicht in die Pflicht nehme oder die US-Wirtschaft ernsthaft schädigen könnte.

Im politischen System der USA mit seinen Checks and Balances, das muss man zur Ehrenrettung von Clinton und Gore sagen, hat es die Regierung schwerer, ein internationales Abkommen ratifizieren zu lassen als in den meisten anderen parlamentarischen Demokratien. Die US-Regierung kann sich nicht auf eine ihrem Programm verpflichtete Mehrheitskoalition im Parlament abstützen. Als das Kioto-Protokoll unterzeichnet wurde, hatten beide Kammern des Kongresses republikanische Mehrheiten, und auch die Abgeordneten der Demokraten verweigerten ihre Zustimmung.

Clinton und Gore wären gern weiter gegangen. Im April 1993 bekundete Clinton in seiner Rede zum *Earth Day* die Absicht, die Treibhausgas-Emissionen der USA bis 2000 auf das Niveau von 1990 zu senken. In dieser Zeit begann die Lobbymaschinerie der Gegner solcher Reduktionen so richtig zu laufen. Die Energielobby beauftragte den PR-Riesen Burson-Marsteller, eine geplante Energiesteuer zu bekämpfen. Das gelang zwar nicht ganz, doch bewilligte der Kongress nur eine extrem tiefe Steuer. Im Oktober präsentierte Clinton dann seinen Aktionsplan zum Klimawandel – er sah aber nur noch freiwillige Maßnahmen vor.[77]

Gore, im Wissen um die Stärke seiner Gegner, unternahm alles, um ein für den Kongress annehmbares (also schwaches) internationales Abkommen zu erreichen. Und weil die anderen Staaten die USA unbedingt mit an Bord haben wollten, ist das Kioto-Protokoll heute ein äußerst schwaches, durch und durch amerikanisch geprägtes Abkommen – bei dem die USA nun doch nicht mitmachen.

Ein Kompromiss, der sich dem am wenigsten Willigen anpasst und diesen dann doch nicht gewinnen kann, ist das schwächstmögliche Resultat. Man wäre heute weiter, hätte man auf die Teilnahme der USA verzichtet. Genau das forderte im Oktober 2007 auch ein Kommentar im Fachmagazin *Nature*: »Je mehr Parteien an Verhandlungen teilnehmen, desto kleiner ist der gemeinsame Nenner.«[78] Ein globales Problem könne nur global gelöst werden: Dieser an sich richtige Satz wird zur Ausrede zum Nichtstun.

Man muss allerdings zur Ehrenrettung der USA auch sagen, dass andere Staaten – etwa Russland – das Protokoll nur ratifiziert haben, weil ihnen der Beitritt mit sehr großzügigen Bedingungen versüßt wurde. Schlimmer als das schwache Abkommen ist an Gores Politik, dass seine Strategie die weltweite Klimadebatte bis heute prägt und dass Elemente, die Gore einbrachte, um das Abkommen USA-tauglich zu machen – sprich: zu schwächen – heute auch von denen als unverzichtbare Bestandteile der Klimapolitik angesehen werden, die sich anfänglich dagegen wehrten.

Namentlich brachten die USA die »flexiblen Mechanismen« ins Kioto-Protokoll ein. Damit wird die Möglichkeit bezeichnet, mit den Treibhausgas-Kontingenten, die den Industrieländern zugeteilt werden, zu handeln, sowie Treibhausgas-Reduktionen aus »Klimaschutzprojekten« einzukaufen (Clean Development Mechanism). Die EU (respektive EG) bekämpfte diese Vorschläge ursprünglich ebenso wie die Entwicklungs- und Schwellenländer. Heute ist das Kioto-Protokoll in erster Linie ein Vertrag zur Errichtung eines internationalen Handels mit Emissionsrechten und -reduktionen. Die EU baut ihre eigene Klimapolitik in erster Linie auf den Emissionshandel, und in der Schweiz will die Wirtschaftslobby den Handel dazu benutzen, Maßnahmen im eigenen Land zu vermeiden. Ebenfalls ein Zugeständnis des Kioto-Protokolls an die USA war, dass sechs Treibhausgase miteinander verrechnet werden können, statt Reduktionsziele für jedes Gas separat zu regeln.

Wie gesagt: Gore war in einer undankbaren Situation. Seither ist er frei von solchen Zwängen. Aber er bleibt der Verkünder einer bequemen »Wahrheit«: »Wir können das Problem lösen!« – und zwar ohne dass es wehtut.

Exkurs
Kohle als Geburtshelferin der Nachhaltigkeit: Die Karriere eines Begriffs

Liest man heute dreißigjährige Zeitungsartikel oder Bücher oder hört sich Politikerreden aus derselben Zeit an, in denen es im weitesten Sinne um Wirtschaftswachstum geht, so muten diese fremd an. Obwohl die Wirtschaft auch damals wuchs und die Wirtschaftspolitik rund um den Globus Wirtschaftswachstum zu befördern suchte, war doch die Idee, dass dieses in nicht allzu ferner Zukunft an seine Grenzen stoßen würde, präsent. *Die Grenzen des Wachstums*: Der Bericht an den Club of Rome unter diesem Titel hatte das Thema 1972 ins Bewusstsein der Öffentlichkeit gerückt. Die Erschöpflichkeit natürlicher Ressourcen hatte die junge Wirtschaftswissenschaft des 19. Jahrhunderts durchaus interessiert, verschwand dann aber bis 1972 – oder bis zur Erdölkrise von 1973 – aus den ökonomischen Theorien und dem öffentlichen Bewusstsein.

Heute hat ein Begriff, der damals in diesem Zusammenhang weitgehend unbekannt war, die Stelle der »Grenzen« eingenommen: die »Nachhaltigkeit«. Kaum eine Hochschule, die ihre Forschung nicht in den Dienst der Nachhaltigkeit stellt, kaum eine Behörde ohne Nachhaltigkeitsleitbild und kaum ein größeres Unternehmen, das nicht schön gestaltete Nachhaltigkeitsberichte publiziert. Kaum eine Bank, auf der man sein Geld nicht in Fonds anlegen kann, die nachhaltig heißen – auch wenn sie Papiere von Automobil- oder Erdölfirmen im Portefeuille führen.

Das Verschwinden der »Grenzen« und das Auftauchen der »Nachhaltigkeit« sind mit einem Namen verbunden: Gro Harlem Brundtland. Die ehemalige norwegische Ministerpräsidentin präsidierte die Uno-Kommission für Umwelt und Entwicklung, die ihren Bericht *Unsere gemeinsame Zukunft*[79] im Dezember 1987 der Uno-Generalversammlung vorlegte. Der Bericht war der Startschuss für die steile Karriere des Nachhaltigkeitsbegriffs. Der Uno-Umweltgipfel von Rio im Jahr 1992 war eine Folge des Berichts – hier wurde unter anderem die Rahmenkonvention zum Klimawandel verabschiedet –, und auch die »Millenniums-Entwicklungsziele« der Uno, im Jahr 2000 feierlich beschlossen, sind der Idee der Nachhaltigkeit verpflichtet.

Der deutsche Politiker und Politwissenschaftler Reinhard Loske, damals Sprecher der Bundestagsfraktion der Grünen, erinnert sich, dass der Brundtland-Bericht ein großes Aufatmen im politischen Establishment bewirkt habe.[80] Indem der Brundtland-Bericht »niemandem etwas zumutete«, schreibt Reinhard Loske, machte er Nachhaltigkeit zu einem Begriff, mit dem alle sich anfreunden konnten: »Allen wohl und keinem wehe«.

Der Bericht setzte eine wirkungsmächtige Wortkombination in die Welt: »nachhaltige Entwicklung« – worunter in der Regel »nachhaltiges Wachstum« verstanden wird. Brundtland selbst schreibt im Vorwort zum Bericht: »Was jetzt nottut, ist eine neue Ära des Wirtschaftswachstums – eines kräftigen Wachstums, das gleichzeitig sozial und ökologisch nachhaltig ist.« Plötzlich ging zusammen, was seit dem Bericht an den Club of Rome von vielen als Gegensatz angesehen wurde.

Dass es überhaupt möglich sei, Bedürfnisse der gegenwärtigen Generation nachhaltig zu befriedigen, setzt die Brundtland-Definition voraus. Es gibt aber mindestens eine Kategorie von Bedürfnissen, die sich prinzipiell nicht nachhaltig befriedigen lassen: die Bedürfnisse, besser sein oder mehr haben zu wollen als andere.

Was heißt »nachhaltig«? Die meistzitierte Definition ist die des Brundtland-Berichts: Nachhaltig ist eine Entwicklung, die »die Bedürfnisse der Gegenwart befriedigt, ohne zu riskieren, dass künftige Generationen ihre Bedürfnisse nicht befriedigen können«. Einfacher gesagt: Du sollst nicht auf Kosten derer leben, die nach dir kommen.

Seit dem Uno-Umweltgipfel von 1992 hat sich außerdem eingebürgert, von der ökologischen, sozialen und ökonomischen Dimension der Nachhaltigkeit zu sprechen. Das suggeriert, die drei Dimensionen stünden gleichberechtigt nebeneinander – was Unsinn ist: Ihr Verhältnis ist ein hierarchisches, denn die Natur ist ein Produktionsfaktor der Wirtschaft, die Wirtschaft aber kein Produktionsfaktor der Natur. Auch das Nebeneinander von sozialer und ökonomischer »Nachhaltigkeit« ist sinnleer, wenn es Aufgabe der Wirtschaft sein soll, menschliche Bedürfnisse zu befriedigen: die Erfüllung dieser Aufgabe wäre dann also in der »sozialen Nachhaltigkeit« bereits enthalten. Alles andere wäre Wirtschaft als Selbstzweck und hätte in einem Nachhaltigkeitskonzept nichts verloren.

Als Vater des Begriffs »Nachhaltigkeit« gilt der sächsische Oberhauptmann Hans Karl von Carlowitz, der 1713 das erste Buch über Forstwirtschaft publizierte. Schon damals ging es darum, dass die Wirtschaft an ökologische Grenzen stieß. Die Wälder standen, vor allem wegen des gestiegenen Brennholzbedarfs der Metallurgie, unter großem Druck. Von Carlowitz definierte eine Waldwirtschaft als »nachhaltig«, die dem Wald immer nur so viel Holz entnimmt, wie gleichzeitig nachwächst.

Der Begriff bekam einen Makel schon in die Wiege gelegt. Dass es nämlich bei dem damals steigenden Energiebedarf überhaupt möglich war, den Wald im carlowitzschen Sinne nachhaltig zu nutzen, war ausgerechnet der Kohle zu verdanken. Um 1700 wurde die (mit Kohle betriebene) Dampfpumpe erfunden. Sie erst erlaubte es, Kohle im großen Stil abzubauen. Die Stollen der Bergwerke mussten nämlich entwässert werden, was mit menschlicher oder tierischer Arbeitskraft so aufwendig war, dass sich der Kohleabbau in großen Tiefen nicht lohnte. Mit der Dampfpumpe wurde das einfacher. Indem sie die Ausbeutung von Kohle im großen Stil überhaupt erst ermöglichte, läutete die Dampfpumpe das Zeitalter der fossilen Energie ein. Holz verlor seine Stellung als wichtigster Energieträger, der Wald war gerettet – nur »nachhaltig« war diese Entwicklung natürlich nicht.

Heute unterscheidet die Fachliteratur zwei Gruppen von Definitionen. »Schwache Nachhaltigkeit« fordert, dass die Summe von natürlichen Ressourcen (»Naturkapital«) einerseits und hergestelltem Kapital andererseits von einer Generation ungeschmälert ihrer Nachfolgegeneration hinterlassen werden muss. Eine Ressource darf also aufgebraucht werden, wenn dafür etwas anderes geschaffen wird, das diesen Verlust aufwiegt. Die Idee, dass verschiedene Kapitalarten einander unbegrenzt ersetzen (substituieren) können, ist ein zentraler Gedanke der neoklassischen Schule der Ökonomie: In der Neoklassik sind natürliche Ressourcen nichts anderes als eine Form von Kapital unter anderen.

Herman E. Daly von der Universität Maryland, der Doyen der Ökologischen Ökonomik, hat einmal gespottet, schwache Nachhaltigkeit sei wie der Glaube, man könne dasselbe Holzhaus auch mit halb so viel Holz bauen, wenn man nur doppelt so viele Zimmerleute einsetze.[81] Schwache Nachhaltigkeit ist verwandt mit der Idee, Freizeitgewinne mit Ernteeinbußen zu verrechnen oder die schlechtere Ernährungslage der Burundier mit der besseren der Nigerianer.

Daly selber vertritt die »starke Nachhaltigkeit«. Diese fordert, dass die natürlichen Ressourcen, ungeachtet des damit geschaffenen Kapitals, den künftigen Generationen ungeschmälert weitergegeben werden. Das Problem dieses Konzepts: Wald kann nachhaltig genutzt werden, weil er nachwächst, Jagdgründe können nachhaltig bejagt werden, ja die Umwelt kann »nachhaltig« verschmutzt (im Fachjargon: als Senke genutzt) werden, wenn die Verschmutzung die Selbstreinigungskraft der Natur nicht übersteigt. Nicht erneuerbare Ressourcen wie etwa Erdöl oder Metalle hingegen dürften nach dem Konzept der starken Nachhaltigkeit gar nicht ausgebeutet werden.

Daly hat deshalb vorgeschlagen, bei nicht erneuerbaren Ressourcen dann von nachhaltiger Nutzung zu sprechen, wenn ein Teil des Gewinns aus dieser Nutzung darauf verwendet werde, Ersatz zu schaffen – nicht irgendeine Form von Kapital wie in der schwachen Nachhaltigkeit, sondern gleichwertiger Ersatz, also beispielsweise erneuerbare Energiequellen (etwa Solarkraftwerke) für den nicht erneuerbaren Energieträger Erdöl.

Die Brundtland-Kommission legte sich auf keine dieser Definitionen fest. Sie brachte die Nachhaltigkeit zurück ins Bewusstsein und nahm ihr den Schrecken, den der Bericht an den Club of Rome ausgelöst hatte. Sie leistete aber auch der inflationären Verwässerung des Begriffs Vorschub. Vermutlich wäre das eine ohne das andere nicht zu haben gewesen, und unklar bleibt, ob der Nutzen höher wiegt oder der Schaden. Brundtland ist eine der vielen ambivalenten Figuren in der Geschichte des Umweltbewusstseins.

Teil II

Die falschen Antworten

Energieeffizienz ist keine Klimaschutz-maßnahme
Rebound und Backfire

Vor hundert Jahren kam es zu einer veritablen kleinen Effizienzrevolution. Neue Glühbirnen, die mit Wolframfäden leuchteten, verbrauchten nur ein Viertel so viel Strom für dieselbe Leuchtkraft wie die alten Birnen mit Kohlenstofffäden. Die Stromwirtschaft machte sich Sorgen: Elektrischer Strom wurde damals hauptsächlich zur Beleuchtung, namentlich für Straßenlaternen, genutzt. Würde nun der Umsatz der Stromwirtschaft einbrechen? Einige Elektrizitätsgesellschaften fürchteten dies und erhöhten die Strompreise. Andere aber setzten darauf, dass das billigere elektrische Licht das Zeug hatte, zum Massengut zu werden. Sie senkten die Preise und stellten sich auf einen Massenmarkt ein.

Sie sollten recht behalten. Zwischen 1920 (seither gibt es verlässliche Zahlen) und 2000 stieg die Effizienz der Straßenlaternen noch einmal um das Zwanzigfache (von 10 auf 200 Lumen pro Watt). Die Beleuchtungsdichte (Lumen pro Straßenkilometer) nahm aber um mehr als das Vierhundertfache zu. Pro Kilometer Straße wird heute also mehr als zwanzigmal mehr Strom verbraucht.[82]

Energieeffizienz ist ein Zauberwort. Es ist das Lieblingswort vieler Ökonomen wie Umweltschützer. Denn: Klimaschutz geht nur, wenn weniger fossile Energieträger verbraucht werden. Weniger verbrauchen ist auf dreierlei Art möglich. Erstens durch mehr Effizienz – dasselbe mit weniger Energie tun. Zweitens durch Substitution – dasselbe mit anderer Energie tun. Diese beiden Wege werden im IPCC-Bericht erläutert, sie sind Gegenstand aller nationalen Klimaschutzstrategien. Sie verlangen technischen Fortschritt, dem allenfalls politisch nachzuhelfen ist. Sie sind auf Wachstumskurs, mit ihnen lässt sich Geld verdienen.

Der dritte Weg heißt Suffizienz (Genügsamkeit): weniger tun. Er verlangt nicht technischen Fortschritt, sondern Verhaltensänderung (dem ebenfalls politisch nachzuhelfen wäre). Er strebt das Gegenteil von Wachstum an, mit ihm lässt sich kaum Geld verdienen. Von ihm ist selten die Rede.

Alle denkbaren Alternativen zu diesen drei Wegen – CO_2 produzieren, aber nicht in die Atmosphäre entlassen *(carbon capture and storage)*; CO_2 aus der Atmosphäre wieder herausholen; am Klima herumbasteln, damit es trotz mehr CO_2 nicht wärmer wird *(geo-engineering)* – sind im besten Fall Zukunftsmusik, im schlechteren Fall gefährliche Spiele mit ungewissem Ausgang.

Ich will zunächst den ersten Weg genauer betrachten: Effizienzsteigerung. Ihr Potenzial ist gewaltig, weil wir heute so verschwenderisch mit Energie umgehen. Allein durch verbesserte Energieeffizienz, schreibt der Energieökonom Eberhard Jochem von der ETH Zürich, ließe sich der »Energiebedarf je Energiedienstleistung um durchschnittlich mehr als 80 bis 85 Prozent reduzieren«.[83]

Energieeffizienz ist dadurch definiert, wie viel mit einem gewissen Energieaufwand erreicht werden kann. Die Definition scheint klar – aber ist sie es wirklich? Was ist beispielsweise ein effizientes Auto?

Zunächst gibt es die technische Effizienz des Motors – sein Wirkungsgrad: Bewegungsenergie geteilt durch Energieinput (in Form von Treibstoff). Der Wirkungsgrad von Motoren ist im Verlauf der Automobilgeschichte stark gestiegen – wie sollte es angesichts der Milliarden, die in Automobilforschung und -entwicklung geflossen sind, auch anders sein.

Eine andere Effizienz ist die der gefahrenen Kilometer pro Liter Benzin (oder pro hundert Gramm CO_2). Auf diese Effizienz zielen die meisten Klimaschutzmaßnahmen im Verkehrsbereich ab – sei es das neue Energiegesetz der USA (2008), seien es Zielvereinbarungen, die die EU mit der Automobilindustrie trifft, seien es Bonus-Malus-Systeme, die den Autokäufern einen Anreiz bieten sollen, verbrauchsärmere Autos zu kaufen. Auch das IPCC meint Kilometereffizienz, wenn es von Maßnahmen im Verkehr spricht. Diese Effizienz ist nicht so großartig angestiegen wie der technische Wirkungsgrad; seit den 1970er-Jahren stagniert sie. Die Effizienzgewinne bei den Motoren wurden nämlich nicht dazu genutzt, sparsamere Auto zu bauen, sondern stärkere, schnellere, schwerere. Das legendäre Modell T von Ford, 1908 erstmals gebaut, verbrauchte rund zwölf Liter Benzin pro hundert Kilometer. Es war damit so effizient (oder ineffizient) wie heutige Offroader und mehr als doppelt so effizient wie ein »Hummer« von General Motors.

Doch das Ziel von Mobilität besteht ja in aller Regel nicht darin, soundso viele Kilometer zurückzulegen, sondern von zu Hause zum Arbeitsplatz oder zum Einkaufen oder zum Ort einer Freizeitbeschäftigung zu gelangen. Man könnte die Effizienz eines Verkehrssystems also dadurch ausdrücken, wie viel Energie es braucht, um ein bestimmtes Mobilitätsbedürfnis zu erfüllen. Wenn ein Auto mit derselben Menge Benzin zehn Prozent weiter fahren kann, aber die Wege gleichzeitig zehn Prozent länger werden, bleibt eine so definierte Mobilitätseffizienz gleich.

Es ist ein Gemeinplatz, dass unsere Gesellschaft eine mobile Gesellschaft sei und die Mobilität stetig steige. Das sei aber falsch, sagt Hermann Knoflacher, Professor für Verkehrsplanung an der Technischen Universität Wien: »Es hat sich nichts an unserer Mobilität geändert außer deren Art und Geschwindigkeit. Nur die Verrückten sagen: ›Die Mobilität steigt.‹«[84] Wir legen heute nicht mehr Kilometer zurück, weil wir mobiler sind, sondern weil die Wege länger sind. Was steigt, ist der Mobilitäts*aufwand*: Energieverbrauch, Landschaftsverschleiß, Luftverschmutzung. Ein höherer Aufwand für dieselbe Mobilität bedeutet aber: Ihre Effizienz hat abgenommen! Und diese Abnahme der Mobilitätseffizienz ist, paradoxerweise, eine direkte Folge der gestiegenen Kilometereffizienz: Quartierläden würden nicht verschwinden und Einkaufszentren nicht »auf der grünen Wiese« entstehen, wenn die Kunden nicht schnell und billig dorthin gelangten.

Die Steigerung der (technischen) Energieeffizienz ist nicht das Allheilmittel, als das es gehandelt wird. Ein Verkehrsmittel, das Distanzen schneller bewältigen lässt, aber gleichzeitig dazu beiträgt, dass die Wege länger werden; oder eine neue Glühlampentechnik, die die Lichtgewinnung effizienter macht, aber gleichzeitig dazu beiträgt, dass mehr Licht nachgefragt wird – solche Effekte werden mit einem Wort aus der Basketballsprache als »Rebound« (Abprall) bezeichnet. Rebound frisst (zumindest) einen Teil des technischen Einsparpotenzials der erhöhten Energieeffizienz weg. Führt die Effizienzsteigerung insgesamt sogar zu einem erhöhten Energiekonsum – beträgt der Rebound mehr als hundert Prozent –, so spricht man von »Backfire« (was etwa dem deutschen »Der Schuss geht nach hinten raus« entspricht).

Rebound wurde – noch nicht unter diesem Begriff – erstmals im 19. Jahrhundert beschrieben. In seinem Werk *Die Kohlefrage (The Coal Question)* von 1865 geht William Stanley Jevons davon aus, dass Effizienzgewinne zu Backfire führen: »Es ist eine völlige Gedankenverwirrung anzunehmen, die effiziente Verwendung von Brennstoffen sei gleichbedeutend mit einem reduzierten Verbrauch. Das genaue Gegenteil ist wahr.« Danach waren Rebound und Backfire lange Zeit kein Thema mehr für die Wirtschaftswissenschaften, wohl vor allem deshalb, weil sich diese für Ressourcenverbrauch kaum mehr interessierten. Erst um 1980 wurden darüber wieder wissenschaftliche Arbeiten publiziert: Leonard Brookes kam wie Jevons zum Schluss, dass Backfire, also Rebound von über hundert Prozent, die Regel sei; Daniel Khazzoom hielt Backfire zumindest für möglich. Beide argumentierten theoretisch, da empirische Daten fehlten.[85]

Zum Zustandekommen des Rebound-Effekts tragen verschiedene Mechanismen bei. Das eingangs erwähnte Glühbirnenbeispiel ist ein Fall von sogenanntem direktem Rebound. Sparsamere Lampen erzeugen billigeres Licht; was weniger kostet, wird mehr nachgefragt. Wenn der Preis der Energie sehr tief ist, fällt der direkte Rebound gering aus: Es ist bei den heutigen Strompreisen kaum anzunehmen, dass jemand eine Energiesparlampe länger brennen lässt als er eine herkömmliche Glühbirne brennen ließe, nur weil ihr Licht weniger kostet. (Allenfalls lässt er sie länger brennen, weil sein Energiegewissen mit der Sparlampe weniger belastet wird – das könnte man dann einen »psychologischen Rebound« nennen.) Auch Benzin ist (noch) zu billig, als dass bei sparsameren Autos ein großer direkter Rebound zu erwarten wäre – jedenfalls in Industrieländern. In Ländern mit tiefen Einkommen könnte das anders aussehen, und das von vielen Umweltschützern erträumte Zweiliterauto könnte sich im globalen Maßstab als Alptraum herausstellen, wenn es Ähnliches bewirkt wie die Wolframlampen vor hundert Jahren.

Daneben gibt es aber verschiedene indirekte Formen von Rebound. Bleibt der direkte Rebound aus oder ist er gering, so spart man tatsächlich Geld. Aber dieses Geld gibt man wieder für etwas anderes aus, das ebenfalls Energie verbraucht. Wer dank besserer Isolation seines Hauses tausend Euro im Jahr für Heizöl spart, fliegt mit dem gesparten Geld vielleicht einmal mehr in die Ferien. Verhindern lässt sich diese Form von Rebound nur, wenn man dafür sorgt, dass das Geld gar nicht in Umlauf gerät – zum Beispiel, indem man weniger arbeitet und weniger verdient. Das wäre dann Suffizienz.

Selbst Suffizienz ist aber nicht vor einer weiteren Form des Rebound gefeit: vor den allgemeinen Gleichgewichtseffekten *(general equilibrium effects)*.[86] Wenn ich weniger Energie brauche, sinkt die Nachfrage, was auf den Preis drückt, was wiederum die Nachfrage erhöht. Salopper ausgedrückt: Was ich spare, verbraucht ein anderer.

Eine letzte Form indirekter Rebound-Effekte sind die *transformational effects*: Technische Effizienzsteigerungen verändern das Konsumverhalten. Dazu gehört, dass ein Verkehrsmittel wie das Auto, wenn es effizienter wird, Verkehrs- und Siedlungsstrukturen und soziale Normen schafft, die wiederum mehr Verkehr hervorbringen.

Rebound-Effekte kommen nicht nur im Zusammenhang mit Energie vor. Ein Fall von »Zeit-Rebound« dürfte den meisten vertraut sein: E-Mails machen einzelne Kommunikationsakte extrem viel effizienter. Aber sie sorgen für eine Flut von unnötiger und unerwünschter Kommunikation. Erstaunlicher ist, dass die Waschmaschine den Haushalten keine Zeitersparnis gebracht hat: Es wird heute einfach öfter gewaschen.[87] Am besten dokumentiert ist der Zeit-Rebound im Verkehr. Die Zeit, die Menschen im Durchschnitt im Verkehr verbringen, beträgt, seit solche Zahlen erhoben werden, rund siebzig Minuten pro Tag. Das gilt sowohl für Tansania wie für die Schweiz, nur dass Tansanier diese siebzig Minuten vor allem zu Fuß oder auf dem Fahrrad, die Schweizer vor allem im Auto oder im Zug verbringen – ein Fall von hundertprozentigem direktem Rebound.[88] Es scheint, dass die Menschen ein gewisses Zeitbudget haben, das sie für das Unterwegssein aufzuwenden bereit sind. Wird eine neue S-Bahn-Linie oder Autobahn eröffnet, so verkürzt sich für die betroffenen Pendler zunächst natürlich der Arbeitsweg. Sie ziehen in der Folge aber weiter weg vom Arbeitsplatz – freiwillig, weil sie »im Grünen« wohnen wollen, oder gezwungenermaßen, weil die bessere Verkehrserschließung die Immobilienpreise in die Höhe treibt. Dazu kommt ein – schwer messbarer – indirekter Rebound, wenn einer, der zu Fuß ging und nun auf das Auto umsteigt, einen Fitnessclub besucht, um den Wegfall der körperlichen Aktivität zu kompensieren (oder wenn er das nicht tut und stattdessen häufiger krank ist).

Ein »Sicherheits-Rebound« schließlich ist in der Verkehrspsychologie unter dem Begriff »Risikokompensation« bekannt: Wer sich sicherer fühlt, verhält sich riskanter. Eine australische Studie hat gezeigt, dass die Kopfverletzungen pro gefahrene Kilometer zugenommen haben, seit dort die Helmpflicht für Fahrradfahrer eingeführt wurde: ein Fall von Backfire.[89]

Das widerspricht unserer Alltagserfahrung: Man sieht leicht das Unfallopfer, das dank Helm glimpflich davongekommen ist. Wie viele Unfälle aber ohne Helmpflicht gar nicht erst stattgefunden hätten – und wie viele Fußgänger nur darum angefahren wurden, weil ein Autofahrer sich dank Gurte, ABS und Airbag sicherer fühlten und also aggressiver fuhren –, das lässt sich nur indirekt mit statistischen Mitteln errechnen. Die Alltagserfahrung täuscht, und dasselbe gilt für Energiesparmaßnahmen: Wenn ich dank besserer Isolation weniger heize, sehe ich das an der tieferen Heizölrechnung. Die indirekten Rebound-Effekte sind nicht sichtbar.

Was unsichtbar ist, lässt sich schwer messen. Das staatliche britische Energieforschungszentrum (UKERC) hat 2007 einen Studienbericht vorgelegt, der den Stand der Forschung zum Energie-Rebound bilanziert.[90] Fazit des unter Federführung von Steve Sorrell entstandenen Berichts: Man weiß sehr wenig. Einigermaßen robuste Zahlen gibt es lediglich zum direkten Rebound und lediglich zu Bereichen wie Verkehr und Haushalt in Industriestaaten – hier wird der Effekt auf zehn bis dreißig Prozent geschätzt. Kaum brauchbare Schätzungen gibt es zum Gesamtrebound sowie zu ärmeren Ländern. Es sei jedoch davon auszugehen, schreibt die Studie, dass der Gesamtrebound in vielen Fällen mehr als fünfzig Prozent betrage – das heißt, dass weniger als die Hälfte des technischen Sparpotenzials tatsächlich genutzt wird. Dass generell mit Backfire zu rechnen sei, wie Jevons und Brookes meinten, bezweifelt die Studie. Mit Backfire sei aber in gewissen Fällen durchaus zu rechnen – vor allem dann, wenn eine Effizienzsteigerung zu Wirtschaftswachstum führe. Auf jeden Fall »wäre es falsch anzunehmen, Rebound-Effekte seien so gering, dass man sie vernachlässigen könnte«.*

Genau das tut aber die Politik, das tun große Teile der Wissenschaft und auch das IPCC. Der IPCC-Bericht von 2007 erwähnt Rebound fünfmal – viermal im Text und einmal in einer Fußnote – und erklärt den Begriff im Glossar.[91] Er geht aber nicht darauf ein: Die Formulierungen lauten »Einige argumentieren, es gebe einen Re-

---

*   Steve Sorrell sagte in privaten Gesprächen, er habe den Rebound in seiner Studie aus politischen Rücksichten eher unterschätzt; persönlich rechne er damit, dass dieser im Bereich von hundert Prozent liege. Mitteilung von Blake Alcott.

bound-Effekt« oder »Es mangelt an Schätzungen über das Ausmaß des Rebound-Effekts«. Im Kapitel über den Verkehr wird eine Zahl von zehn Prozent für die USA genannt; in ärmeren Ländern liege dieser Wert höher. Es scheint damit nur der direkte Rebound gemeint zu sein. In der Energiedebatte ist, mit anderen Worten, nur von der Nachfrage die Rede, während das Angebot vergessen geht.*

Dabei ist es augenfällig: Technik wird effizienter, seit es sie gibt; noch nie ging deshalb der globale Energieverbrauch zurück; bescheidene Verbrauchsrückgänge gab es allenfalls in begrenzten Sektoren wie dem Gebäudebereich einiger Staaten. Wie effizient (fossile) Energie genutzt wird, ist für das Klima vollkommen irrelevant: Es kommt allein darauf an, *wie viel* davon verbraucht wird. Und deshalb ist Effizienzsteigerung keine Klimaschutzmaßnahme. Sondern eine ökonomische Maßnahme, um mit weniger Energie umzugehen.

Es ist eine gute Nachricht, wenn die Energieökonomen sagen, dass das Potenzial von Effizienzsteigerungen riesig sei: Das bedeutet, dass die Wirtschaft eine Energieverknappung leicht vertragen dürfte. Man darf aber nicht erwarten, dass der Anstoß zu weniger Verbrauch von der Effizienzsteigerung allein ausgehen wird.

*   Dass die – politische wie wissenschaftliche – Energiedebatte das Angebot »vergisst«, betont Hans-Werner Sinn vom Münchener Institut für Wirtschaftsforschung Ifo: Sinn, *Paradoxon*, Seiten 320ff.

Erneuerbare Energien
Ersatz – oder Zusatz?

Im Sommer 2008 nahm bei Guadix in der südspanischen Provinz Granada das größte solarthermische Kraftwerk Europas, Andasol 1, den Betrieb auf. Mit deutscher Ingenieurkunst wurden auf einer Fläche von 1,3 mal 1,5 Kilometern eine halbe Million Quadratmeter Spiegel verlegt. Die sogenannten Parabolrinnenspiegel konzentrieren das einfallende Sonnenlicht auf Röhren, in denen ein Öl zirkuliert. Das so erhitzte Öl produziert Dampf, welcher die Kraftwerksturbinen antreibt. Mit seinen 20 Megawatt Leistung ist der Riese unter den Solarkraftwerken immer noch ein Zwerg im Vergleich zu den großen Kohle- oder Atomkraftwerken, die im Gigawatt-Bereich leisten (ein Gigawatt gleich tausend Megawatt). Doch schon bald soll Andasol 2 ans Netz gehen, Andasol 3 ist geplant, und bei Sevilla liefert das solarthermische Kraftwerk von Sanlúcar la Mayor seit 2007 Strom. Insgesamt sind in den sonnenreichen spanischen Provinzen Andalusien und Extremadura Anlagen mit 350 Megawatt Gesamtleistung im Bau.

Die Solarenergie erlebt in Spanien einen Boom, der möglich wurde dank der spanischen Energiegesetzgebung, die Solarstrom mit der sogenannten Einspeisevergütung fördert. Einen ähnlichen Boom erlebt die Windenergie in Dänemark: Heute deckt das Land zwanzig Prozent seines Stroms mit Windkraft, bis 2050 strebt es einen Anteil von fünfzig Prozent an.

Weltweit werden derzeit achtzig Prozent des Energiebedarfs mit fossilen Energieträgern gedeckt. Können erneuerbare Energiequellen wie Solarthermik, Windkraft, Fotovoltaik, Erdwärme und andere diesen Anteil dereinst übernehmen? Oder können sie zumindest den Teil des Bedarfs decken, der noch übrig bleibt, wenn Energiespar- und Effizienzsteigerungsmaßnahmen gegriffen haben? Können sie das auch dann, wenn die Weltwirtschaft weiter wächst?

Substitution, also Ersatz, ist der zweite Weg der Trias Effizienz - Substitution - Suffizienz. Etwas ersetzen geschieht in zwei Schritten: Etwas Neues wird hinzugefügt, etwas Altes entfernt. Die Frage, ob erneuerbare Energien die fossilen ersetzen können, besteht entsprechend aus zwei Teilfragen. Ist das Potenzial vorhanden? Und: Was bewirken neue Energieangebote aus erneuerbaren Quellen auf dem Energiemarkt? Die erste Teilfrage betrifft das Hinzufügen neuer Energieformen, die zweite Teilfrage betrifft das Entfernen alter Energieformen. Worauf es fürs Klima ankommt, ist einzig das Zweite – die Entfernung fossiler Energieträger aus der Wirtschaft. Die politische Diskussion dreht sich aber allein um das Erste – die Förderung erneuerbarer Energien.

Zunächst zum Potenzial: Drei Himmelskörper versorgen uns kontinuierlich mit Energie: Die Sonne, die Erde (nutzbar als Erdwärme) und in geringem Maß der Mond (nutzbar mit Gezeitenkraftwerken). Auf Sonnenenergie basieren Wind- und Wasserkraft sowie Biomasse und menschliche sowie tierische Arbeitskraft, also fast alles, was die Menschheit in vorindustrieller Zeit an Energie konsumierte.

Es existieren zahlreiche Studien, die sich mit dem Potenzial der erneuerbaren Energiequellen befassen. Viele Studien rechnen vor, wie die Substitution von fossiler durch erneuerbare Energie gelingen kann. Und ebenso viele rechnen vor, weshalb das nicht geht. Wer hat recht?

Prognosen auf lange Frist sind immer schwierig. Niemand hätte vor fünfzig Jahren vorhergesehen, wie sehr Informations- und Kommunikationstechniken unser Leben verändern. Und niemand hätte vorhergesehen, dass im frühen 21. Jahrhundert noch immer jährlich 1,6 Millionen Menschen, davon eine Million Kleinkinder, an den Folgen von Innenraum-Luftverschmutzung sterben, weil sie mit Herden und Öfen ohne richtigen Rauchabzug kochen und heizen.[92] Oft findet technischer Fortschritt statt, wo niemand ihn erwartet – mindestens so oft bleibt er aus, wenn er dringend nötig wäre.

Zwei Dinge aber können mit Sicherheit gesagt werden. Erstens:

Ja, die Sonnenenergie, die auf die Erde einstrahlt, reicht aus, den Energiebedarf der Menschheit zu decken. Und zwar bei Weitem. Die Sonnenenergie, die auf die Erde einstrahlt, beträgt rund das Achttausendfache des Weltenergiebedarfs.[93] Eine Fotovoltaikanlage in der Sahara könnte nach dem heutigen Stand der Technik auf einer Fläche von 1,2 Millionen Quadratkilometern (so groß sind beispielsweise Niger oder der Tschad) Strom im Umfang des heutigen Weltenergiebedarfs erzeugen.

Nur besagen solche Zahlen nicht viel. Denn das Einsammeln von Sonnenenergie ist technisch aufwendig und teuer. So kann denn, zweitens, mit Sicherheit gesagt werden: So billig wie Erdöl werden erneuerbare Energien nie zu haben sein. Die Erdölförderung kostet heute an den besten Stätten im Nahen Osten wenige Dollar pro Fass, vor einigen Jahren waren es gar nur ein bis zwei Dollar. Der Energiegehalt eines Fasses Öl entspricht 2000 Achtstunden-Arbeitstagen körperlicher Arbeit.

ETH-Energieökonom Eberhard Jochem schreibt: »Unbestreitbar ist das technische Potenzial der erneuerbaren Energien so groß, dass der heutige und auch der doppelte Primärenergiebedarf weltweit gedeckt werden könnte. Allerdings sind die Kosten heute meistenteils um einen Faktor 2 bis 5 höher als bei konventionellen Energieträgern, und es bedarf langer Zeiträume und enormer politischer sowie unternehmerischer Anstrengungen.«[94] Ob erneuerbare Energiequellen die fossilen ersetzen können, ist also weniger eine Frage der technischen Machbarkeit als eine Frage der Kosten und der Bereitschaft, für Energie mehr zu zahlen.

Das Szenario Trans-Mediterraner Solarstromverbund des Deutschen Zentrums für Luft- und Raumfahrt rechnet mit 80 Prozent erneuerbaren Energien für ganz Europa und den Mittelmeerraum bis 2050 sowie einer CO_2-Reduktion von 75 Prozent.[95] Mark Barrett vom University College London wiederum schätzt, dass 95 Prozent des gegenwärtigen Verbrauchs aus erneuerbaren Energiequellen gedeckt werden könnten – zum doppelten Energiepreis von 2006.[96]

Als zweite Alternative neben den erneuerbaren Energiequellen wird die Kernspaltung genannt. Sie ist nicht erneuerbar, setzt aber bei der eigentlichen Energiegewinnung kein CO_2 frei. Selbst wenn man den Energieaufwand für Abbau, Anreicherung und Transport des Urans, Bau und Rückbau der Anlagen und so weiter berücksichtigt, wird weniger CO_2 frei als bei fossiler Stromerzeugung – je nach Studie sehr viel weniger oder immerhin deutlich weniger.[97] Dennoch ist die Kernspaltung auch dann eine schlechte Antwort auf den Klimawandel, wenn man die Risiken in Kauf nimmt und an die Lösbarkeit des Problems der radioaktiven Abfälle glaubt. Denn die CO_2-Bilanz der Atomenergie verschlechtert sich, je knapper das Uran und je aufwendiger damit seine Gewinnung wird. Und Uran wird knapper: Sein Preis hat sich zwischen 2000 und 2007 verzwanzigfacht, während die Förderung leicht rückläufig war.[98] Es wird geschätzt, dass die Vorräte beim heutigen Verbrauch für siebzig Jahre ausreichen. Mit den sogenannten Brütern würde das Uran sehr viel länger reichen – doch die Brüter funktionieren bis heute nicht zufriedenstellend, und sie liefern waffenfähiges Plutonium, was ein großes Sicherheitsrisiko darstellt. Die weltweit 440 Atomkraftwerke decken 6,3 Prozent des weltweiten Endenergiebedarfs.[99] Man brauchte also ein Vielfaches an AKW, um einen signifikanten Anteil zu erreichen – entsprechend schneller wäre das Uran aufgebraucht. Dazu kommt, dass der Uranabbau die Umwelt stark belastet und die Minenarbeiter krank macht. Und: Atomstrom ist teuer. Das sieht zwar auf den ersten Blick anders aus, denn Atomstrom wird heute sehr billig angeboten. Das ist aber nur deshalb so, weil er offen und versteckt subventioniert wird. Müssten AKW-Betreiber das volle Risiko eines Unfalls versichern und die Forschungs- und Entwicklungskosten selber tragen, könnten sie nicht mehr wirtschaftlich arbeiten.

Mit der Kernfusion brauchen wir uns nicht lange aufzuhalten. Mit ihr ist innert nützlicher Frist nicht zu rechnen.

Fossile Großkraftwerke müssen aber gar nicht durch andere technische Großanlagen ersetzt werden: Wichtiger wäre eine Dezentralisierung der Energieversorgung – kleine, lokale Anlagen. Und Sonnenenergie kann nicht nur in Form von Strom genutzt werden. Sie heizt Gebäude ganz direkt auf, und die Architektur könnte das nutzen.

So weit zum Potenzial. Aber wenn das Potenzial ausgeschöpft wird, wenn tatsächlich immer mehr erneuerbare Energieangebote auf den Markt gelangen: Werden sie die fossilen tatsächlich substituieren, also *ersetzen* – oder werden sie *zusätzlich* konsumiert? Sind sie der Magerjoghurt, den ein Übergewichtiger nach dem kalorienreichen Essen auch noch isst im Glauben, er tue damit etwas gegen sein Übergewicht? Es sind mir (und den von mir befragten Experten) zu dieser Frage keine empirischen Studien bekannt. Aber man kann sich mit theoretischen Überlegungen behelfen.[100]

Ein zusätzliches Angebot drückt zunächst auf den Preis. Wenn der Preis sinkt, werden einige Anbieter nicht mehr gewinnbringend produzieren können und aufgeben. Substitution findet also statt. Aber der tiefere Preis kurbelt die Nachfrage an, es wird insgesamt mehr nachgefragt und konsumiert. In welchem Verhältnis diese beiden Reaktionen zueinander stehen, hat mit der Marktsituation zu tun und mit Faktoren, die in der Ökonomie Preiselastizität von Angebot respektive Nachfrage heißen. Kapitalintensive Großkraftwerke mit hohen Fixkosten und tiefen variablen Kosten werden bis zu einem gewissen Punkt auch zu Dumpingpreisen weiter produzieren. Aus dem Markt ausscheiden werden zuerst kleinere Anlagen mit geringem Kapitalpolster. Es besteht die Gefahr, dass neue Angebote zuerst bestehende Angebote erneuerbarer Energien vom Markt drängen. Überall dort, wo der Markt die Nachfrage nicht decken kann, ist damit zu rechnen, dass neue Energieangebote vom Markt aufgesogen werden, ohne alte zu verdrängen. Je knapper die Energie wird, desto mehr geraten wir in diese Situation.

Politszenarien gehen heute in der Regel davon aus, dass Substitution zu hundert Prozent stattfindet. Das tun implizit auch Studien, die die Ökobilanzen zweier Energieträger miteinander vergleichen, etwa: »Diesel aus Raps verursacht vierzig Prozent weniger CO_2 als fossiler Diesel.«[101] Aus der Sicht des einzelnen Energiekonsumenten stimmt das: Wer seinen Tank mit Rapsdiesel füllt, füllt ihn nicht mit Fossildiesel. Aber global betrachtet wird der eingesparte Diesel vom Markt aufgesogen.

Das führt zu einer ähnlichen Überbewertung des Substitutionspotenzials erneuerbarer Energien, wie das Vernachlässigen von Rebound zu einer Überbewertung der Energieeffizienz führt. Und wie dort gibt es auch hier Parallelen zwischen Energie- und Verkehrspolitik: Statt die Subventionierung des motorisierten Individualverkehrs und des Luftverkehrs zu stoppen, wird der öffentliche Verkehr gefördert. Das Resultat sind zwei stark subventionierte Verkehre, die sich auf viel zu tiefem Preisniveau konkurrenzieren und die beide – wenn auch in sehr unterschiedlichem Maße – die Umwelt belasten.

Bleibt die Suffizienz. Natürlich ist auch ihr Potenzial riesig: Es ist kein Menschenrecht, winters im T-Shirt in der Wohnung zu sitzen und im Sommer nicht zu schwitzen. Es gibt ein menschenwürdiges Leben ohne Flugreisen und elektrische Wäschetrockner. Und niemand braucht Hundert-und-mehr-PS-Fahrzeuge zum Glücklichsein. Doch unsere Standards steigen: Die Wohnfläche pro Person nimmt zu, die Zahl elektronischer Geräte pro Haushalt steigt, die Arbeitswege werden länger. Natürlich kann man den Moralfinger erheben und an die Bürger appellieren, sie sollten sparen. Nur ist das wenig sinnvoll, wenn gleichzeitig gefordert wird, die Wirtschaft müsse wachsen, und solange jemand die Güter und Dienstleistungen, die eine wachsende Wirtschaft hervorbringt, auch konsumieren muss. Eine Suffizienzpolitik würde zuallererst bedeuten, dem Wachsen der Standards nicht noch Vorschub zu leisten: keine neuen Straßen, keine größeren Flughäfen, keine neuen Bauzonen.

Kinder spielen mit einem Brunnen, der aus vielen Rohren Wasser speit. Halten sie ein Rohr zu, speien die anderen um so stärker. Das ist lustig. Was aber, wenn der Brunnen aus Milliarden Rohren speit? Die Energieeffizienz zu steigern und erneuerbare Energieträger zu fördern gleicht dem Versuch, den Wasserdurchfluss durch einen solchen Brunnen zu reduzieren, indem man einzelne Rohre zuhält. Was wäre besser? Man sollte nicht zu weit nach einer Antwort suchen: Man muss den Wasserhahn der Zuleitung zudrehen. Nur wenn weniger Kohlenstoff in die Wirtschaft hineingeht, kommt weniger Kohlendioxid heraus.

Stichwort
Wie viel ist eine Kilowattstunde?

Energie ist eine schwierige Sache. In der Physik hat sich der Begriff erst um die Mitte des 19. Jahrhunderts durchgesetzt. Erst jetzt wurde verstanden, dass Wärme, Bewegung, Licht oder Elektrizität verschiedene Formen derselben Größe sind. Um diese Zeit wurden die beiden zentralen Gesetze der Energie erkannt, der erste und der zweite Hauptsatz der Thermodynamik. Sie beschreiben, weshalb kein Perpetuum mobile konstruiert werden kann.

Was das Verständnis von Energie zusätzlich erschwert, ist der Umstand, dass sich die Größenordnung unseres Energieverbrauchs sehr weit von dem entfernt hat, was wir mit unserem Körper an Energie umsetzen. Um zu verstehen, wie sehr unsere Wirtschaft von Energie abhängig ist, sollte man die Größenordnungen des Energiekonsums aber einigermaßen einordnen können.

Was ist *Energie?* Salopp gesagt: Das, was auf dem Energiemarkt gehandelt wird. Eine bestimmte Menge elektrischer Energie hat einen bestimmten Preis, ein Liter Benzin enthält eine bestimmte Menge Energie. Die verschiedenen Formen der Energie – Wärme, Bewegung, Licht, Elektrizität – können ineinander umgewandelt werden; dabei geht in einem geschlossenen System weder Energie verloren noch entsteht welche (erster Hauptsatz der Thermodynamik). Allerdings muss dabei die sogenannte Entropie zunehmen (zweiter Hauptsatz der Thermodynamik). Energieformen mit viel Entropie (zum Beispiel Wärme) können aus diesem Grunde nur mit Verlust in Energieformen mit wenig Entropie (zum Beispiel Bewegung oder Elektrizität) umgewandelt werden. Verbrennungsmotoren und thermische Kraftwerke können deshalb prinzipiell keine guten Wirkungsgrade erreichen – es sei denn, die entropiereiche Abwärme werde als solche genutzt.

Maßeinheit der Energie ist das Joule, in Technik und Energiewirtschaft wird eher die Kilowattstunde verwendet. Eine Kilowattstunde ist gleich 3,6 Megajoule. Veraltet ist die Maßeinheit Kalorie.

Leistung im physikalischen Sinne bezeichnet den Energieumsatz pro Zeiteinheit. Sie wird in Watt gemessen, was gleich dem Umsatz von einem Joule pro Sekunde ist. Ein Gerät von 500 Watt Leistung verbraucht in zwei Stunden Betriebsdauer dieselbe Energie (nämlich eine Kilowattstunde) wie ein Gerät von 1000 Watt Leistung in einer Stunde.

Um das in vertraute Maße zu übersetzen, kann man als Faustregel annehmen, dass ein körperlich arbeitender Mensch hundert Watt leistet. Eine Kilowattstunde (3,6 Megajoule) ist also die Energie, die ein Mensch in zehn Stunden Arbeit umsetzt. Sportler leisten natürlich mehr. Die höchste Durchschnittsleistung, die je ein Radfahrer auf dem prestigereichen Aufstieg zur Alpe d'Huez erbrachte, war die von Jan Ullrich an der Tour de France 1997. Er leistete in den 38 Minuten und 22 Sekunden, die er für die 21 Kehren und 1110 Höhenmeter benötigte, durchschnittlich 484 Watt. Marco Pantani war zwar schneller, aber weniger schwer. Er musste deshalb, in physikalischem Sinne, weniger leisten. In den 38 Minuten und 22 Sekunden brachte Ullrich 0,309 Kilowattstunden auf die Pedalen. Diese Energie kostet den Privatkunden auf dem Strommarkt 3 Euro-Cent.[102]

Menschliche und tierische Arbeit waren vor der Industrialisierung praktisch die einzigen Quellen mechanischer Energie. Dazu kamen Wind (Windmühlen, Segelschiffe), Wasser (Wassermühlen) und Explosivmaterialien (Schusswaffen). Dass die Abschaffung der Sklaverei mit der Nutzbarmachung thermischer Energie zu Arbeitszwecken zeitlich zusammenfiel, dürfte kein Zufall sein.[103]

Die energetisch größten Unternehmen der Menschheit waren vor der Industrialisierung Feldzüge mit großen Heeren und Monumentalbauwerke wie beispielsweise die ägyptischen oder aztekischen Pyramiden. Ein Heer mit 10 000 Mann leistete ohne Pferde ein Megawatt – so viel hat heute der Kommandant eines einzigen modernen Kampfpanzers zur Verfügung.

Ein Liter Benzin enthält 36 Megajoule oder 10 Kilowattstunden, das entspricht hundert Stunden menschlicher Arbeit. Ein einigermaßen sparsames Auto verbraucht auf einem Kilometer etwa so viel Energie wie zwölf Sänften à zwei Träger auf derselben Distanz.[104]

Der durchschnittliche Energieverbrauch eines Mitteleuropäers liegt heute bei etwas über 6 Kilowatt – oder rund 150 Kilowattstunden (15 Liter Benzin) pro Tag. In vorindustrieller Zeit hätte man dafür 60 Arbeiter oder 8 Pferde rund um die Uhr arbeiten lassen müssen. Im globalen Durchschnitt beträgt der Energieverbrauch 2,3 Kilowatt (55 Kilowattstunden oder 200 Megajoule pro Tag) pro Person.

Exkurs
Unbegrenzt saubere Energie?
Eine Utopie mit Haken

Man stelle sich vor, es tauchte plötzlich einer auf und hätte die Lösung: eine neue Energiequelle, die unbegrenzt saubere Energie lieferte. Dieser Traum wird geträumt, und es wird mit viel Geld an seiner Verwirklichung gearbeitet. Sein Name: Kernfusion. Mich interessiert hier weniger die Kernfusion – man sollte sich zur Lösung eines Problems nicht auf Techniken verlassen, die es vielleicht in Zukunft einmal geben wird – als der Traum: Wäre eine solche Lösung unserer Probleme tatsächlich wünschbar?

Kernfusion ist, sagen ihre Fürsprecher, im Gegensatz zur Kernspaltung ungefährlich und ihr Rohstoff unerschöpflich. Das ist Propaganda, denn tatsächlich ist das Wissen über die Gefahren noch sehr bescheiden. Dennoch, ein Unfall wie in Tschernobyl wäre unmöglich, denn anders als die Spaltung stoppt die Fusion, wenn sie außer Kontrolle gerät. Die Abfälle sind nur schwach radioaktiv und haben kürzere Verfallszeiten als die der Kernspaltung. Der Rohstoff wird aus Wasser gewonnen. Ist die Technik einmal einsatzbereit und sind die Anlagen gebaut, wäre die Energie – sagen die Fusionsbefürworter – sehr billig.

Ihr Nachteil ist, dass sie sich heute erst für Explosionen nutzen lässt: Das ist die Wasserstoffbombe. Denn die Fusion erzeugt Temperaturen um hundert Millionen Grad und kein Material hält einer solchen Hitze stand. Dieses Problem soll mit Magnetfeldern gelöst werden. 2005 beschlossen die EU und sechs Einzelstaaten den Bau des Versuchsreaktors Iter in Frankreich.* Für Bau und Versuchsbetrieb

---

* An Iter beteiligen sich neben der EU die USA, Russland, die Schweiz, Japan, China und Südkorea.

sind je fünf Milliarden Euro vorgesehen. In fünfzig Jahren soll die Technik einsatzbereit sein.

Nehmen wir mal an, die Utopie in ihrer schönsten Form werde wahr und wir würden dereinst unbegrenzt über billige Energie verfügen. Was bedeutete das für die Welt? Die Energieprobleme wären gelöst und mit ihnen alle Probleme, die sich in Energieprobleme umwandeln lassen. Und das sind viele. Zum Beispiel das Treibhausproblem: Mit Energie kann das CO_2 aus der Atmosphäre zu Sauerstoff und Kohlenstoff reduziert werden; der Kohlenstoff diente als Ausgangsmaterial für Werkstoffe, die die knappen Metalle ersetzten. Mit Energie kann aus dem Meer Trinkwasser gewonnen werden. Unter Einsatz von Energie könnte man ausgelaugten Böden die fehlenden Mineralstoffe wieder zufügen. Sogar die Knappheit landwirtschaftlicher Böden ließe sich verringern mit Hochhäusern, in denen Nutzpflanzen mehrstöckig wüchsen und Tiere gehalten würden. (In Rotterdam war vor wenigen Jahren tatsächlich ein solches Hochhaus geplant.) Wüsten ließen sich bewässern, wie es heute in Dubai (für Golfplätze) geschieht. Spielte der Energiebedarf keine Rolle, könnten theoretisch alle Stoffe, die der Mensch verbraucht und dabei über die Erdoberfläche, in die Atmosphäre und die Meere verteilt, von dort zurückgeholt werden, mit doppeltem Gewinn: Reinigung der Ökosysteme, Rückgewinnung der Rohstoffe.

Diese Utopie wurde vor allem in den 1950er-Jahren geträumt, und sie flackert immer mal wieder auf. So hieß es in einer Rede am SPD-Parteitag von 1956: »Ob nun Spaltungs- oder Fusionsenergie, die unterentwickelten Völker werden die notwendige Energiebasis erhalten. Wüsten könnten durch Entsalzen des Meerwassers bewässert, Urwälder und arktische Gebiete mithilfe von Elektrizitätswerken, die durch die Luft versorgt werden, erschlossen werden.«[105] Und in einer sowjetischen Fachzeitschrift träumte ein Autor, die »praktisch unerschöpflichen Reserven an Kernenergie werden dem Menschen helfen, das Eis der Ozeane zu schmelzen und die Wüsten zu bewässern«.[106]

Sich eine Welt mit unbegrenzt verfügbarer Energie vorzustellen wie die heutige, nur ohne Mangel und ohne Umweltprobleme, wäre aber zu kurz gegriffen. Es lässt sich eine pessimistische und eine optimistische Variante denken. Die optimistische:

Weil fast jede materielle Knappheit mit Energieeinsatz lösbar wäre, gehörten Hunger und Armut der Vergangenheit an. Die Wirtschaft wüchse rasant. Der extreme Überfluss führte zu Großzügigkeit: Wer alles hat, wovon er träumt, kann gut teilen. Das Bevölkerungswachstum käme, wie heute in reichen Ländern, zum Erliegen. Natürlich gäbe es Verlierer, wie bei jedem sozialen Wandel, aber die Härten würden mit großzügigen Sozialsystemen abgefedert. Auch wenn nicht die perfekte Weltordnung ausbräche, gäbe es genug Gulbenkians, Rockefellers und Carnegies, die Teile ihrer Vermögen zu sozialen und kulturellen Zwecken stifteten. Es wäre eine Zeit ungeahnter kultureller Blüte.*

Die pessimistische Variante: Das ungehemmte Wirtschaftswachstum würde weiter zu einer Beschleunigung des Lebens beitragen, die Wirtschaft entfernte sich weiter weg vom menschlichen Maß. Es käme zur totalen Entfremdung (wer wollte in einem globalen Dubai leben!). Viele kämen nicht mehr mit und würden als störend aus der aktiven Gesellschaft abgeschoben. Die Technik wäre immer kapitalintensiver und immer weniger arbeitsintensiv, die Kontrolle über die Wirtschaft würde immer stärker in wenigen Großkonzernen konzentriert. Die Politik und mit ihr der Einflussbereich der Demokratie

---

* Zumindest eine Grenze kennt auch dieses Szenario: Jede Energie wird letztlich in Abwärme umgewandelt. Würde der heutige Energiekonsum vervielfacht, so würde diese Abwärme signifikant zu einer Erwärmung der Atmosphäre beitragen – ganz ohne CO_2. Laut IPCC heizt der bisher erfolgte anthropogene Treibhauseffekt die Atmosphäre mit 330 Terawatt (1,6 Watt pro Quadratmeter) auf. Der Weltenergieverbrauch lag 2004 bei 13,7 Terawatt. Die Abwärme des derzeitigen Energieverbrauchs beträgt also etwa vier Prozent der Erwärmungsleistung durch den anthropogenen Treibhauseffekt.

würden auf Nebenschauplätze abgeschoben, das Volk würde mit immer neuen Konsumangeboten ruhiggestellt. Das Bedürfnis, reicher zu sein als andere, ginge auch in der extremen Überflussgesellschaft nicht verloren, die Einflussreichen wüssten sich ihre Privilegien zu sichern; es käme zu Ressourcenkämpfen auf höchstem Niveau. Käme es zu Ausbrüchen der Gewalt, so könnte auch diese sich unbegrenzter Energien bedienen.

Zum pessimistischen Szenario neigte der Philosoph Ivan Illich, der 1974 schrieb: »Wohlergehen wird mit dem Energiewohlstand verwechselt, den die Kernfusion 1990 [!] produzieren soll. […] Jenseits einer kritischen Stufe des Energieverbrauchs pro Kopf, behaupte ich, müssen das politische System und der politische Kontext jeder Gesellschaft verkümmern. Gewaltige Verkehrsmittel, Bauten und Werkzeuge entmachten den politischen Prozess und zwingen den wehrlosen Menschen in ihren Dienst. […] Energieanwendung vergewaltigt die Gesellschaft, bevor sie die Natur zerstört.«[107]

Ob einem das optimistische oder das pessimistische Szenario plausibler erscheint, wird jeder nach seinem Temperament entscheiden. Auf Probe wird die Welt der unbegrenzten Energie nicht zu haben sein.

Armeleute-Energie, Version Hightech
Treibstoffe vom Acker

Am einfachsten lassen sich brennbare und flüssige oder gasförmige Energieträger ersetzen durch andere brennbare und flüssige oder gasförmige Energieträger. Solche lassen sich aus Pflanzen gewinnen. Ihre Erneuerbarkeit fällt ins Auge: Sie wachsen nach.

Anfang Februar 2007 luden der Erdölkonzern BP, die Kalifornische Universität in Berkeley und die Universität Illinois zur gemeinsamen Medienkonferenz. Der kalifornische Gouverneur Arnold Schwarzenegger war da, der aufsteigende Superstar am US-Polithimmel, der damalige Senator Barack Obama, war aus Illinois zugeschaltet. Angekündigt wurde nichts weniger als die Geburt einer neuen Wissenschaft – der Energie-Biowissenschaft. Am neu gegründeten Energy Bioscience Institute sollen Pflanzen entwickelt werden, die sich zu Energieträgern verwerten lassen, sowie biotechnische Verfahren, um pflanzliches Material in Diesel, Alkohol oder Wasserstoff umzuwandeln. BP lässt sich das Institut 500 Millionen Dollar kosten. Das ist eine neue Dimension: Bis dahin hatten sich die größten Kooperationen von Privatfirmen mit öffentlichen Universitäten im zweistelligen Millionenbereich bewegt.[108] Der Erdölkonzern eigne sich, kritisiert der Berkeley-Professor Miguel Altieri, »mit für seine Verhältnisse geringen Investitionen akademisches Fachwissen an, um es in Milliardeneinnahmen für sich selbst zu überführen«.[109]

Es geht um sehr viel Geld und um *Big Science*. Dabei ist Energie aus Biomasse (also aus pflanzlichem oder tierischem Material) nichts Neues. Im Gegenteil: Bis zur Industrialisierung war Biomasse fast die einzige Energiequelle, und in vielen Gegenden der Welt ist sie heute noch die wichtigste: Holz, Öl, Talg, Wachs, Harz oder Dung liefern Wärme und Licht; Nahrungs- und Futtermittel liegen menschlicher und tierischer Arbeit zugrunde. Rund zehn Prozent des Weltenergiebedarfs wird heute mit Biomasse gedeckt. Pflanzen fungieren dabei als Umwandler von Sonnenenergie – mit miserablem Wirkungsgrad. Im Idealfall kann eine Pflanze rund zehn Prozent der Sonnenenergie, die auf sie fällt, aufnehmen, wovon sie neunzig Prozent für den eigenen Stoffwechsel verbraucht. Ein Prozent der Energie steckt dann in ihrer Biomasse drin – im besten Fall. Es ist eine Ironie der Geschichte, dass diese Armeleute-Energie jetzt, wo das Erdöl knapp wird, mit viel Hightech und noch mehr Hightech-Publicity aufgepeppt, wieder entdeckt wird: als Ethanol (Alkohol) aus stärke- und zuckerhaltigen Pflanzen, Diesel aus Ölfrüchten oder Gas aus Gärprozessen.*

Die weltweite Ethanolproduktion hat sich zwischen 2000 und 2005 mehr als verdoppelt, die Produktion von Diesel auf Pflanzenbasis fast vervierfacht[110], und der Anstieg geht steil weiter. Bill Gates investierte 2006 84 Millionen Dollar in Ethanolfabriken in den USA, George Soros 2007 900 Millionen in die Ethanolproduktion in Brasilien. Biotechkonzerne arbeiten an der gentechnischen Optimierung von Nutzpflanzen im Hinblick auf die Energiegewinnung, in ihrem Fokus sind unter anderem Mais, Zuckerrohr, Maniok und Pappeln.

Angeführt wird der Boom von der Erdöl-, Automobil- und Agrarindustrie, die Treibstoffe aus Pflanzen als klimafreundliche Energie preisen. Sekundiert werden sie von einzelnen Umweltschützern wie Franz Alt und von Uno-Agenturen wie der Uno-Handelsorganisation Unctad. Ihnen steht eine bunte Koalition von Gegnern gegenüber: Gegen den Energiepflanzen-Boom kämpfen globalisierungskritische Gruppen wie die internationale Kleinbauernvereinigung Via Campesina oder die brasilianische Landlosenbewegung Seite an Seite mit dem Lebensmittelkonzern Nestlé, dessen Präsident Peter Brabeck den

---

* Meist werden Treibstoffe aus Pflanzen »Biotreibstoffe« genannt. Ich verzichte auf diesen Begriff, bei dem es sich um eine schlechte Übersetzung des englischen »Biofuel« handelt. Schlecht ist die Übersetzung, weil die Vorsilbe »bio-« im landwirtschaftlichen Kontext in der deutschen Sprache besetzt ist – anders als im Englischen, wo der Biolandbau »organic farming« heißt.

Energiepflanzen-Boom als »ökologischen Wahnsinn« bezeichnet[111]. Vertreter der OECD[112] oder des Internationalen Währungsfonds warnen gemeinsam mit Umwelt- und Menschenrechtsgruppen.

Gestritten wird darüber, ob Agroenergie mehr Nutzen bringt oder mehr Schaden anrichtet. Als klimaneutral gelten die pflanzlichen Energieträger, weil bei ihrer Verbrennung nur so viel CO_2 frei wird, wie die Pflanzen während ihres Wachstums aus der Atmosphäre aufgenommen haben.

Doch die Frage, ob Energiepflanzen einen Beitrag gegen den Klimawandel leisten können, ist eigentlich ein Nebenschauplatz. Es ist beim Agroenergie-Boom nie vorrangig um Klimaschutz gegangen – dieser kam lediglich als willkommenes Argument hinzu. Es geht darum, auch dann genug Treibstoff zu haben, wenn das Erdöl knapp wird. Brasilien, der größte Produzent von Ethanol, hat den Zuckerrohranbau nach der Erdölkrise von 1973 zu forcieren begonnen. In zweiter Linie ist der Boom dem Einfluss der Agrarlobbys verschiedener Länder geschuldet; auch sie interessieren sich nicht für Klimaschutz.

Ob Energiepflanzen einen Beitrag zum Klimaschutz leisten können, wurde in den letzten Jahren von immer mehr Fachleuten infrage gestellt. Energiepflanzen sind Produkte einer energieintensiven Landwirtschaft. Die Pflanzen selbst sind klimaneutral, nicht aber Anbau, Ernte, Verarbeitung und Transport. Schon in den frühen 1990er-Jahren kamen erste Ökobilanzen zum Schluss, dass viele Treibstoffe vom Acker die Umwelt stärker belasten als solche aus Erdöl.[113] Das wurde seither vielfach bestätigt. Ich zitiere hier stellvertretend aus einer umfangreichen Studie der schweizerischen Forschungsanstalt Empa vom Mai 2007.[114] Diesel aus europäischem Rapsöl setzt zwar weniger Treibhausgase frei als die gleiche Menge Benzin. Berücksichtigt man aber die ökologische Gesamtbilanz – neben den Treibhausgasen die Belastung der Umwelt mit Giften, die Bodenbeanspruchung oder Auswirkungen auf die Biodiversität –, so schadet Rapsdiesel der Umwelt mehr als fossiler Treibstoff. Ethanol aus Roggen oder Kartoffeln belastet die Umwelt fast fünfmal so stark wie Benzin, Diesel aus brasilianischer Soja setzt mehr Treibhausgase frei als fossiler Diesel. Neuere Studien kommen sogar zu noch schlechteren Resultaten für die Treibstoffe vom Acker; die Lachgasemissionen des Energiepflanzenanbaus dürften bislang unterschätzt worden sein.[115] Ebenfalls zu noch schlechteren Resultaten als die Empa kommt man, wenn man berücksichtigt, wie sich der Energiepflanzenanbau indirekt auf andere Arten der Bodennutzung auswirkt.[116]

Bessere Ökobilanzen als fossile Treibstoffe haben laut der Empa eigentlich nur Treibstoffe aus biologischen Abfällen – Biogas aus Jauchegruben und Kläranlagen, Schnitzel aus Altholz oder Diesel aus Altspeiseölen. Also solche, für die nicht eigens Energiepflanzen angebaut werden. Allerdings ist auch Abfall nicht einfach Abfall: Melasse beispielsweise ist ein Abfallprodukt der Zuckerherstellung, das sich zur Ethanolgewinnung eignet. Heute wird Melasse dem Tierfutter beigemischt – diese Kalorien müssen durch etwas anderes ersetzt werden, wenn man Melasse als Treibstoffquelle nutzt.

Am verheerendsten ist, wenn zum Anbau von Energiepflanzen Wälder gerodet und Sümpfe trockengelegt werden, was riesige Mengen CO_2 und Methan freisetzt. Laut einem Bericht von Friends of the Earth gehen 87 Prozent der Entwaldung in Malaysia in den Jahren 1985 bis 2000 auf das Konto von Ölpalmenplantagen. Auf Sumatra und Borneo werden 6,5 Millionen Hektar mit Ölpalmen bebaut, zwei Drittel davon – ungefähr die Fläche der Schweiz – sind ehemaliges Waldgebiet.[117] Sowohl Indonesien wie Malaysia wollen die Palmölproduktion intensivieren.

Dazu kommt, dass der Anbau von Energiepflanzen mit dem Anbau von Lebensmitteln um Land, Wasser und andere landwirtschaftliche Ressourcen konkurriert. Manche, unter ihnen hochrangige Vertreter internationaler Organisationen wie FAO-Generaldirektor Jacques Diouf[118] oder der Uno-Sonderberichterstatter für das Recht auf Nahrung, Jean Ziegler[119], sehen im Agroenergie-Boom eine der Hauptursachen für den massiven Anstieg der Preise für Grundnahrungsmittel der Jahre 2007 und 2008. Ziegler verlangte ein Moratorium für Energiepflanzen. Diese Einschätzung tut den Energiepflanzen vermutlich etwas zu viel Unehre an und unterschätzt strukturelle Gründe für den jüngsten steilen Anstieg der Lebensmittelpreise. Aber die Förderung der Energiepflanzen kann Preissprünge auslösen. Anfang 2007 ließ allein die Ankündigung der US-Regierung, noch stärker als bisher auf Ethanol zu setzen, die Weltmarktpreise für Mais so stark ansteigen, dass es in Mexiko zu heftigen Protesten kam. Doch wenn die Autos der Reichen mit den Bäuchen der Armen in Konkurrenz treten, dann ist klar, wer am längeren Hebel sitzt.

Einige sehen im Energiepflanzen-Boom aber auch eine Chance für die Entwicklung. Zu ihnen gehören Staatschefs von Entwicklungs- und Schwellenländern wie Brasiliens Luiz Inácio Lula da Silva oder Senegals Abdoulaye Wade, der von einer »grünen Opec« der Energiepflanzenanbau-Staaten träumt. Optimistisch ist auch ein Bericht des Worldwatch Institute und der staatlichen deutschen Gesellschaft für Technische Zusammenarbeit.[120] Allerdings schreibt dieser Bericht, dass »sorgfältige politische Planung« wichtig sei. Davon kann beim gegenwärtigen Tempo der Entwicklung nicht die Rede sein. Jürgen Trittin, ehemaliger deutscher Umweltminister (Bündnis 90/Grüne), weist zu Recht darauf hin, dass der zunehmende Fleischkonsum viel mehr zusätzliche Flächen beansprucht als Energiepflanzenplantagen.[121]

Die meisten basisnahen Entwicklungsorganisationen lehnen Plantagen zur Energiegewinnung ab.[122] Kleinbauern, die von industriell produzierender Landwirtschaft vertrieben wurden, als die Preise fielen, können nun, da die Preise steigen, nicht einfach ins Geschäft zurückkehren. Energiepflanzen bedeuten noch mehr industriellen Monokultur-Anbau. William Dar, Generalsekretär des Internationalen Landwirtschafts-Forschungsinstituts für semiaride Tropen (Icrisat), sagt: »Da die Agrartreibstoff-Industrie sich lohnt, wenn sie im großen Stil betrieben wird, bleiben Kleinbauern normalerweise außen vor.«[123]

Forscher der Empa haben errechnet, dass ein Auto, das mit Agrotreibstoff fährt, 150-mal so viel Fläche beansprucht wie eines, das mit Strom aus solarthermischen Kraftwerken betrieben wird.[124] Der Landbedarf ist enorm: Ein Rapsfeld von der Größe Deutschlands könnte nur etwas mehr als die Hälfte des Treibstoffes liefern, den Deutschland in einem Jahr verbraucht.[125]

Das Potenzial von Energieträgern aus Biomasse wird sehr kontrovers diskutiert. Eine Auswertung von siebzehn Studien zu dieser Frage ergab ein Spektrum der Schätzungen von 50 bis 240 Trillionen Joule pro Jahr, die bis 2050 aus Pflanzen gewonnen werden könnten (11 bis 54 Prozent des heutigen Weltenergieverbrauchs).[126] Die Schätzungen gehen deshalb so weit auseinander, weil die beiden grundlegenden Annahmen sehr unsicher sind: Wie viel Land ist verfügbar, und wie hoch ist der Ertrag?

Mit Extremszenarien rechnen Studien der Universität Utrecht. Nimmt man an, dass auf der ganzen Welt industrielle Monokultur-Landwirtschaft betrieben wird, könnten 2050 neben den Nahrungsmitteln gar Energiepflanzen für 1100 Exajoule pro Jahr angebaut werden – das Zweieinhalbfache des heutigen Weltverbrauchs. Würden allerdings nicht nur die Anbaumethoden, sondern auch die Essgewohnheiten globalisiert und würden alle Menschen dann so viel Fleisch essen wie heute die Einwohner der reichen Länder, dann sänke das Potenzial auf null.[127]

Angesichts der Nachteile der Energiepflanzen schlagen deren Befürworter drei Auswege vor. Sie heißen: Kraftstoffe aus Biomasse der »zweiten Generation«; Energiepflanzen, die auf kargen Böden wachsen; zertifizierte Agrotreibstoffe aus nachhaltiger Produktion.

– Zu den Treibstoffen der »zweiten Generation« gehört Ethanol, das dereinst dank neuer Verfahren aus Zellulose oder dem Holzbestandteil Lignin gewonnen werden soll. Aus Zellulose bestehen zum Beispiel die Stängel des Maises. Die Idee: Nicht Treibstoff *oder* Nahrung, sondern Treibstoff *und* Nahrung – die Maiskörner auf den Teller, die Stängel in den Tank. Die schöne Idee dürfte sich als Kopfgeburt erweisen, wenn auch die Maiskörner im Tank mehr Profit abwerfen als auf dem Teller. Zumal die EU wie die USA vorschreiben, dem Benzin eine bestimmte Quote Treibstoff aus Biomasse beizumischen, und diese Quote auch dann eingehalten werden muss, wenn die Maisernte einmal schlecht ausfällt.

Eine weiter entwickelte Technik der »zweiten Generation« ist das sogenannte Biofuels-to-Liquid-Verfahren. Pilotanlagen produzieren nach diesem Verfahren bereits Diesel, als Ausgangsstoffe eignen sich ebenfalls pflanzliche »Abfälle« wie Zellulose und Lignin. Doch in diesem Verfahren geht viel Energie verloren, sodass im Endprodukt nur noch ein Drittel bis die Hälfte des ursprünglichen Energiegehalts übrig bleibt. Eine ineffiziente Form der Energiegewinnung wird noch ineffizienter. Ähnliches gilt für die Holzvergasung.

Sollen Energiepflanzen ein Mittel im Kampf gegen den Klimawandel sein, müssen sie so eingesetzt werden, dass sie so viel Treibhausgase wie möglich ersetzen. Wird Biomasse zum Heizen verwendet – hier brennen Lignin und Zellstoff auch ohne Umwandlung –, kann ein Megajoule davon ein Megajoule Erdöl ersetzen. Muss die Biomasse aber zuerst in motorentauglichen Treibstoff umgewandelt werden, ersetzt ein Megajoule aus Biomasse nur noch ein halbes Megajoule Erdöl.[128] Nicht das ökologische Argument spricht also für Treibstoffe, sondern lediglich der Wunsch, den Autofahrern ein möglichst gutes Gewissen zu verkaufen.

– Außer Konkurrenz zum Nahrungsmittelanbau sollen Pflanzen stehen, die auf Böden wachsen, die sich für die Landwirtschaft sonst nicht eignen – auf sogenannten marginalen Böden. Statt Flächen zu besetzen, machen sie neue Flächen nutzbar. Beispielsweise die Purgiernuss (Jatropha curcas), ein Giftstrauch mit stark ölhaltigen Früchten, der in tropischen und subtropischen Gebieten wächst.

Jatropha wächst auf marginalen Böden, kommt ohne Dünger und Pestizide aus, kann auch ohne Bewässerung drei Dürrejahre überleben und trägt erst noch dazu bei, Erosion zu verhindern. Für viele ist sie eine »Wunderpflanze«, so auch für Klaus Becker von der Universität Hohenheim. Becker forscht im Auftrag von Daimler und sagt auch: »Für Daimler ist unsere Forschung eine wichtige Werbeaktion.«[129]

Weniger enthusiastisch zeigen sich Forscher, die nicht von der Autoindustrie bezahlt werden. Etwa Franziska Müller-Langer, die im Auftrag der mexikanischen Regierung eine Studie[130] zum Thema mitverfasst hat. Sie sagt: »Man muss Jatropha als eine Pflanze für lokale Anwendungen im Kleinen sehen, für Seifen, Lampenöle und Ähnliches. Da ist sie sehr sinnvoll. Aber im großtechnischen Maßstab kann es schnell in eine ungewollte Richtung gehen.« Und im großen Maßstab wird geplant. Ein Joint Venture aus BP und D1 Oil investiert 42 Millionen Euro in die Purgiernuss. Indien will 11 seiner 63 Millionen Hektar »marginalen« Lands für Jatropha reservieren. Optimistisch gerechnet, ließe sich damit in einem Jahr eine Ölmenge produzieren, die dem Welt-Erdölverbrauch eines einzigen Tages entspricht. Die Energieausbeute von Jatrophaplantagen liegt, je nach Angaben, bei einem halben bis drei Kilowatt pro Hektar im Jahresdurchschnitt.[131]

Effizient ist das nicht. So schlägt der Anbau eben die »ungewollte Richtung« ein, von der Müller-Langer spricht: Man kann Jatropha zwar auf kargen Böden und ohne Dünger und Bewässerung anbauen – aber mit besserem Resultat baut man auch sie auf guten Böden an und düngt und bewässert. Wie erste Erfahrungen zeigen, geschieht das tatsächlich.[132] Zudem werden oft auch sogenannte marginale Böden von Menschen genutzt, die von Jatrophaplantagen vertrieben werden könnten. So sagt Simon Gmünder, der im Auftrag der Empa in Indien über Jatropha forscht: »In Indien sprechen alle von ›marginalem Land‹, aber was ist das? Oft

sieht man Leute, die sich auf ›marginalem Land‹ eine Existenz aufgebaut haben.«
– Der dritte Ausweg aus dem Dilemma heißt Zertifizierung. Weltweit arbeiten derzeit mehrere Initiativen daran, Zertifikatssysteme für Agrotreibstoffe mit guter Öko- und Sozialbilanz zu entwickeln. Eine davon ist der »Runde Tisch nachhaltige Biotreibstoffe« an der ETH Lausanne mit Beteiligung von Industrie, Umweltorganisationen wie dem WWF und Labelling-Organisationen wie Max Havelaar.[133] Die Hochschule warb dafür auf ihrer Homepage mit dem Bild eines Autos mit geöffneter Motorhaube, unter der Gras wächst. Darüber stand zu lesen: »Grün verbrennen – nachhaltig« (ohne Fragezeichen). Eine Initiative, die neutrale Standards entwickeln will, sollte eine andere Sprache sprechen als die Autoindustrie, die ihren Kunden ein gutes Gewissen verkaufen will. Kritiker sehen in den Zertifizierungsbemühungen denn auch vor allem Propaganda.

Die Schweiz befreit Agrotreibstoffe von der Mineralölsteuer, wenn sie eine »positive ökologische Gesamtbilanz« vorweisen können.[134] Die EU-Kommission will Agrotreibstoffe von der Förderung ausnehmen, wenn für sie zuerst Wälder gerodet wurden.[135] Aber funktioniert das? In Brasilien beispielsweise wird Zuckerrohr vor allem im Süden angebaut und nicht im Regenwaldgebiet Amazonien. Brasilianisches Ethanol ist also aus EU-Sicht unproblematisch. Doch der Amazonas-Regenwald wird, in zunehmender Geschwindigkeit, für Sojaanbau und Viehzucht gerodet. Sojaanbau wie Viehzucht wandern nordwärts – und machen ihrerseits dem Zuckerrohr Platz. Indirekt trägt der Ethanolboom also sehr wohl zur Zerstörung des Amazonas bei. (Außerdem gibt es, was die EU-Richtlinie übersieht, auch noch andere wertvolle Ökosysteme als Wälder.) Auch Raps, die wichtigste Grundlage der Agrodiesel-Produktion in Europa, kann tropische Wälder gefährden: Das Rapsöl, das zu Diesel verarbeitet wird, hinterlässt auf dem Speiseölmarkt eine Lücke, die beispielsweise mit Palmöl gefüllt wird. Kein Zertifikat vergrößert die verfügbare landwirtschaftliche Nutzfläche.

Angenommen, es gäbe eine Energiepflanze, die auch beim Anbau keine Treibhausgase verursachte und nur auf bisher ungenutzten Flächen wüchse: Könnte sie einen Beitrag zum Klimaschutz leisten? Nein. Die Marktsituation beim Erdöl ist derzeit so, dass das Angebot hinter der Nachfrage herhinkt. Solange es keine weltweit wirksame Rationierung des Treibstoffangebots gibt, wird in einer solchen Situation jeder zusätzliche Treibstoff zusätzlich konsumiert. Erdölersatzprodukte ersetzen nichts, aber sie helfen, Techniken und Strukturen länger zu erhalten, deren Überwindung überfällig ist.

Doch so breit die Kritik formuliert wird: Die Befürworter verfügen immer noch über das Argument der Macht, und deshalb gesellt sich zu ihnen auch die Politik. Über vierzig Staaten fördern Agrotreibstoffe mit Subventionen, Steuervergünstigungen oder Vorschriften. In den USA propagiert das Establishment beider Parteien den Anbau von Energiepflanzen – Widersacher wie Al Gore und George W. Bush gehen in dieser Frage für einmal gemeinsame Wege. Den Konflikt zwischen Vernunft und Machtpolitik illustrierte der EU-Umweltkommissar Stavros Dimas im Januar 2008. Es wäre besser, sagte Dimas in einem Interview, die EU würde die selbst gesetzten Ziele verpassen, als mit Agrotreibstoffen den Armen und der Umwelt zu schaden.[136] Nur eine Woche später aber schlug die Kommission eine neue Richtlinie vor, die vorschreiben will, dass bis 2020 10 Prozent des Energiebedarfs für Verkehr in der EU »aus erneuerbaren Quellen (hauptsächlich Treibstoffe aus Biomasse)« stammen müssen.[137] Die heute gültige Richtlinie schreibt einen Anteil von 5,75 Prozent pflanzlicher Treibstoffe bis 2010 vor.[138]

Solange solche Regelungen bestehen und solange Agrotreibstoffe subventioniert werden, wird mit Energiepflanzen nicht nur ökologischer, sondern auch volkswirtschaftlicher Unfug getrieben. Aus einzelstaatlich-klimapolitischer Froschperspektive lohnt sich, was aus globaler Sicht lediglich ein Verschieben von Energie ist: pflanzlichen Erdölersatz aus Staaten zu importieren, die ihrerseits Erdöl importieren. Es lohnt sich deshalb, weil die Emissionen aus der Verbrennung von Benzin gemäß Kioto-Protokoll dem Verbraucherland zugerechnet werden, die Emissionen aus dem Anbau aber dem Produzentenland.

Das ist Handeln nach einem bekannten Slogan, nur umgekehrt: Lokal denken und global handeln.

Die Privatisierung der Atmosphäre
Emissionshandel

CO_2 ist heute eine Ware, die an internationalen Börsen gehandelt wird wie irgendein anderes Gut. Nur zahlt man nicht dafür, die Ware zu erhalten, sondern dafür, sie loszuwerden. Aus der Sicht des Marktes ist das ein Detail, eine Frage des Vorzeichens – theoretisch. Praktisch ist es ein wenig komplizierter.[139]

Sosehr sich die Öffentlichkeit an den Begriff »Emissionshandel« gewöhnt haben mag; so normal die Vorstellung geworden ist, die Emissionen eines Ferienfluges oder einer sportlichen Großveranstaltung ließen sich »kompensieren«, indem man entsprechende Zertifikate kauft: Verstanden haben die Sache erst wenige. Das Emissionshandelssystem der EU – das *Emissions Trade Scheme* (EU-ETS) – ist das größte Umwelt-Regelwerk, das es je gab. Nur die deutsche Steuergesetzgebung sei noch komplizierter, feixte der *Spiegel*.[140] Als im Herbst 2007 die schweizerische Wirtschaftsministerin Doris Leuthard die Klimapolitik von Umweltminister Moritz Leuenberger frontal angriff und vorschlug, die Schweiz solle in erster Linie Emissionsreduktionen im Ausland kaufen statt selber Emissionen zu reduzieren[141], reagierten die politischen Parteien kaum. Es gab einfach kaum Politiker, die verstanden, worum es ging.

Ich will versuchen zu klären.

In der Klimapolitik gibt es heute zwei große internationale Emissionshandelssysteme, die sich teilweise überlappen: das vom Kioto-Protokoll installierte Handessystem sowie das EU-ETS der Europäischen Union. Präsident Barack Obama will für die USA ein Emissionshandelssystem für Treibhausgase ab 2012 einführen.

Das Kioto-Protokoll schreibt den 38 Staaten, die im Annex B des Protokolls aufgelistet sind, vor, ihre Treibhausgas-Emissionen in den Jahren 2008 bis 2012 auf ein gewisses Höchstniveau zu begrenzen.

Diese Staaten sind die OECD-Mitglieder von 1997 und die ehemals sozialistischen Staaten Osteuropas, also Staaten mit »entwickelten« Ökonomien. Insgesamt müssen sie den Ausstoß der im Protokoll genannten Treibhausgase gegenüber 1990 um 5,2 Prozent reduzieren. Für die sogenannten Entwicklungs- und Schwellenländer gibt es keine Begrenzung. Zu diesen gehören auch Staaten mit »entwickelten« Ökonomien wie Israel oder Südkorea und die Staaten mit den weltweit höchsten Pro-Kopf-Emissionen, die Ölscheichtümer Katar, Kuwait, die Vereinigten Arabischen Emirate und Bahrain.

Die Pflicht, Emissionen zu begrenzen, lässt sich auch als Recht verstehen, Emissionen auszustoßen. Hier setzt der Handel an: Diese Rechte dürfen verkauft und gekauft werden. Ein Land, das weniger Treibhausgase ausstößt, als es dürfte, kann die nicht beanspruchten Rechte einem anderen Land verkaufen, das dann entsprechend mehr Treibhausgase ausstoßen darf.* Nur die Annex-B-Staaten, die ihre Emissionen begrenzen müssen, haben auch Emissionsrechte, nur sie können sich an diesem Handel beteiligen. Gehandelt wird mit allen im Protokoll genannten Gasen auf einem einzigen Markt; die verschiedenen Gase werden nach einem bestimmten »Umrechnungskurs« *(global warming potential)* in sogenannte CO_2-Äquivalente umgerechnet. 1 Tonne Methan gilt als gleich viel wie 21 Tonnen CO_2, 1 Tonne Lachgas als gleich viel wie 310 Tonnen CO_2 und so weiter.

Das Protokoll sieht zwei weitere Mechanismen des Handels vor. Ein Annex-B-Land kann in einem anderen Annex-B-Land ein Projekt realisieren, das Treibhausgas-Emissionen reduzieren soll. Die Reduktionen aus diesem Projekt werden dem Land, das das Projekt finanziert, als Emissionsrechte angerechnet, während das Standort-

---

* Das Kioto-Protokoll sieht vor, dass die drei Mechanismen nur unterstützend zu den Reduktionsanstrengungen im jeweils eigenen Land stattfinden dürfen. In der Praxis wird das so ausgelegt, dass ein Annex-B-Land mindestens die Hälfte seiner Reduktionsverpflichtung selber erzielen muss und höchstens die Hälfte zukaufen darf.

land sich diese Reduktionen nicht mehr anrechnen lassen darf. Dieser Mechanismus heißt *Joint Implementation*. Mit dem *Clean Development Mechanism* (CDM) kommen auch die Staaten ins Spiel, die keinen Emissionsbegrenzungen unterliegen. Ein CDM-Projekt ist ein Projekt zur Reduktion von Treibhausgasen in einem Nicht-Annex-B-Land.

Der Unterschied zwischen Joint Implementation und Clean Development Mechanism ist wichtig. Handel mit Emissionsrechten sowie Joint Implementation bedeutet nur ein bilanzneutrales Herumschieben von Emissionen innerhalb des Annex-B-Gebiets, für das als Ganzes eine Emissionsbeschränkung gilt. Ob ein Joint-Implementation-Projekt hält, was es verspricht, ja ob das Projekt überhaupt existiert, ist für die globale Bilanz unerheblich.

Nicht so beim CDM: Hier werden Emissionsrechte von außerhalb des eigentlichen Handelsgebiets in dieses eingekauft. Die Menge der Emissionen, die im Handelsgebiet zugelassen sind, erhöht sich mit jedem Zertifikat, das der CDM generiert. Global gesehen sollte das keine Rolle spielen, weil die CDM-Projekte diese Erhöhung ja durch eine Reduktion im Standortland kompensieren sollen. Inwieweit das tatsächlich der Fall ist, werde ich weiter unten erläutern.

Am Emissionshandel der Europäischen Union, am EU-ETS, nehmen nicht Staaten, sondern Unternehmen teil. Rund 13 000 Unternehmen aus besonders CO_2-intensiven Branchen (Elektrizitätswirtschaft, Eisen- und Stahlindustrie, Raffinerien, chemische Industrie, Glasindustrie, Zementindustrie, Papierherstellung und in Zukunft auch die Luftfahrt) erhalten Emissionsrechte. Anders als im Handel unter Kioto gelten diese Rechte nur für CO_2 und nicht auch für andere Treibhausgase. Die Unternehmen dürfen aber auf dem Kioto-Markt CDM-Gutschriften und Emissionsrechte kaufen. Die Schweiz hat sich statt für den Emissionshandel für eine CO_2-Lenkungsabgabe entschieden (die allerdings nur halbbatzig eingeführt wurde: Sie gilt bislang nicht für Treibstoffe, sondern nur für Heizöl). Schweizer Unternehmen können sich aber »freiwillig« zur Reduktion ihrer Emissionen verpflichten und werden dann von der CO_2-Abgabe befreit. Diese Unternehmen dürfen sich ab 2009 am EU-ETS beteiligen.

Die erste Phase des EU-Handels dauerte von 2005 bis 2008 und ist gescheitert. Die Regierungen der EU-Mitgliedstaaten hatten mehr Emissionsrechte ausgegeben, als die Industrie benötigte. Als dies im April 2006 offensichtlich wurde, sackte der Preis zusammen und fiel schließlich fast auf null. Für die zweite Handelsphase (2008 bis 2012) wurden die Rechte nun restriktiver ausgegeben, wobei die Kommission den Regierungen der EU-Mitglieder sehr aufmerksam auf die Finger schauen musste. Der Preis bewegt sich derzeit um 25 Euro pro Tonne CO_2.

Neben Kioto und EU-ETS existiert schließlich der freiwillige Markt, auf dem jede Person, Firma, Behörde oder sonstige Organisation Emissionen »kompensieren« kann – sei es für das gute Gewissen, sei es für das Image. Der freiwillige Markt unterliegt keinen gesetzlichen Regelungen; seriöse Anbieter finden sich neben unseriösen, profitorientierte neben Non-Profit-Organisationen.

Emissionshandel ist ein junges, kaum erprobtes Instrument der Umweltpolitik. Dennoch wird er heute als eine Maßnahme ohne Alternative wahrgenommen. Umweltorganisationen wie WWF oder Greenpeace betrachten ihn genauso als unverzichtbar im Kampf gegen den Klimawandel wie marktgläubige Ökonomen, Wirtschaftsvertreter und Politiker. Auf keine andere Maßnahme in der Klimapolitik werden so viele politische und bürokratische Ressourcen verwendet wie auf den Emissionshandel.

Dabei sind einige Missverständnisse im Umlauf. Ich will drei von ihnen klarstellen.

– »Emissionshandel ist eine Klimaschutzmaßnahme«: Das ist falsch. Es handelt sich hier um ein sprachliches Problem: Das deutsche Wort Emissionshandel übersetzt nur die Hälfte des treffenderen englischen *Cap and Trade* (ungefähr: Begrenzung und Handel). Dieser Begriff macht deutlich, dass es um zwei Elemente geht. Den Teilnehmern am Emissionsmarkt werden Emissionsgrenzwerte *(cap)* auferlegt. Sie erhalten das Recht, eine gewisse Menge eines bestimmten Schadstoffs auszustoßen. Diese Emissionsrechte sind gewissermaßen Eigentumsrechte – Anteilscheine an der Atmosphäre. Mit diesen Anteilscheinen können die Marktteilnehmer handeln *(trade)*. Umweltwirksam ist allein das »Cap«. Cap bedeutet nichts anderes als Rationierung. Das Element »Trade« soll helfen, das Ziel mit weniger Aufwand zu erreichen. Es ist (wenn der Markt richtig funktioniert) umweltneutral.

– »Dank Emissionshandel erhalten Schadstoffemissionen einen Preis. Es ist nicht mehr gratis, die Umwelt zu verschmutzen«: Das stimmt nur in einem oberflächlichen Sinn. Natürlich gibt es einen Preis, der an Börsen wie beispielsweise der Leipziger European Energy Exchange ermittelt wird. Aber die Emissionsrechte werden sowohl unter dem Kioto-Protokoll wie unter dem EU-ETS zunächst einmal gratis abgegeben. Kosten entstehen für die Wirtschaft insgesamt nur dann, wenn die Emissionsrechte restriktiv genug vergeben werden und die Unternehmen investieren müssen, um Emissionen zu vermeiden. Der Handel selbst ist kostenneutral: Was die einen durch den Zukauf von Emissionsrechten aufwenden müssen, verdienen andere durch den Verkauf. Dabei gehören nicht unbedingt die klimafreundlichen Unternehmen zu den Verdienern, sondern diejenigen, die am besten um viele Emissionsrechte lobbyiert haben und am geschicktesten mit Kursschwankungen umzugehen vermögen. So hat ausgerechnet die CO_2-intensive Stromwirtschaft in der ersten Phase des EU-ETS einen kräftigen Reibach gemacht, bevor der Preis einbrach. Der WWF schätzt, dass Elektrizitätsgesellschaften in Großbritannien, Deutschland, Italien, Spanien und Polen am Emissionshandel zwischen 23 und 71 Milliarden Euro verdient haben.[142] Würden die Emissionsrechte versteigert und nicht verschenkt, so wäre das Verschmutzen tatsächlich nicht mehr gratis. Der Preis, den es zu zahlen gälte, deckte aber nicht etwa die Kosten, die der Allgemeinheit durch die Verschmutzung entstehen (die »externen Kosten«). Dieser Preis reflektierte lediglich die Marktverhältnisse.

– »Cap and Trade bietet einen Anreiz, möglichst wenig Schadstoffe auszustoßen«: Das ist falsch. Cap and Trade bietet einen Anreiz, *genau so viel* auszustoßen wie vorgegeben. Das Gute daran ist, dass ein vorgegebenes Ziel theoretisch punktgenau erreicht wird. Wenn aber in einem Bereich unerwartete Fortschritte erzielt werden, mit denen sich der Ausstoß stärker reduzieren lässt als vorgesehen, dann macht der Handel diese Fortschritte zunichte. Ein Marktteilnehmer, der unerwartet viel Emissionen reduziert, kann nun nämlich Emissionsrechte verkaufen, die einen anderen Teilnehmer dazu berechtigen, umso mehr Schadstoffe auszustoßen. Dies ist nicht einfach eine theoretische Überlegung: Die osteuropäischen Staaten haben nach 1990 ihre Treibhausgas-Emissionen stark reduziert – nicht mit Absicht, sondern weil ihre Industrien nach dem Ende des Realsozialismus eingebrochen sind. Ähnliches gilt für Großbritannien. Ohne Handel käme diese Entwicklung dem Klima zugute; mit Handel können die betreffenden Staaten ihren Überschuss verkaufen. Der Jargon spricht in diesem Fall mit ungewohnt treffender Ironie von »heißer Luft«. Wer in einem Land lebt, das sich am Emissionsrechtehandel unter dem Kioto-Protokoll beteiligt, und auf das Autofahren verzichtet, sein Haus besser isoliert oder gegen ein neues Kohlekraftwerk protestiert, schont deshalb – vorausgesetzt, der Handel funktioniere tatsächlich gemäß Lehrbuch – nicht das Klima, sondern die Kasse seines Staats, der nun weniger Emissionsrechte zukaufen muss, respektive mehr Rechte verkaufen kann.[*]

---

[*] Hingegen schont es das Klima, wenn diese Person auf internationale Schiffs- und Flugreisen verzichtet, da diese vom Kioto-Protokoll nicht erfasst werden; wenn sie auf Produkte verzichtet, die aus Ländern importiert werden, die sich nicht am Emissionsrechtehandel beteiligen, oder wenn sie ihrem Staat Emissionsrechte abkauft und diese ungenutzt verfallen lässt.

In den internationalen Klimaverhandlungen haben im Wesentlichen die USA (unter Bill Clinton und Al Gore) den Emissionshandel durchgesetzt. Zwingend war dieser Schritt nicht: Es wäre auch denkbar gewesen, den Staaten Reduktionsverpflichtungen aufzuerlegen, ohne dass diese handelbar wären (Cap *ohne* Trade): das wären klassische Grenzwerte. Die EU und die Schwellen- und Entwicklungsländer (die sogenannten G-77-Länder) haben sich ursprünglich gegen den Handel gewehrt.

Dass die EU nun ihrerseits ihre Klimapolitik auf Emissionshandel und nicht beispielsweise auf eine Lenkungsabgabe baut, hat mit den politischen Strukturen der EU zu tun: Eine Abgabe gälte als Steuer, und Steuern liegen nicht in der Kompetenz der Kommission. Den Emissionshandel hingegen konnte die Kommission in eigener Kompetenz einführen.[143] Einmal eingeführt, wird sich der Handel aber kaum wieder abschaffen lassen, denn mit den milliardenschweren Geldflüssen sind entsprechende Interessen entstanden. Schätzungen gehen davon aus, dass der weltweite Emissionsmarkt bald dreistellige Milliardenbeträge pro Jahr umsetzen dürfte. Wie machtvoll diese Interessen bereits heute vertreten werden, zeigte sich an der Klimakonferenz in Bali im Dezember 2007: Nicht ein Staat und auch keine Umweltschutzorganisation schickte die größte Delegation, sondern mit mehreren Hundert Delegierten die International Emissions Trading Association, ein Dachverband von im Emissionshandel tätigen Organisationen.

De facto läuft der Handel so, dass Länder mit hohen Pro-Kopf-Emissionen (oder Unternehmen aus diesen Ländern) Rechte aus Ländern mit tiefen Pro-Kopf-Emissionen zukaufen, mit anderen Worten: Die Länder mit tiefen Pro-Kopf-Emissionen senken diese, damit die Länder mit hohen Emissionen ihr hohes Niveau beibehalten können. Das ist absurd. Wie konnte sich ein solches System durchsetzen?

Das wichtigste Argument für den Handel lautet, dass dieser helfe, die effizientesten Möglichkeiten zur Reduktion von Emissionen zu finden. Angenommen, Firma A müsste fünfzig Euro investieren, um eine Tonne Schadstoff zu vermeiden, während Firma B dasselbe für zwanzig Euro erreichen könne. Wenn Firma B nun eine Tonne mehr vermeidet, als sie müsste, und diese zusätzliche Tonne für dreißig Euro der Firma A verkauft, verdient sie zehn Euro. Firma A wiederum zahlt dreißig Euro und erspart sich dadurch eine Maßnahme, die sie fünfzig kosten würde.

In Ökonomenohren tönt das gut. Aber genau die ökonomische Effizienz ist problematisch. Zur Erinnerung: Es geht darum, die Emissionen in den Industriestaaten um neunzig Prozent und mehr zu senken. Das ist ohne Umbau der Wirtschaft nicht möglich. Zuerst nach den ökonomisch effizientesten, sprich: billigsten Einsparmöglichkeiten zu suchen heißt in dieser Situation, den nötigen Umbau so lange als möglich hinauszuschieben. Das ist, als würde ein Hausbesitzer, der sein Haus totalsanieren muss, zuerst einmal die Fensterläden streichen, weil das am wenigsten kostet. Ökonomisch »effizienter« Klimaschutz ist Strukturerhalt und langfristig ineffizient.

Erfahrungen mit Cap and Trade hatten bislang erst die USA. Diese haben 1990 einen Handel mit Emissionsrechten für Schwefeldioxid (SO_2) installiert; weitere Handelssysteme für andere Schadstoffe existieren auf Einzelstaatenebene. Der SO_2-Handel diente in der Klimadebatte als Vorbild. Er gilt als Erfolg: Das Ziel, die Emissionen bis 2010 um 35 Prozent gegenüber 1990 zu senken, wird voraussichtlich erreicht werden, und dies zu wesentlich tieferen Kosten, als zuvor angenommen worden war. Allerdings: Die deutschen Kraftwerke haben ihre SO_2-Emissionen zwischen 1982 und 1998 um 90 Prozent gesenkt – ohne Emissionshandel.[144]

Die Erfahrungen aus dem SO_2-Handel lassen sich nicht einfach so auf einen weltweiten Handel mit Treibhausgasen übertragen. Der SO_2-Handel findet in einem Staat und mit einem einzigen Schadstoff statt. »Kompensationen« analog zum Clean Development Mechanism gibt es nicht. Der Emissionshandel unter dem Kioto-Protokoll hingegen betrifft verschiedenste Staaten mit unterschiedlichen

Rechtssystemen und Traditionen. Er betrifft verschiedene Gase aus unterschiedlichen Quellen, was den Handel sehr unübersichtlich macht. Es gab in den Klimaverhandlungen denn auch Stimmen, die verlangten, die verschiedenen Gase je einzeln zu behandeln.[145]

Damit ein funktionierender Markt entstehen kann, muss eine Handelsware gemessen werden können. Gäbe es auf einem Gemüsemarkt nur Waagen, die das Gewicht mit zehn, zwanzig oder fünfzig Prozent Abweichung anzeigen, könnte nicht von einem geordneten Handel die Rede sein. Genau das ist aber die Situation beim Emissionshandel unter dem Kioto-Protokoll. Treibhausgas-Emissionen lassen sich nicht messen. Die Emissionsdaten, die die Vertragsstaaten dem Büro des Klimaschutz-Rahmenabkommens in Bonn melden müssen, werden nicht gemessen, sondern berechnet. Für CO_2 ist das mit geringen Fehlern möglich, vorausgesetzt, die Förder-, Einfuhr-, Lager- und Ausfuhrstatistiken für Öl, Kohle und Gas sind korrekt. Aber wie berechnet man, wie viel Methan eine Kuh furzt? Hier wird einfach ein Erfahrungswert mit der Zahl der Tiere multipliziert – doch der tatsächliche Wert ändert sich beispielsweise je nach Futter, das die Tiere fressen. Für die Lachgasemissionen aus landwirtschaftlichen Böden schätzen Fachleute die Unsicherheit der Berechnungen auf fünfzig Prozent und mehr.[146] Die Staaten, die sich mit dem Uno-Rahmenabkommen zum Klimawandel (UNFCCC) verpflichtet haben, jährlich ein Treibhausgas-Inventar einzureichen, nehmen in diesen Inventaren auch eine Unsicherheitsabschätzung vor. Während Japan mit Abweichungen von plus oder minus 2 Prozent rechnet, weisen zahlreiche Staaten Unsicherheiten im zweistelligen Prozentbereich aus – Deuschland 12,5 Prozent, Frankreich 17,6 Prozent und Neuseeland sogar 20,6 Prozent.[147] Natürlich wird auch gemogelt. Im September 2007 wurde bekannt, dass Russland dreimal mehr Erdgas aus Ölförderanlagen abfackelt als deklariert.

Am richtigen Ort eingesetzt, böte der Emissionshandel freilich auch eine immense Chance. Diese Chance hat mit Verteilgerechtigkeit zu tun: Wenn die Emissionen von Treibhausgasen begrenzt werden müssen, ist eine der zentralen Fragen, wer noch wie viel ausstoßen darf. Klimapolitik ist Verteilungspolitik.

Man kann sich verschiedene Prinzipien der Verteilung vorstellen: Soll am meisten Emissionsrechte erhalten, wer schon bisher am meisten verschmutzte? Dann müssten alle Beteiligten ihre Emissionen um einen ähnlich großen Anteil reduzieren. Dieses Prinzip wird *Grandfathering* genannt. Es ist relativ leicht umsetzbar und löst bei denen, die am meisten Verhandlungsmacht besitzen, die geringsten Widerstände aus. Es hat den Nachteil, dass belohnt wird, wer die Umwelt bisher am meisten schädigte.

Soll, im Gegenteil, am meisten Emissionsrechte erhalten, wer bisher am wenigsten verschmutzte? Das wäre ein Prinzip der ausgleichenden Gerechtigkeit. Es ist aber politisch nicht umsetzbar.

Sollen die Emissionsrechte den Staaten gemäß ihrer Bevölkerungszahl zugeteilt werden? Dies schlagen Indien und andere Entwicklungs- und Schwellenländer schon lange vor; auch Bundeskanzlerin Angela Merkel hat sich 2007 zugunsten einer Pro-Kopf-Zuteilung ausgesprochen.

Erst Emissionshandel würde die letztgenannte Verteilung ermöglichen. Eine durchschnittliche Nordamerikanerin kann beim besten Willen nicht plötzlich nur noch so viel Treibhausgase verursachen wie ein durchschnittlicher Inder. Auch wenn die Angleichung allmählich geschehen sollte, wie das unter dem Stichwort *Contraction and Convergence* (Schrumpfung und Angleichung) diskutiert wird, würde es sehr schwierig. Der Handel böte die Flexibilität zu sagen: Ab morgen gilt für alle dieselbe Limite – aber die Bewohner der reichen Staaten dürfen sich bei den Bewohnern der armen freikaufen.

Das Kioto-Protokoll vergibt die Emissionsrechte aber nicht pro Kopf, sondern mischt die beiden erstgenannten Verteilprinzipien: Die »entwickelten« Staaten haben Emissionsrechte ungefähr gemäß ihrem bisherigen Ausstoß zugeteilt erhalten, freilich nach heftigem politischem Ringen (das notabene einen großen Teil der politischen

Energien, die auf den Kampf gegen den Klimawandel verwendet werden, absorbierte). Die Entwicklungs- und Schwellenländer dagegen sind von jeder Reduktionspflicht befreit.

Diese Befreiung ist der Versuch, einer gerechten Lösung näherzukommen. Sie hat aber fatale Konsequenzen: Es schafft einen Anreiz, treibhausgasintensive Industrien aus den Ländern mit Reduktionsverpflichtung in Länder ohne solche zu verlagern. Zudem bleiben die Entwicklungs- und Schwellenländer beim Handel mit Emissionsrechten außen vor.

Auch das EU-ETS vergibt die Emissionsrechte nach dem Grandfathering-Prinzip; auch hier wurde intensiv gefeilscht und getrickst. Für die Unternehmen stellt das EU-ETS eher einen Anreiz dar, zusätzliche Lobbyisten einzustellen statt zusätzliche Umweltingenieure.

Weil im EU-ETS nicht Staaten, sondern Unternehmen am Markt teilnehmen, kommt eine Rechtezuteilung nach Einwohnerzahl hier nicht infrage. Hier bietet sich an, was die meisten Ökonomen fordern: Die Versteigerung an die Meistbietenden. Die EU-Mitgliedstaaten haben heute schon die Möglichkeit, einen Teil der Emissionsrechte an ihre Firmen zu versteigern; dieser Anteil soll nach dem Willen der Kommission künftig erhöht werden. Vorteil: Die Firmen bekämen die Rechte nicht geschenkt, sondern müssten dafür bezahlen, der Schacher um diese fiele weg und mit ihm eine gefährliche Korruptionsquelle.

Die Versteigerung überließe die Verteilung vollständig dem Markt, während das heutige System eine Mischwirtschaft ist: Erstzuteilung durch den Staat, spätere Umverteilungen auf dem Markt. Aber wäre es sinnvoll, die Aufteilung der Eigentumsrechte an einem Gut, das bisher allen gehörte – der Atmosphäre –, ganz dem Markt zu überlassen?

Auf dem Markt sind alle Emissionen gleich, und den Zuschlag erhält, wer am meisten bietet. Ob einer seine Emissionsrechte braucht, um auf die Malediven in die Ferien zu fliegen oder um Reis anzubauen, ist dem Markt egal. Anil Agarwal und Sunita Narain vom indischen Center for Science and Environment haben erstmals 1990 gefordert, zwischen »Luxusemissionen« und »Subsistenzemissionen« zu unterscheiden.[148] Bis ins IPCC ist dieser Gedanke noch nicht vorgedrungen, wie der ehemalige Vizevorsitzende der ökonomischen Arbeitsgruppe des IPCC, Eberhard Jochem, bestätigt: »Diese Unterscheidung wird nicht vorgenommen. Der IPCC-Bericht ist gegenüber sozialen Gegensätzen völlig unsensibel.«

Möglich wäre es, für Subsistenz- und Luxusemissionen je getrennte Märkte zu errichten. Das geschieht heute bereits in vielen Staaten, die Heizöl nicht besteuern, Treibstoffe für Motorfahrzeuge aber schon. Die Idee dahinter ist genau die, dass Fahren Luxus sei, Heizen Notwendigkeit.

Welche Emissionen als notwendig zu gelten haben, wäre zu definieren: Sind die Emissionen aus dem Notstromaggregat eines Krankenhauses Notwendigkeit oder Luxus? Sind sie auch dann Notwendigkeit, wenn in diesem Krankenhaus Therapien angeboten werden, die sich nur ein winziger Bruchteil der Weltbevölkerung leisten kann? Man wird um solche Diskussionen nicht herumkommen.

Gibt es denn Alternativen zum Emissionshandel? Selbstverständlich: Umweltpolitik kam bis in die 1990er-Jahre ohne aus. Verbote, Vorschriften und Grenzwerte gehörten zum Repertoire der Umweltpolitik – diese Wörter scheinen heute freilich tabu zu sein; Politiker sprechen lieber von »Anreizen« und »marktgerechten Lösungen«. Lenkungsabgaben gehören zu den Alternativen, ein Umbau der Steuerpolitik, natürlich die Abschaffung von Subventionen für Energie und umweltschädliche Aktivitäten – eine Maßnahme, die das Kioto-Protokoll übrigens auch vorschreibt.

Es gibt Alternativen zum Emissionshandel. Was es nicht gibt, ist *die* Alternative. Darum geht es genau: Man verbaut sich viele Gestaltungsmöglichkeiten, wenn man mit einem einzigen Instrument verschiedenste Treibhausgase aus verschiedensten Quellen in verschiedensten Ländern erfassen will. Für synthetische Treibhausgase mögen andere Instrumente sinnvoll sein als für CO_2; für CO_2 aus der Verbrennung fossiler Brennstoffe andere als für CO_2 aus der Zementherstellung; für »Luxusemissionen« andere als für »Subsistenzemissionen«. Natürlich lassen sich nicht einfach alle Treibhausgase verbieten, wie dies das Montreal-Protokoll zum Schutz der Ozonschicht mit den Fluorchlorkohlenwasserstoffen getan hat; man kann den Kühen das Furzen nicht verbieten. Aber für synthetische Treibhausgase wären Verbote möglich. Auch die weit verbreitete Praxis, bei der Erdölförderung entweichendes Erdgas abzufackeln oder, schlimmer, unverbrannt in die Atmosphäre zu entlassen, ließe sich verbieten. Für andere Treibhausgase mag Cap and Trade zweckmäßiger sein, vorausgesetzt, es wird sinnvoll ausgestaltet.

Ich habe bis dahin diskutiert, inwieweit es zweckmäßig sei, mit Emissionsrechten zu handeln. Was die wichtigste Ursache des Klimawandels angeht, nämlich die Verbrennung fossiler Energieträger, muss aber auch der erste Teil des Wortes »Emissionshandel« hinterfragt werden: Wenn man sich für Cap and Trade entscheidet, soll dieser die *Emissionen* erfassen? Die Emissionen werden nicht gemessen, sondern aus der Menge verbrannter Brennstoffe errechnet. Weshalb nicht gleich dort ansetzen?

Die Emissionen zu beschränken, das ist, als würde man, statt ein Rauchverbot zu verhängen, den Rauchern verbieten auszuatmen. In der Theorie kommt es zwar auf dasselbe heraus, ob die CO_2-Emissionen begrenzt werden oder die Förderung respektive Einfuhr fossilen Kohlenstoffs. In der Praxis sähe es freilich ganz anders aus: Es gibt Milliarden Quellen, die CO_2 ausstoßen, aber eine relativ kleine Zahl von Stellen, wo fossiler Kohlenstoff in die Wirtschaft eingespeist wird. Das EU-ETS beschränkt sich auf große CO_2-Verursacher, womit es rund die Hälfte der Emissionen erfasst, weil es unverhältnismäßig wäre, jeden Kleinbetrieb und jeden Haushalt zu beteiligen. Würde an der Quelle angesetzt, würden auch die Kleinemissionen erfasst.

Ein Cap and Trade auf die Einfuhr fossilen Kohlenstoffs würde noch eine weitere Variante der Verteilung ermöglichen: Statt Staaten oder Unternehmen mit Rechten auszustatten, könnten die Rechte den Menschen verteilt werden. Der britische Außen- und ehemalige Umweltminister David Miliband hat ein System propagiert, das einzelne Konsumenten am Emissionshandel beteiligt. Jeder Einwohner erhielte ein persönliches CO_2-Konto. Mit einem Kreditkartensystem würden diesem bei jedem Kauf Punkte abgebucht.[149] Ich halte ein solches System für untauglich, schon deshalb, weil für jedes Produkt und jede Dienstleistung eine CO_2-Bilanz erstellt werden müsste und weil solche Bilanzen keine sehr genaue Angelegenheit sind. Zudem wird die Verantwortung dem einzelnen Konsumenten zugeschoben; die Anreize für die Industrie, zu handeln, wären gering.

Die Rechtezuteilung an Einzelpersonen ließe sich aber leichter realisieren, wenn das Cap and Trade nicht bei den Emissionen, sondern an der Quelle ansetzte: Jeder Mensch erhielte gleich viele Bezugsrechte für fossilen Kohlenstoff. Diese würden treuhänderisch von einem sogenannten *Sky Trust* verwaltet. Unternehmen, die Erdöl, Erdgas oder Kohle kaufen, müssten die Bezugsrechte dafür von den Sky Trusts erwerben.[150]

Noch einmal: Ein Brunnen speit aus Milliarden Rohren Wasser. Wie reduziert man den Wasserdurchfluss? Indem man die Zuleitung drosselt. Erdöl, Erdgas und Kohle müssen rationiert werden.

Ich höre die Einwände: Eine Rationierung ist politisch nie durchsetzbar. Doch: Emissionshandel *ist* eine solche Rationierung, das Kioto-Protokoll ein Rationierungsabkommen. Das merkt nur fast niemand, weil der Handel, namentlich der Clean Development Mechanism, die Rationierung durchlöchert, undurchsichtig und unwirksam macht. Und weil die Rationierung am falschen Ende ansetzt. So kommt es, dass Politiker so tun, als könne man gleichzeitig mehr Kohlenstoff ins System einspeisen und weniger CO_2 ausstoßen. Das war beispielsweise 2005 der Fall, als die G-8-Wirtschaftsminister die Opec aufforderten, mehr Erdöl auf den Markt zu werfen. Die Hälfte der G-8-Staaten sind Mitglieder der EU, die im selben Jahr ihren Emissionshandel in Kraft gesetzt hatte, und sieben von acht

G-8-Staaten haben das Kioto-Protokoll ratifiziert, das ebenfalls 2005 in Kraft trat. An ihrem Gipfel in Japan im Juli 2008 forderten die G-8-Regierungschefs erneut, die Erdölförderung zu steigern – und gleichzeitig, den CO_2-Ausstoß zu reduzieren.*

Die britische Wirtschaftszeitschrift *The Economist* hat sarkastisch geschrieben, der größte politische Vorteil des Emissionshandels gegenüber einer Maßnahme, die an der Quelle ansetzt, sei seine Intransparenz und Kompliziertheit[151]: Indem man auf die Emissionen fokussiert statt auf die Quelle und auf »Kompensationen« statt eigene Anstrengungen, kann man sich leichter selbst belügen.

---

* Der Welt-Energieausblick der Internationalen Energieagentur vom November 2008 wiederum warnt in dramatischen Tönen vor dem Klimawandel und fordert gleichzeitig, mehr in die Infrastrukturen zur Förderung von Erdöl zu investieren. Internationale Energieagentur, *World Energy Outlook 2008*, www.worldenergyoutlook.org/2008.asp.

Stichwort
Klimawandel-Rahmenabkommen UNFCCC und Kioto-Protokoll

1992 wurde »in der Erkenntnis, dass Änderungen des Erdklimas und ihre nachteiligen Auswirkungen die ganze Menschheit mit Sorge erfüllen«, die Rahmenkonvention zum Klimawandel *(United Nations Framework Convention on Climate Change, UNFCCC)* verabschiedet; sie ist inzwischen von den meisten Staaten der Welt unterzeichnet worden.[152]

Die Vertragsparteien verpflichten sich, »auf der Grundlage der Gerechtigkeit und entsprechend ihren gemeinsamen, aber unterschiedlichen Verantwortlichkeiten und ihren jeweiligen Fähigkeiten das Klimasystem zum Wohl heutiger und künftiger Generationen [zu] schützen«. Ziel des Abkommen ist es, eine »gefährliche anthropogene Störung des Klimasystems« zu verhindern.

Um den Weg zu diesem Ziel zu konkretisieren, treffen sich die UNFCCC-Parteien alljährlich zu Konferenzen, wo konkrete Abkommen zum Schutz des Klimas ausgearbeitet werden. Das erste Abkommen dieser Art wurde an der Vertragsparteienkonferenz in Kioto 1997 verabschiedet: das Kioto-Protokoll (einige Einzelheiten des Protokolls wurden erst an späteren Klimakonferenzen festgelegt).[153]

Herzstück des Kioto-Abkommens ist die Begrenzung der Treibhausgas-Emissionen für 38 Staaten, die im Annex B des Protokolls aufgelistet sind. Es handelt sich dabei um die OECD-Mitglieder von 1997 sowie die ehemals sozialistischen Staaten Osteuropas. Insgesamt müssen diese Staaten ihre Emissionen im Durchschnitt der Jahre 2008 bis 2012 auf einen Stand begrenzen, der um 5,2 Prozent tiefer liegt als im Jahr 1990. Die Annex-B-Staaten müssen ihre Emissionen unterschiedlich stark senken, einige dürfen sie gegenüber 1990 gar erhöhen. Das Protokoll weicht diese Verpflichtungen aber auf, indem es den Zukauf von Reduktionszertifikaten von Nicht-Annex-B-Staaten erlaubt *(Clean Development Mechanism).*

Weniger beachtet werden andere Bestimmungen des Protokolls – etwa die Verpflichtung, »Marktverzerrungen«, steuerliche Anreize und Subventionen, die dem Ziel des Protokolls entgegenlaufen, schrittweise zu verringern oder abzuschaffen. Die Verpflichtung, bis 2005 »bei der Erfüllung ihrer Verpflichtungen aus diesem Protokoll nachweisbare Fortschritte erzielt zu haben«, dürften die meisten Annex-B-Staaten verpasst haben.

Die Einhaltung der Verpflichtungen wird vom UNFCCC-Büro in Bonn nach dem Jahre 2012 überprüft; die Vertragsparteien müssen diesem jährlich Bericht erstatten.

Der Fahrplan der UNFCCC-Verhandlungen sieht vor, dass an der Klimakonferenz von 2009 ein Nachfolgevertrag zum Kioto-Abkommen verabschiedet wird.

Exkurs
Der Markt wird's richten: Ronald Coase und seine Jünger

1991 wurde per Indiskretion eine Notiz des damaligen Weltbank-Chefökonomen und heutigen Wirtschaftsberaters von Präsident Obama Larry Summers publik, in der dieser schrieb, dünn besiedelte afrikanische Gebiete seien »stark unterverschmutzt«.[154] Die Notiz löste große Empörung aus. – 2006 schrieb Nicholas Stern, der Klimawandel sei »das größte und weittragendste Versagen des Marktes, das es je gegeben hat«.[155] Der Satz ist einer der meistzitierten des Stern-Berichts.

Ist das eine die zynische Aussage eines Umweltignoranten, das andere das engagierte Statement eines Klimaschützers? Vielleicht. Aber beide Aussagen beruhen auf derselben Denkweise. Es ist die Denkweise, die mit dem Emissionshandel gerade eine erstaunliche Karriere in der internationalen Klimapolitik erlebt.

Rückblende. Als Vater der Idee des Emissionshandels gilt der US-amerikanische Ökonom Ronald Coase (geboren 1910, Wirtschaftsnobelpreis 1991). Zwar haben sich die heutigen Cap-and-Trade-Systeme ziemlich weit von Coase' ursprünglicher Idee entfernt. Trotzdem lohnt sich ein Blick auf diese Idee, um deren weltanschauliche Prämissen zu verstehen.

Coase ging es nicht darum, die Umweltbelastung zu *minimieren*: »Verschmutzung ist schlecht und gut. Die Leute verschmutzen die Umwelt [...], weil es ein Weg ist, günstiger zu produzieren. Das ist das Gute; der Wertverlust, den die Verschmutzung verursacht, ist das Schlechte. Man muss beides vergleichen. So muss man das sehen.«[156]

Coase ging es darum, die Verschmutzung zu *optimieren*. »Optimale Umweltverschmutzung« tönt zynisch, aber der Gedanke ist nicht unvernünftig. Jede menschliche Tätigkeit belastet die Umwelt.

Deshalb müsste eine Regelung, die die menschlichen Umweltbelastungen minimieren will, menschliche Tätigkeiten minimieren. Das kann nicht das Ziel einer Politik sein. Keine Umweltpolitik kommt darum herum, ein Niveau an Umweltbelastung zu definieren, das akzeptiert werden kann. Die reine Natur gibt es nicht.

Doch wo liegt das Optimum? Aus ökonomischer Sicht liegt es dort, wo der Nutzen für alle Betroffenen in der Summe maximal (respektive der Schaden minimal) ist. Würde eine zusätzliche Verschmutzung mehr Kosten vermeiden als Kosten verursachen, dann soll sie stattfinden – dann ist die Umwelt noch »unterverschmutzt«, wie das Larry Summers in seiner Weltbank-Notiz nannte. Dabei nimmt Coase an, dass weiteres Verschmutzen zunehmend mehr Kosten verursacht, aber immer weniger Nutzen bringt. Ökonomisch gesprochen: Der Netto-Grenznutzen der Verschmutzung nimmt ab. Es wird ein Punkt erreicht, wo der Netto-Grenznutzen gleich null ist. Dort liegt das Optimum.

Coase' Optimum ist das Optimum der Kosten-Nutzen-Analysen. Doch für Coase sind solche Analysen überflüssig: Das Optimum stellt sich automatisch ein, wenn nur alles dem Markt überlassen wird.

Stellen wir uns eine Modellwelt vor, die aus einem Fluss, einer Fabrik am Flussoberlauf und einem Fischer an seinem Unterlauf besteht. Der Fabrikherr will den Fluss nutzen, um Abwässer loszuwerden, der Fischer will fischen. Beide Nutzungen sind für Coase gleichermaßen legitim. Nehmen wir weiter an, es gebe in dieser Modellwelt keine Umweltgesetze. Es gebe kein explizites Recht auf sauberes Wasser, aber ein implizites Recht, den Fluss zum Abführen von Abwässern zu nutzen. In Coase' Welt kann der Fabrikherr dieses Recht verkaufen. Der Fischer kauft einen Teil des Rechts, banaler ausgedrückt: Er zahlt dem Fabrikherrn etwas dafür, dass dieser seine Abwässer teilweise reinigt. Die Abwässer ein bisschen zu reinigen, kostet wenig, bringt dem Fischer aber deutlich mehr Ertrag, weshalb das Geschäft für beide Seiten interessant ist. Jede weitere Abwasserreinigung kostet den Fabrikherrn etwas mehr, bringt dem Fischer aber etwas weniger Mehrertrag. Das Optimum wird sich dort einstellen, wo die Profite beider in der Summe am höchsten sind.

Wie Coase zeigt, käme es für die Umwelt auf dasselbe heraus, wenn ein Gesetz das Einleiten von Abwasser verböte. Nun müsste zwar nicht mehr der Fischer dem Fabrikherrn einen Teil seines Verschmutzungsrechts abkaufen, sondern der Fabrikherr dem Fischer ein Teil seines Rechts auf sauberes Wasser. Das Optimum der Verschmutzung läge aber am gleichen Punkt. Coase war deshalb gegen Umweltgesetze: Wenn ein Gesetz dasselbe bewirkt wie kein Gesetz, dann ist keines besser.

Es gibt Fälle, wo die coasesche Welt in der realen existiert. So hat die Stadt New York nach einer Trinkwasserknappheit im Jahr 1997 begonnen, in Umweltschutz in der Hudson-aufwärts gelegenen Catskill-Delaware-Region zu investieren.[157] Unter dem Clean Development Mechanism des Kioto-Protokolls zahlt eine Partei eine andere dafür, dass diese darauf verzichtet, Treibhausgase auszustoßen. Auch Biolandbau ist ein coasescher Handel: Konsumenten zahlen dem Produzenten einen Aufpreis dafür, dass dieser bei der Produktion die Umwelt schont.

In der Umwelt- und Entwicklungszusammenarbeit heißen solche Arrangements *Payments for Ecosystem Services*. In gewissen Bereichen und unter gewissen Rahmenbedingungen funktioniert das. Es fehlt aber die Evidenz, dass Payments for Ecosystem Services für sich alleine ihren Zweck erreichen, sagt Charles Palmer vom Institut für Umweltentscheidungen der ETH Zürich.[158]

Die Einwände gegen Coase sind ähnlich wie die gegen die Kosten-Nutzen-Analysen: Künftige Generationen haben keinen Zutritt zum Markt (die hohen Diskontraten der Kosten-Nutzen-Analysen werden hier real); arme Menschen sind billig; wer viel Macht hat, kann den Markt manipulieren.[159]

Ferner wird das coasesche Modell der ökologischen Realität nicht gerecht. Um das Optimum zu finden, muss sich der Markt an dieses herantasten können. Wenn der Fischer dem Fabrikherrn zu wenige

Verschmutzungsrechte abkauft und der Fischbestand zu sehr sinkt, wird der Fischer im folgenden Jahr mehr Rechte kaufen, bis das Optimum gefunden ist – so die Theorie. In der Realität erholt sich der Fischbestand aber nicht mehr, wenn er eine kritische Größe unterschritten hat. Mit solchen unumkehrbaren Prozessen können simple Marktmodelle nicht umgehen.

Besonders tückisch ist, dass in der coaseschen Welt perverse Anreize bestünden. Wenn der Fabrikherr vom Fischer Geld dafür erhält, dass er nicht verschmutzt, dann könnte das für andere den Anreiz schaffen, ebenfalls eine schmutzige Fabrik zu errichten, um dann beim Fischer die hohle Hand zu machen.

Wie auch immer: Die reale Wirtschaft ist, Coase hin oder her, unfähig, mit natürlichen Ressourcen schonend umzugehen. Diese Wirtschaft ist nach Marktmechanismen organisiert. Man könnte also folgern, dass der Markt für die Umweltzerstörung zumindest mitverantwortlich sei. (Dass die Planwirtschaften des 20. Jahrhunderts die Umwelt ebenso zerstörten, ändert daran nichts.)

Falsch, sagt nun Nicholas Stern: Der Klimawandel ist »das größte Marktversagen«. Nicht der Markt also ist verantwortlich, sondern sein Versagen. Funktionierte der Markt besser, hätten wir kein Klimaproblem. Wir brauchen nicht weniger Markt, sondern mehr.

Dieselbe Logik liegt dem Kioto-Protokoll zugrunde. »Das Kioto-Protokoll betrachtet den Klimawandel als ein Produktivitätsproblem: Man glaubt, die existierende Technik und die existierenden Marktarrangements würden die Atmosphäre ineffizient zur Ablagerung von Treibhausgasen nutzen«, schreiben John Byrne und Sun-Jin Yun vom Zentrum für Energie- und Umweltpolitik der Universität Delaware.[160]

»Ineffizient« ist die Nutzung der Umwelt, weil dabei Kosten anfallen, die nicht der Verursacher tragen muss. Der Verursacher wird sie also, zum Schaden der Allgemeinheit, nicht in seine eigene Kosten-Nutzen-Optimierung einbeziehen. In der Theorie des Marktliberalismus ist der Nutzen wirtschaftlicher Aktivität für die Allgemeinheit genau dann am höchsten, wenn jeder Einzelne seinen Eigennutzen maximiert. Externe Kosten widersetzen sich dem, deshalb gelten sie als Marktversagen. Der Markt versagte nicht mehr, würde man die externen Kosten »internalisieren«. Das ist die Idee des Emissionshandels: Das Einleiten von Treibhausgasen in die Atmosphäre darf nicht länger gratis sein.

Genau besehen, ist die Rede vom Marktversagen eine Tautologie (ein Zirkelschluss): Die Welt wird mit einem Modell erklärt, dem perfekten Markt. Auf dem perfekten Markt spielen coasesche Arrangements, die Wirtschaft schützt die Umwelt aus Eigennutz optimal. Wenn die Vorhersagen des Modells auf die Realität nicht zutreffen, wird das damit erklärt, dass die Realität (noch) kein perfekter Markt sei – dass sie nicht dem Modell entspreche. Dass die Welt nicht wie ein perfekter Markt funktioniert, wird damit erklärt, dass sie kein perfekter Markt ist. Die Katze beißt sich in den eigenen Schwanz; die Rede vom Marktversagen hat keinen Erkenntniswert.

Wie sähe der perfekte Markt aus? Das wäre ein Markt ohne Zwang, ohne Absprachen, ohne Monopole, ohne Korruption, ohne Begünstigung, ohne Subventionen und Zölle, ohne Insider und ohne nennenswerte Transaktionskosten: ein hoch idealistisches, realitätsfernes Konstrukt. Wer mit dem perfekten Markt argumentiert, geht nie das Risiko ein, von der Realität widerlegt zu werden.

Der deutsche Ökonom William Kapp (1910–1976), einer der Vorläufer der ökologischen Ökonomik, sah in den externen Kosten kein Marktversagen: In der Marktwirtschaft versucht jeder, seine Kosten zu minimieren. Wer seine Kosten auf die Allgemeinheit überwälzt, tut dies erfolgreich. Externe Kosten sind mithin kein Versagen des Marktes, sondern seine normale Folge.

Das Fazit lautet nicht, dass es falsch wäre, externe Kosten nach Möglichkeit zu internalisieren. Es lautet, dass das nicht genügt. Die Internalisierung aller Kosten würde, wenn sie denn gelänge, lediglich zu schwacher Nachhaltigkeit führen, in der die Zerstörung natürlicher Ressourcen weiterhin stattfände, sofern ihr größere Gewinne gegenüberständen.

Coase meinte, der perfekte Markt regle alles von alleine. Stern meint, die Politik müsse dem perfekten Markt auf die Sprünge helfen, indem sie externe Kosten internalisiere. Inwieweit ein Markt, der nur dank staatlicher Eingriffe richtig funktioniert, als freier Markt gelten kann, ist eine müßige Frage. Der Markt alleine wird's nicht richten, und man wird um gestaltendes Eingreifen der Politik nicht herumkommen.

Mit Steuergeld das Klima erwärmen
Vom Irrsinn der Subventionen

Genug der Marktkritik. Es gibt eine Maßnahme gegen den Klimawandel, die mit dem Marktliberalismus nicht nur kompatibel ist, sondern die geradezu eine seiner zentralen Forderungen erfüllt: Die Abschaffung klimaschädlicher Subventionen, namentlich aller Subventionen auf fossile Energieträger. Diese Maßnahme kann das Problem nicht lösen, wäre aber ein großer Schritt in die richtige Richtung.

Deshalb fordert das Kioto-Protokoll (das wird oft übersehen, weil das Protokoll auf die Einrichtung des Emissionsmarktes reduziert wird): »Marktverzerrungen, steuerliche Anreize, Steuer- und Zollbefreiungen und Subventionen, die im Widerspruch zum Ziel des Übereinkommens stehen, sind zu verringern oder schrittweise abzuschaffen.«[161] Die OECD fordert in ihrem »Umweltausblick« vom März 2008, klimaschädliche Subventionen zu eliminieren.[162] Das wäre für sich allein genommen schon wirkungsvoller als die Cap-and-Trade-Bestimmungen des Kioto-Protokolls, wie dieselbe Organisation 1998 schätzte: Die Abschaffung der Subventionen würde die Treibhausgas-Emissionen ohne negative Folgen für das Wirtschaftswachstum um achtzehn Prozent senken.[163] Die weltgrößte Subventionsagentur, die Weltbank, scheint sich das zu Herzen genommen zu haben, denn sie schrieb 2004: »Die Weltbankgruppe sollte Investitionen in die Ölförderung bis 2008 auslaufen lassen und ihre knappen Ressourcen der Entwicklung erneuerbarer Energieressourcen widmen.«[164]

Doch was geschah? Drei Viertel aller Kredite, die die Weltbank 2007 im Energiesektor gewährte, gingen an die fossilen Energieträger, nur fünf Prozent an erneuerbare Energien. Von 2006 bis 2007 verdoppelte die Weltbankgruppe ihre Kredite an Öl-, Gas- und Kohleprojekte annähernd. Die International Finance Corporation (IFC), die Weltbank-Abteilung für den privaten Sektor, gewährte 2007 645 Millionen Dollar Kredite an Öl- und Gasunternehmen, 40 Prozent mehr als im Vorjahr. Dabei waren diese Kredite schon von 2005 bis 2006 um 77 Prozent (Öl) respektive 53 Prozent (Gas) gestiegen. Alles in allem hat die Weltbank die fossilen Energieträger zwischen 2000 und 2007 mit 8 Milliarden Dollar unterstützt.[165] Und es geht so weiter: Im Februar 2008 gewährte die IFC – mit Unterstützung der deutschen Bundesregierung – einen 300-Millionen-Dollar-Kredit für das Erdgasprojekt Camisea II mitten im peruanischen Amazonas-Urwald.[166]

1999 hat die Weltbank den Prototype Carbon Fund ins Leben gerufen, um »pionierhaft Märkte für projektorientierte Treibhausgas-Reduktionen und nachhaltige Entwicklung zu fördern«.[167] Im Vergleich zu den Summen, mit der die Weltbank fossile Energieträger unterstützte, hat dieser Fonds mit 180 Millionen Dollar ein sehr bescheidenes Kapital. Doch auch dieses Geld kommt in erster Linie Konzernen zugute, die im Energiesektor, in der Automobilherstellung oder in energieintensiven Industrien tätig sind: Der Fonds finanziert Projekte unter den Handelsmechanismen des Kioto-Protokolls (Clean Development Mechanism und Joint Implementation); die größten Kreditnehmer sind, in dieser Reihenfolge, der Mischkonzern Mitsui (unter anderem Stahl- und chemische Industrie), BP (Erdöl), Mitsubishi (Automobile), die Deutsche Bank, Gaz de France und RWE (Energie) sowie Statoil (Erdöl).[168]

Aber nicht nur die Weltbank subventioniert die Klimaerwärmung. Die Organisation Oil Change International schätzt, dass von 2000 bis 2007 weltweit mindestens 61 Milliarden öffentlicher Gelder in die Öl- und Gasförderung flossen.[169] Am meisten Geld kam von der EU (16,5 Milliarden) und den USA (15,6 Milliarden). Diese Schätzung umfasst nur internationale Zahlungen. Die weltweiten Inlandsubventionen schätzte der Stern-Bericht von 2006 auf weitere 250 Milliarden Dollar pro Jahr.[170] So zahlt beispielsweise Deutschland jährlich rund 2,6 Milliarden Euro an den Kohleabbau durch die RAG

Aktiengesellschaft für den Kohleabbau. Das bedeutet, dass jeder Arbeitsplatz im Kohlebergbau mit durchschnittlich 57 000 Euro pro Jahr subventioniert wird.* Britische Kohleunternehmen haben von 2000 bis 2007 280 Millionen Euro Subventionen erhalten.

Ebenfalls nicht berücksichtigt in den Schätzungen von Oil Change International sind die Kosten militärischer Operationen zur Sicherung von Öl. Solche Schätzungen sind besonders heikel, denn die Kosten militärischer Bereitschaft oder die Kosten von Kriegen lassen sich in der Regel nicht eindeutig einem bestimmten Zweck zuordnen. Ging es im Krieg der USA gegen den Irak nur um Erdöl, hauptsächlich um Erdöl oder nebenbei um Erdöl? Zu wie viel Prozent war der Bürgerkrieg im Süden des Sudan dem Streit um Erdöl zuzuschreiben, und wie sehr ist der Völkermord im Darfur mit dem Krieg im Süden verhängt?

Das International Center for Technology Assessment (ICTA) versuchte 2005, die US-amerikanischen Ausgaben zur Sicherung der Öl- und Gasversorgung abzuschätzen.[171] Es kam auf einen Betrag von 78 bis 158 Milliarden Dollar, worin Ausgaben auf Bundes-, Staaten- und Gemeindeebene enthalten sind. Unter anderem rechnete das ICTA ein Drittel der Kosten des Irakkriegs (nur der Kosten für die USA, nicht für die irakische Bevölkerung) als Erdölsubventionen; ausgehend von einer konservativen Kostenschätzung** kam es so auf 8,6 bis 14,6 Milliarden Dollar militärischer Erdölsubventionen durch diesen Krieg.

---

* Die Bundesregierung hat sich mit den betroffenen Bundesländern geeinigt, diese Zahlungen bis 2018 auslaufen zu lassen, was das Ende des Kohlebergbaus im Ruhrgebiet bedeuten wird.

** Der ehemalige Weltbank-Chefökonom Joseph Stiglitz sagte gegenüber der Wirtschaftsnachrichtenagentur Bloomberg am 1. März 2008, er schätze die Gesamtkosten des Irakkriegs auf 3 bis 5 Billionen Dollar. Das Joint Economic Committee des US-Kongresses schätzte die Gesamtkosten im Februar 2008 auf 2 Billionen.

Aber nicht nur die fossilen Brennstoffe als solche, sondern auch deren Anwendungen werden weltweit massiv subventioniert: in erster Linie die Straßeninfrastruktur; weiter die Luft- und Seefahrt; energieintensive Industrien wie die Metallverarbeitung; eine Landwirtschaft, die auf intensivem Energie- und Düngereinsatz basiert; öffentlicher Verkehr und so weiter.

Nicholas Stern hat in seinem Bericht von 2006 geschätzt, es koste ein Prozent des weltweiten Bruttoinlandprodukts, wenn man den Klimawandel auf ein erträgliches Maß begrenzen wolle. Das wären derzeit 410 Milliarden Dollar pro Jahr. Die klimaschädigenden Subventionen betragen ein Mehrfaches davon. An der Klimakonferenz in Bali im Dezember 2007 wurde beschlossen, einen Fonds einzurichten, der den armen Ländern helfen soll, sich an den Klimawandel anzupassen. Dieser soll bis 2012 eine halbe Milliarde Dollar umfassen – das ließe sich aus der Subventions-Portokasse zahlen.

Besonders widersinnig ist es, wenn Subventionen, die im Namen des Kampfs gegen den Klimawandel ausgerichtet werden, in den Taschen der Klimaschädiger landen. Das geschieht derzeit in großem und schnell steigendem Ausmaß bei den Treibstoffen aus Biomasse.

Die Global Subsidies Initiative hat 2006 und 2007 vier gut dokumentierte Studien über solche Subventionen in verschiedenen Staaten publiziert. Ein leichtes Unterfangen war das nicht: Die Subventionen stammen aus verschiedenen Töpfen und sind oft versteckt.

Es fließen enorme Beträge. Wer in den USA pro Jahr 24 000 Kilometer mit dem Auto zurücklegt und dieses mit dem Benzin-Ethanol-Gemisch E85 betankt, kostet den Steuerzahler jährlich im Schnitt 520 Dollar.[172] Die USA subventionieren die Treibstoffe vom Acker, in absoluten Zahlen, mit Abstand am stärksten: 5 bis 7 Milliarden Dollar jährlich, schätzt die Global Subsidies Initiative, betragen die Subventionen, wobei sie schnell wachsen und bald zweistellige Milliardenbeträge erreichen werden.

In der Schweiz, dem zweiten Land, das die Organisation unter die Lupe nahm, wird erst wenig Treibstoff aus Pflanzen getankt. Pro Liter Treibstoff allerdings zahlt die Schweiz noch höhere Subventionen als die USA: Je nach Treibstoff (Ethanol oder Diesel) und Ausgangsmaterial kommen die Subventionen auf 73 Rappen bis 1.11 Franken (45 bis 70 Euro-Cent) zu stehen.[173] Zu diesen Resultaten tragen einerseits Agrarsubventionen bei, andererseits eine vorerst auf Pilotanlagen beschränkte Steuerbefreiung.*

Am 10. Februar 2007 fragte die Boulevardzeitung *Blick* die Präsidenten der großen Parteien der Schweiz nach ihren Mobilitätsgewohnheiten. Christophe Darbellay, Präsident der Christlichdemokratischen Volkspartei, bekannte, einen schweren Offroader zu fahren. Da er in den Bergen wohne, brauche er seinen BMW X3. Das Klima aber müsse deswegen nicht leiden: »Ich tanke nur CO_2-neutralen Rapsdiesel.« 40000 Kilometer legt Darbellay im Jahr zurück, wofür der X3 laut Herstellerangaben 3800 Liter Diesel verbraucht. Darbellays gutes Gewissen kostet die Schweizer Steuerzahler somit 4000 Franken (2500 Euro) pro Jahr. Selbst wenn man annimmt, dass damit das Klima tatsächlich geschont würde, lohnen sich die Subventionen nicht, sagt die Studie der Global Subsidies Initiative: Die Vermeidung von CO_2 koste auf diese Weise zwischen 250 und 1750 Euro pro Tonne – das Vielfache dessen, was andere Maßnahmen kosten.

In der EU wird der Liter Diesel aus Biomasse mit durchschnittlich 50, der Liter Ethanol mit 74 Cent subventioniert. Alle EU-Staaten zusammen zahlten 2006 3,7 Milliarden Euro[174], alle OECD-Staaten zusammen 11 Milliarden Dollar Subventionen[175] an Treibstoffe aus Biomasse.

---

* Nach Erscheinen der Studie der Global Subsidies Initiative ist in der Schweiz das revidierte Mineralölsteuergesetz in Kraft getreten, das noch weitere Steuerbefreiungen vorsieht. Wer eine Steuerbefreiung beantragt, muss allerdings nachweisen können, dass seine Treibstoffe eine »positive ökologische Gesamtbilanz« aufweisen. Noch ist fraglich, ob ein Treibstoff aus Biomasse, der nicht aus biologischen Abfällen gewonnen wird, diese Bedingung wird erfüllen können.

Wer immer sich mit liberalen Argumenten gegen Staatsinterventionen zum Klimaschutz wehrt oder zur Lösung des Problems vor allem auf den Markt setzt, müsste sich für die Abschaffung der Subventionen stark machen. Doch das geschieht nur punktuell. Die eigenen Pfründen (oder die der eigenen Klientel) sind den meisten eben doch näher als eine stringente Ideologie.

Kein unerwünschtes Nebenprodukt
Weshalb CO_2 sich nicht wegzaubern lässt

Robert Rabinowitz, Direktor der CO_2-Börse Climate Exchange (Europe), lobt den Schwefeldioxidhandel der USA: Dieser habe eine Reduktion des Schwefeldioxid-Ausstoßes von Kraftwerken bei gleichzeitig steigender Stromproduktion bewirkt.[176]

So soll das auch mit dem CO_2 gehen, lautete die implizite Botschaft von Rabinowitz' Aussage: mehr fossile Energieträger verbrennen und gleichzeitig weniger CO_2 produzieren. Die Idee, dass dies bei geeigneter Technik möglich sei, scheint weit verbreitet. Sie ist ja auch attraktiv. Aber sie ist falsch. Denn CO_2 ist nicht Schwefeldioxid. Schwefeldioxid ist ein unerwünschtes Nebenprodukt der Verbrennung von Öl und Kohle. Es lässt sich vermeiden, wenn Öl und Kohle vorgängig entschwefelt werden. Andere unerwünschte Nebenprodukte lassen sich aus den Abgasen filtern (Feinstäube) oder mit Katalysatoren in unschädliche Stoffe umwandeln (Stickoxide). CO_2 aber – so unerwünscht es in der Atmosphäre ist – ist kein unerwünschtes Nebenprodukt der Verbrennung, sondern ihr Hauptprodukt. Energie wird frei, indem Kohlenstoff zu CO_2 verbrennt (respektive Kohlenwasserstoffe zu CO_2 und Wasser). Man kann den Kohlenstoff nicht aus den fossilen Brennstoffen entfernen.

Aber kann nicht CO_2 aus den Abgasen abgeschieden werden? Doch: Daran wird gearbeitet – und an einigen weiteren Ideen, wie man weniger Klimaerwärmung bei steigendem Brennstoffverbrauch haben könnte.

Betrachten wir einige dieser Ideen.

Die meistdiskutierte und bei Politikern beliebte Idee heißt: CO_2 abscheiden und entsorgen *(carbon capture and storage)*. Das erste »CO_2-freie« Braunkohlekraftwerk – eine kleine Pilotanlage von 30 Megawatt Leistung – baut der schwedische Energiekonzern Vattenfall am Standort Schwarze Pumpe in der Lausitz (Brandenburg). Vattenfall will das CO_2 aus seinem Kraftwerk in porösem Sandstein in tausend Meter Tiefe entsorgen. Die Technik soll bis 2020 marktreif sein. Eine andere Möglichkeit besteht darin, CO_2 in die leeren Kavernen zu pumpen, aus denen das Erdöl gefördert wurde. Diese Idee stammt aus der Erdölförderung selber und diente ursprünglich dazu, letzte Ölmengen aus der Kaverne herauszupressen. Vor der norwegischen Küste haben Shell und Statoil Versuche unternommen, CO_2 in Gesteinsschichten am Meeresgrund zu entsorgen; wegen der hohen Kosten wurden die Versuche abgebrochen. Auch BP ist aus Projekten zur CO_2-Speicherung ausgestiegen.

Ob eine dauerhafte sichere Endlagerung von CO_2 möglich ist, ist offen. Der Umstand, dass CO_2 sich mit Wasser zu Kohlensäure verbindet, schafft zusätzliche Schwierigkeiten, denn Säure zersetzt kalkhaltiges Gestein. Es gibt aber einen sicheren Ausweg: CO_2 kann in unschädlichen Mineralsalzen gebunden werden, beispielsweise in Magnesit ($MgCO_3$). Dazu werden zwar riesige Mengen Magnesium benötigt, die in der Natur aber beispielsweise in Form von Olivin (Mg_2SiO_4) reichlich vorhanden sind.

In Kraftwerken der Firma Greenfuel in Arizona übernehmen Algen die Aufgabe, das CO_2 abzuscheiden. Die Abgase werden in geschlossene Wassertanks neben dem Kraftwerk geleitet, in denen sich Algenkulturen befinden. Für diese ist CO_2 Dünger, sie wachsen schnell und geben Biomasse zur Herstellung von Automobiltreibstoffen (Ethanol und Diesel) her. Rund 80 Prozent des CO_2 aus den Abgasen nehmen die Algen nach Angaben des Betreibers auf. Das Kraftwerk entlässt also nur ein Fünftel der CO_2-Menge eines konventionellen fossilen Kraftwerks derselben Leistung in die Atmosphäre.

Eine weitere Möglichkeit, das Treibhaus zu entlasten, sind Aufforstungen: Pflanzen nutzen Sonnenenergie, um der Atmosphäre CO_2 zu entziehen. Verschiedene Anbieter von Treibhausgas-»Kompensationen« bieten Aufforstungen an; das Kioto-Protokoll gibt den

Ländern die Möglichkeit, sich Änderungen des Waldbestandes anrechnen zu lassen.

Was Bäume an Land tun, tun Algen in den Meeren. Düngt man die Meere, wachsen mehr Algen, die CO_2 aufnehmen. Die kalifornische Firma Planktos, Anbieterin von CO_2-»Kompensationen«, hat im November 2007 ein Forschungsschiff losgeschickt, um in der Region der Galápagos-Inseln Versuche mit der Eisendüngung zu unternehmen. Die philippinische Regierung hat der australischen Ocean Nourishment Corporation[177] die Bewilligung für Düngungsversuche mit Stickstoff erteilt. James Lovelock regte 2007 in einem Brief an das Wissenschaftsmagazin *Nature* an, die Düngung dadurch zu erreichen, dass nährstoffreiches Wasser aus den Meerestiefen durch Röhren mit Ventilen an die Meersoberfläche gebracht wird. Lovelock ist eine wichtige Figur der Umweltbewegung: Er hat in den 1960er-Jahren die Gaia-Hypothese entwickelt, welche die Erde als einen Organismus zu verstehen sucht.

Solche gezielten Großeingriffe in die Biosphäre zum Zweck des Klimaschutzes werden unter dem Begriff *Geo-Engineering* diskutiert. Statt in der Biosphäre wollen andere Geo-Engineering-Vorschläge in der Atmosphäre ansetzen. Der deutsche Atmosphärenchemiker Paul Crutzen hat 2006 vorgeschlagen, Schwefeldioxid in die oberen Atmosphärenschichten (Stratosphäre) zu spritzen. Dieses soll Sonnenlicht ins All zurückstrahlen, wodurch die Erde wieder auf vorindustrielles Niveau abkühlte. Auch Crutzen ist eine wichtige Figur der Umweltbewegung. Er erhielt 1995 den Chemienobelpreis für seine Arbeiten, die zur Entdeckung des Ozonlochs geführt hatten. Der Astronom Roger Angel von der University of Arizona will dasselbe wie Crutzen mit Myriaden kleiner Spiegel statt mit Schwefeldioxid tun.

Was ist von all diesen Vorschlägen zu halten? Können sie einen nennenswerten Beitrag zur Lösung des Klimaproblems leisten? Das eher technikgläubige IPCC rät in seinem jüngsten Bericht vom Herumbasteln am Klima ab: »Möglichkeiten zu großmaßstäblichen Eingriffen in natürliche Vorgänge, wie zum Beispiel die Düngung von Ozeanen, um CO_2 direkt aus der Luft zu entfernen, oder die Schwächung von Sonnenlicht durch die Ausbringung von Material in der oberen Atmosphäre, bleiben weitgehend spekulativ und unbewiesen sowie mit dem Risiko von unbekannten Nebenwirkungen behaftet.«[178] Geo-Engineering versucht, der Technikfolge Klimaerwärmung mit neuen Techniken zu begegnen, die unabsehbare Risiken in neuen Dimensionen bergen. Die Missbrauchsgefahr wäre enorm. Im Vorschlag Crutzens sahen Beobachter, die Crutzen kennen, vor allem einen Schrei der Verzweiflung.

Vor den Versuchen, das Meer zu düngen, warnen Meeresbiologen und Umweltschützer eindringlich. Zu den Mahnern gehören die Internationale Schifffahrtsorganisation IMO und die Welt-Naturschutzunion IUCN. Meeresbiologische Studien lassen daran zweifeln, ob die Düngung des Ozeans tatsächlich dazu beiträgt, den Treibhauseffekt zu mildern.[179]

Die Endlagerung von CO_2 als solches birgt ebenfalls unabsehbare Risiken. Ähnlich wie radioaktive Abfälle müsste CO_2 quasi auf ewig sicher entsorgt werden. Die Grenzen des Carbon Capture and Storage liegen aber vor allem in den Größenordnungen begründet. »CO_2 abscheiden« weckt einen falschen Eindruck, schließlich wird hier nicht irgendein Nebenprodukt aus den Abgasen gefiltert, sondern deren Hauptbestandteil. Wollte man nur fünfzehn Prozent des weltweiten CO_2-Ausstoßes abfangen, dann müsste man eine Menge CO_2 entsorgen, die dem heutigen weltweiten Erdölverbrauch entspricht. Diese Mengen müssten von den Kraftwerken zu den Lagerstätten transportiert werden man brauchte eine gigantische Transportinfrastruktur.

Durch die Bindung von CO_2 an Mineralien wäre das Problem der sicheren Endlagerung gelöst. Nur müssten nun noch viel größere Massen bewegt werden: Aus einer Tonne CO_2 werden vier Tonnen Magnesit, dazu werden drei Tonnen Olivin als mineralischer Rohstoff benötigt. Die Abscheidung des CO_2 und seine Umwandlung in Magnesit fressen die Hälfte der elektrischen Energie weg, die ein fossiles Kraftwerk erzeugt; man brauchte also für dieselbe Leistung doppelt so viel Brennstoff.[180] Die Schätzungen, wie viel das kosten dürfte, gehen weit auseinander. Dass große Erdölkonzerne aus Kostengründen aus entsprechenden Projekten ausgestiegen sind, lässt eine baldige kommerzielle Anwendbarkeit nicht erwarten. Vor 2020 steht die Technik nach Angaben derer, die daran arbeiten, sowieso nicht bereit.

Auch das Algenkraftwerk verliert seinen Glanz, wenn man zu rechnen beginnt. Zwar stößt dieses (theoretisch) nur ein Fünftel der CO_2-Menge eines herkömmlichen Kraftwerks gleicher Leistung aus. Dazu braucht es aber großflächige Algenkulturen: rund achtzig Hektar Algenplantagen pro Megawatt elektrischer Leistung. Das ist im Vergleich zu anderen Arten der Energiegewinnung aus Biomasse eine relativ gute Flächenproduktivität. Eine solarthermische Anlage könnte auf achtzig Hektaren aber die achtfache Leistung bringen – ganz ohne fossile Brennstoffe.

Bleiben die Aufforstungen. Zunächst einmal müsste es natürlich darum gehen, die Entwaldung zu stoppen, die laut IPCC für ein Fünftel des menschengemachten Treibhauseffekts verantwortlich ist. Aber davon abgesehen: Kann der Klimawandel durch das Anpflanzen von Bäumen gebremst werden? Es ist schwierig, das abzuschätzen: Zu wenig sind die Stoffflüsse von Pflanzen erforscht. Werden Wälder auf bisher ungenutztes Land gepflanzt, so setzt die Pflanzung zunächst einmal große Mengen verschiedener Treibhausgase frei, die im Boden gebunden waren. Wird das Wachstum der Bäume durch Dünger gefördert, entstehen Treibhausgase. Ökologisch sind Aufforstungen problematisch, denn in der Regel handelt es sich dabei nicht um wirkliche Wälder, sondern um Eukalyptus- oder Nadelholz-Monokulturen. Firmen wie Shell oder Toyota werkeln an gentechnisch »optimierten« Bäumen (vor allem Pappeln), die der Atmosphäre besonders viel CO_2 entziehen sollen.

Ich will versuchen, den Flächenbedarf wenigstens grob abzuschätzen. In Deutschland beträgt der Holzzuwachs im Wald pro Jahr im

Durchschnitt aller Baumarten 12,1 Kubikmeter pro Hektar.[181] Diese Holzmenge bindet rund 5 Tonnen Kohlenstoff, das entspricht 18 Tonnen CO_2. Um den jährlichen Ausstoß Deutschlands aus der Atmosphäre zu entfernen, wäre ein Wald von einer halben Million Quadratkilometern nötig, das Anderthalbfache der Fläche Deutschlands. Dieser Wald entzöge der Atmosphäre aber nur so lange CO_2, wie er wüchse. Sobald er ausgewachsen wäre, müsste ein zweiter, gleich großer Wald aufgeforstet werden, und der erste Wald müsse erhalten bleiben. Die Carbon Neutral Company, ein Anbieter von CO_2-»Kompensationen«, rechnet mit 18 Bäumen pro Tonne CO_2.[182] Im Durchschnitt müsste also jeder Deutsche Jahr für Jahr 200 Bäume pflanzen, fast einen pro Arbeitstag, um dafür zu sorgen, dass die gepflanzte Waldfläche dauerhaft erhalten bleibt.

Die Aufforstungen, die im Namen des Klimaschutzes bereits stattfinden, stehen mit anderen Flächennutzungen in Konkurrenz – genau wie der Anbau von Energiepflanzen. Der norwegische Journalist Harald Eraker hat im Jahr 2000 über Baumpflanzungen der norwegischen Firma Tree Farms in Uganda recherchiert. Mit diesen Pflanzungen sollten die Emissionen norwegischer Erdgaskraftwerke »kompensiert« werden. Tree Farms zahlte der ugandischen Regierung lächerlich geringe Pachtbeträge, um Land für seine Plantagen nutzen zu können. Die Flächen, welche die Regierung zur Verfügung stellte, waren aber bewohnt. Eraker zitiert den CEO von Tree Farms Odd Ivar Løvhaugen mit den Worten: »Wer immer auf unserem Land lebt, ist ein illegaler Eindringling. Aber wir wollen die dreckige Aufgabe nicht übernehmen, diese Menschen zu vertreiben. Wir haben den Waldbehörden deutlich gesagt, dass das ihre Aufgabe sei.«[183]

Es gibt keine Hintertür, CO_2 elegant loszuwerden. Aber der Glaube, dass diese Hintertür existiere, wirkt bereits. Nicht nur in Deutschland rechtfertigen Politiker wie Energieunternehmen den Bau neuer Kohlekraftwerke damit, dass das CO_2 ja abgeschieden werden könne. CO_2-Abscheidung und Geo-Engineering bringen bis dato keine

Entlastung für den Treibhausefffekt, aber sie dienen heute bereits als Ausrede, so weiterzumachen wie bisher.

CO_2 ist nicht Schwefeldioxid. Schwefeldioxid lässt sich verhindern, indem man Erdöl und Kohle entschwefelt. Beim CO_2 aber führt nichts daran vorbei: Es kommt nur dann weniger hinten raus, wenn weniger vorne reingeht.

»Klimaschutz« kann Ihr Klima gefährden
Treibhausgas-»Kompensationen«

Treibhausgas-Emissionen lassen sich »kompensieren«. Der Clean Development Mechanism (CDM) des Kioto-Protokolls erlaubt den Ländern, die einer Emissionsbegrenzung unterliegen, mehr Treibhausgase auszustoßen, wenn sie dafür sorgen, dass die entsprechende Menge Treibhausgase in einem anderen Land eingespart wird. Auch der einzelne Konsument kann »kompensieren«: Fluggesellschaften bieten gegen einen kleinen Aufpreis »CO_2-neutrale« Flüge an und Kurorte »CO_2-neutrale« Winterferien. Anbieter wie die deutsche Atmosfair oder die Schweizer MyClimate – eine mittlerweile de facto von Lufthansa übernommene Stiftung – ermöglichen es jedem, die Klimaschuld seiner Ferienflüge oder Autofahrten zu begleichen. Auch immer mehr Unternehmen und ganze Staaten werden »klimaneutral«, indem sie ihre Emissionen »kompensieren«.

Konkret sieht das beispielsweise so aus: In einer Mülldeponie entsteht das Treibhausgas Methan, das bis anhin in die Luft entwich. Die Deponie wird nun saniert, sodass das Methan aufgefangen werden kann. In einem deponieeigenen Gaskraftwerk wird das Methan zu CO_2 verbrannt, welches 21-mal weniger treibhausaktiv ist, und mit der dabei frei werdenden Energie wird Strom produziert.

So weit ist das Beschriebene ein Klimaschutzprojekt, das bewirkt, dass weniger Treibhausgase in die Atmosphäre gelangen als zuvor. Wenn die Deponiebetreiber diese Einsparungen zertifizieren lassen und die Zertifikate verkaufen, wird die Deponiesanierung zu einem Teil des Emissionshandels. Das bringt den Betreibern Geld, mit dem sie die Sanierung finanzieren können, und die Käufer dürfen sich die zertifizierten Einsparungen gutschreiben lassen – sei es, um ihre Verpflichtungen aus dem Kioto-Protokoll oder andere Vorschriften zu erfüllen, sei es, um freiwillig die eigene CO_2-Bilanz aufbessern zu wollen.

Das Klimaschutzprojekt hört damit aber auf, eines zu sein: Indem sich der Käufer die zertifizierten Einsparungen gutschreiben lässt, darf er selber genauso viel zusätzlich ausstoßen. »Kompensationen« sind, wenn sie gemäß Theorie funktionieren, ein Nullsummenspiel – wie jeder Emissionshandel. Es hat sich freilich der Sprachgebrauch eingebürgert, solche Projekte weiterhin »Klimaschutzprojekte« zu nennen, während beispielsweise der Flug, der seine Emissionen damit »kompensiert«, »klimaneutral« heißen darf: Das ist Marketing, so belügt man sich selbst.

Einige Kritiker nennen solche Geschäfte »Ablasshandel«. Ich mag den moralisierenden Vergleich mit den Praktiken der mittelalterlichen katholischen Kirche nicht. Doch eine Parallele zwischen dem Clean Development Mechanism und dem Ablasshandel ist tatsächlich bemerkenswert: Ablässe waren ursprünglich Bußleistungen der Gläubigen, die schließlich zu einer käuflichen Ware pervertierten. Der CDM geht auf einen Vorschlag zurück, den Brasilien mit Unterstützung Chinas und anderer Schwellen- und Entwicklungsländer (G-77) eingebracht hatte. Staaten, die ihre Verpflichtungen verfehlen, sollten eine Buße zahlen, und mit dem Geld sollten nachhaltige Energieprojekte in Entwicklungsländern unterstützt werden. In den Verhandlungen wurde aus den Bußen Preise, aus Strafzahlungen ein Markt.[184]

Was geschieht, wenn man Emissionen »kompensiert«? Die Idee ist simpel, man kennt sie beispielsweise aus dem Waldschutz: Viele Staaten sehen vor, dass Wälder nur gerodet werden dürfen, wenn die gleiche Fläche Wald woanders wieder aufgeforstet wird. Die Gesamtfläche bleibt so erhalten. Diese Idee wird nun auf die Treibhausgase übertragen.

Allerdings besteht ein bedeutender Unterschied, ob es um Waldflächen geht oder um Treibhausgas-Emissionen. Im ersten Fall wird ein Wald, der tatsächlich existiert und gerodet werden soll, kompensiert durch einen Wald, der tatsächlich aufgeforstet wird. Richtiger Wald ersetzt richtigen Wald. Im zweiten Fall werden Treibhausgase, die tatsächlich ausgestoßen werden, »kompensiert« durch Treibhausgase, die vermieden werden – die aber mutmaßlich ausgestoßen worden wären, wenn die »Kompensation« nicht stattgefunden hätte. Hypothetische Reduktionen werden zu realen Emissionen.

Solches Rechnen mit hypothetischen Einsparungen ist kompliziert. Aber auch dieser Gedanke ist im Alltag vertraut: Es ist dasselbe, wie wenn jemand sagt, er fahre »der Umwelt zuliebe« mit der Bahn zur Arbeit. Natürlich belastet auch die Bahnfahrt die Umwelt. Aber in dem Satz steckt die Aussage: »*Eigentlich* würde ich mit dem Auto zur Arbeit fahren.« Was man der Umwelt »zuliebe« tut, ist die Differenz zwischen der Umweltbelastung der tatsächlichen Bahnfahrt und der Umweltbelastung der hypothetischen Autofahrt. Wer »kompensiert«, bezahlt jemand anderen dafür, auf die Autofahrt zu verzichten, statt es selber zu tun.

Um mit Treibhausgas-Reduktionen handeln zu können, muss man wissen, wie viel Treibhausgase ein Projekt reduziert. Das wird berechnet, indem man tatsächliche Emissionen mit einem Basisszenario vergleicht. Das Basisszenario ist die Welt, wie sie mutmaßlich aussähe, wenn es das Projekt nicht gäbe. Beim oben genannten CDM-Projekt heißt das: Man weiß, wie viel Methan der Deponie vor der Sanierung entwich und wie viel Abfall neu angeliefert wird. Daraus lässt sich berechnen, wie viel Methan der Deponie weiterhin entweichen würde, wenn sie nicht saniert worden wäre. Dem gegenüber misst man, wie viel Treibhausgase in der Deponie nach der Sanierung entweicht.

Doch nun wird's heikel. Das deponieeigene Kraftwerk produziert nämlich auch noch Strom. Nun nimmt man an, dass dieser Strom nicht mehr anderweitig produziert werden muss und dass deshalb noch einmal Emissionen eingespart werden, welche dem Projekt ebenfalls angerechnet werden. Man nimmt an, dass mit jeder Kilowattstunde, die so produziert wird, eine Kilowattstunde aus konventioneller Produktion überflüssig wird.

Wie ich weiter oben erläutert habe, ist die Annahme der vollständigen Substitution aber falsch. Der Strom aus dem Abfalldeponie-

Kraftwerk ist zunächst einmal eine *zusätzliche* Energiequelle, die die lokale Wirtschaft stimuliert. Auch Projekte, die die Energieeffizienz steigern, können die Wirtschaft ankurbeln. Solche Rebound-Effekte werden bei der Berechnung der Reduktion ignoriert.

Axel Michaelowa, Gutachter des CDM-Aufsichtsrats und IPCC-Hauptautor, findet es legitim, dass die indirekte, stimulierende Wirkung von »Kompensationsprojekten« auf die lokale Wirtschaft bei der Projektbewertung ignoriert wird. Es sei nämlich durchaus beabsichtigt, dass CDM-Projekte die lokale Wirtschaft in den Entwicklungsländern ankurbelten. Man wolle diesen Ländern Wirtschaftswachstum zugestehen.

Anspruch auf Wirtschaftswachstum, selbst wenn dieses Mehremissionen verursacht, kann zweifellos Madagaskar anmelden: Pro Kopf und Jahr stößt dieses Land nur 0,14 Tonnen CO_2 aus.[185] MyClimate hat dort ein Projekt für den freiwilligen Markt lanciert: Die Nonprofit-Organisation baut eine Windkraftanlage auf, die Dieselgeneratoren überflüssig machen soll. Damit wird gleichzeitig die Stromknappheit reduziert und die lokale Wirtschaft angekurbelt.

Als Entwicklungsprojekt ist das sinnvoll. Und doch ist der damit verbundene Handel eine Verdrehung der Idee einer Klimagerechtigkeit. Gerecht wäre, wenn das Wachstum derer, die zu wenig haben, kompensiert würde durch den Verzicht derer, die zu viel haben. Wenn wir in den reichen Ländern weniger fliegen würden, damit die madegassische Wirtschaft wachsen kann. Hier geschieht das Umgekehrte: Das Projekt in Madagaskar ermöglicht den MyClimate-Kunden hierzulande, mit gutem Gewissen zu fliegen.

Wer mit (erkauftem) gutem Gewissen fliegt, fliegt deswegen vielleicht einmal mehr. Auch das wäre eine indirekte Wirkung des »Klimaschutzprojekts« – eine psychologische. Ein Beispiel für eine politische indirekte Wirkung ist die Schweizer Stiftung Klimarappen. Diese ist von den Wirtschaftsverbänden unter Führung der Erdölvereinigung gegründet worden mit dem Ziel, eine Lenkungsabgabe auf Benzin und Diesel abzuwenden. Sie hat mit der schweizerischen Regierung einen Vertrag abgeschlossen: Wenn sie genügend Treibhausgase »kompensiert«, verzichtet die Regierung auf die Einführung der Abgabe. Ein »Klimaschutzprojekt«, das Zertifikate an die Stiftung Klimarappen verkauft, hilft somit, eine politische Klimaschutzmaßnahme zu verhindern.

All diese indirekten Wirkungen müssten erfasst werden, wenn man eine wirkliche Kompensation erreichen möchte. Das geschieht aber nicht; es wäre auch gar nicht möglich. Solange es um den freiwilligen Markt geht, kann man sagen: Selbst ein überbewertetes Projekt ist besser als nichts, wenn das Projekt an sich sinnvoll ist. Im Rahmen von Cap-and-Trade-Regelungen ist das anders. Denn hier werden die Reduktionszertifikate in Emissionsrechte umgewandelt, die es sonst nicht gäbe. Jedes CDM-Projekt, das nicht hält, was es verspricht, sorgt für Mehremissionen. »Klimaschutz« belastet das Klima.

Natürlich ist auch denkbar, dass ein CDM-Projekt unterbewertet ist, was dann dem Klima zugutekäme. Damit ist aber nicht zu rechnen. Das liegt an der Interessenlage der am Handel Beteiligten. Denn ein Handel mit Zertifikaten unterscheidet sich von einem Handel mit Äpfeln. Wer vom Händler vier Äpfel verlangt und diese auch bezahlt, wird sich nicht mit drei Äpfeln zufriedengeben. Beim Zertifikatehandel jedoch ist der Käufer nicht an den Äpfeln interessiert, sondern an der Quittung. Käufer wie Verkäufer haben ein Interesse daran, dass auf dieser Quittung möglichst viel draufsteht – egal, wie viele Äpfel im Spiel sind.

Aus diesem Grund braucht es neutrale Schiedsrichter, die den Handel überwachen. Diese Rolle übernehmen lizenzierte Validierungsagenturen. Ihnen obliegt es auch, zu bestätigen, dass ein Projekt »additionell« (zusätzlich) ist. »Additionell« bedeutet, dass ein Projekt nicht sowieso zustande gekommen wäre. Nicht additionelle Projekte generieren Emissionsrechte, ohne Emissionen zu reduzieren, die nicht sowieso reduziert worden wären – sie sind eine hundertprozentige Mogelpackung.

Die Agenturen erfüllen ihre Pflicht schlecht – was nicht wirklich erstaunt, werden sie doch von denen bezahlt, die sie überprüfen müssen. Von Neutralität kann da nicht die Rede sein. Axel Michaelowa hat Mitte 2006 alle 52 damals registrierten CDM-Projekte in Indien begutachtet. Ein Drittel davon war nicht additionell und hätte deshalb nicht anerkannt werden dürfen. Insgesamt, sagt Michaelowa, schätze er, seien wohl ein Drittel bis die Hälfte aller CDM-Projekte nicht additionell.

Der britische *Guardian* berichtete über vier CDM-Projekte in Indien, die alle von Ernst & Young validiert wurden. Angeblich sprach Ernst & Young mit Leuten vor Ort. Diese werden in den vier Gutachten zitiert – alle mit wörtlich denselben Aussagen, sogar mit denselben Schreibfehlern, obwohl es sich um verschiedene Projekte handelte.[186]

Der Kritiker des Emissionshandels Larry Lohmann zitiert einen Vertreter der Asiatischen Entwicklungsbank, der sagte, seine Bank habe als erste Reaktion auf die Einrichtung des CDM ihr Portfolio nach bereits bestehenden Projekten untersucht, die man auch noch als »Klimaschutzprojekte« anerkennen lassen könnte.[187] Im US-amerikanischen Handel mit Schwefeldioxid-Emissionen gibt es ein Wort für solche faulen Zertifikate: »Sowieso-Tonnen« *(anyway tons)*.

Die Schwächen sind bekannt. Dennoch hat der CDM-Aufsichtsrat bisher noch keine Validierungsagentur zur Verantwortung gezogen. Der CDM-Aufsichtsrat getraue sich offenbar nicht, die Agenturen zur Ordnung zu rufen, sagt Michaelowa: Vermutlich fürchte er sich vor Schadenersatzprozessen.

Nicht in Zahlen ausdrücken lässt sich ein anderes Problem der »Kompensationen«. Indem die Berechnung der Reduktionsleistung von einem Basisszenario ausgeht, definiert sie eine Normalität: Das Basisszenario ist das, was als normal gilt; die Reduktion ist die Differenz zu dieser Normalität. Wenn ein Land, das viele Kohlekraftwerke besitzt, nun statt eines weiteren Kohlekraftwerks ein Solarkraftwerk baut, kann es sich das als Reduktion anrechnen lassen.

Hätte das Land immer schon ausschließlich Solar-, Wind- und Wasserkraftwerke besessen, könnte es sich nichts anrechnen lassen. Wieso eigentlich, fragt Larry Lohmann, erhält Nepal kein Geld dafür, dass es keine Autobahnen hat, und Kamerun keines dafür, dass es kein Raumfahrtprogramm unterhält?[188]

Der britische Stararchitekt Norman Foster plant in den Vereinigten Arabischen Emiraten die »emissionsfreie« Stadt Masdar City. Ein ähnliches Projekt gibt es bei Schanghai (die Stadt soll Dongtan heißen). Die britische Regierung will, dass ab 2016 alle neu errichteten öffentlichen Gebäude ohne CO_2-Emissionen auskommen. Wenn das möglich ist, könnte man das als normal definieren und für jede Stadt und für jedes Haus, das nicht emissionsfrei neu gebaut wird, eine Abgabe verlangen. Aber es geschieht das Gegenteil: Der Bau von Masdar City soll über den Verkauf von CDM-Zertifikaten finanziert werden, wodurch die »emissionsfreie Stadt« zur Mogelpackung wird. Das dürfte einträglich sein, denn die Emirate haben die dritthöchsten Pro-Kopf-Emissionen aller Staaten der Welt. Die Emirate werden dafür belohnt, dass ihre »Normalität« extrem klimaschädlich ist.

Der Handel mit Treibhausgas-»Kompensationen« schafft einen Anreiz, die »Normalität« möglichst klimaschädlich zu halten. Der südafrikanische Schriftsteller Zakes Mda schreibt, Bewohner eines Armenviertels in Durban müssten sich »mit einer Giftmülldeponie arrangieren, welche die Bewohner seit Jahren krank macht: Aber nein, sie darf nicht geschlossen werden, denn nun soll daraus Methangas abgeleitet und in ›saubere‹ Energie konvertiert werden – was sich wiederum als Emissionsgutschrift verkaufen lässt.«[189]

Am deutlichsten wird der perverse Anreiz des CDM, die Normalität klimaschädlich zu halten, am Beispiel von HFC23-Projekten. Die meisten Zertifikate, die unter dem CDM generiert werden, stammen aus der Vernichtung dieses synthetischen Gases, von dem eine Tonne das Klima so stark belastet wie 11 700 Tonnen CO_2. HFC23 entsteht als Nebenprodukt bei der Produktion von Kühlmitteln und lässt sich leicht abfangen und vernichten. Kühlmittelfabriken vor allem in China verdienen heute mit Treibhausgas-Zertifikaten aus der HFC23-Vernichtung mehr Geld als mit ihrer eigentlichen Produktion. Damit wird die Herstellung des Kühlmittels billiger, was die Nachfrage danach ankurbelt.

Oft wurde deshalb gefordert, HFC23-Projekte unter dem CDM nicht mehr zuzulassen und die Vernichtung von HFC23 ganz einfach vorzuschreiben. Axel Michaelowa fände das keine gute Idee: »Man kann nicht einen Markt einrichten und dann finden, einige kämen auf diesem Markt allzu leicht zu Geld. Das ist, als bliese man zum Goldrausch und sagte dann, die Nuggets, die man auf der Oberfläche findet, müssten dem Staat abgeliefert werden.«

Natürlich hat er recht: Man kann nicht die Spielregeln ändern, wenn das Spiel im Gange ist. Nur: Im Goldrausch werden Dinge gefunden, die den Menschen schon zuvor wertvoll waren. Der Treibhausgas-Markt aber hat definiert, dass ab sofort gewisse Kieselsteine Gold wert sind. Man hat immerhin eine Klausel vorgesehen, um zu vermeiden, dass jemand neue Kiesel hinzufügt: HFC23-Projekte werden vom CDM nur anerkannt, wenn eine Fabrik mindestens seit 2002 lief. Dennoch wäre es natürlich effizienter, die Kiesel mit einem Besen zusammenzuwischen statt sie für viel Geld einzeln auflesen zu lassen.

Dass das geschieht, verhindert der CDM aber geradezu. China wäre dumm, nähme es den Besen hervor, sprich: würde es Gesetze erlassen, die die Vernichtung von HFC23 vorschreiben. Es verlöre beträchtliche Einnahmen für seine Industrie – und für seinen Fiskus.

Denn China belastet die Einnahmen aus dem CDM mit einer 65-prozentigen Steuer. Diese fließt in einen Fonds, aus dem Umweltschutzprojekte und Maßnahmen zur Anpassung an den Klimawandel finanziert werden sollen. Das wäre ja eine gute Sache. Allerdings heißt es in der Beschreibung des Fonds, dass aus ihm außer Projekten im Bereich Umweltschutz und Klimawandel »weitere Geschäftsfelder« unterstützt werden können.[190] Ich fragte im Februar 2008 einen ehemaligen Mitarbeiter des chinesischen Finanzministeriums, der heute im internationalen Umweltschutz tätig ist, wofür China die Einnahmen aus der CDM-Steuer tatsächlich einsetze. Seine Antwort: »China macht mit dem Geld, was es will. Nur würde die Regierung das natürlich nie zugeben.« Gut möglich, dass die CDM-Gelder direkt in chinesische Kohlekraftwerke und Autobahnen fließen.

Wer keine Zertifikate aus solch fragwürdigen Projekten kaufen will, kann sich an den »Goldstandard« halten. Dies ist ein Label für ökologisch und sozial verträgliche CDM-Projekte, das Umweltschutzorganisationen wie der WWF ins Leben gerufen haben. Dass es für einen Mechanismus, der das Attribut »sauber« im Namen trägt, ein Label für *wirklich* saubere Projekte braucht, zeigt, dass der Mechanismus nicht viel wert ist. Labels können hier bestenfalls ein schlechtes Instrument ein bisschen weniger schlecht machen.

Schafft der CDM wenigstens etwas Gerechtigkeit, indem er dafür sorgt, dass Geld aus den Ländern, die das Klima stark belasten, in Länder fließt, die wenig Treibhausgase ausstoßen? Nein. Die Länder, deren Pro-Kopf-Emissionen noch klimaverträglich sind – die ärmsten –, profitieren nicht vom CDM. Die weitaus meisten der heute über tausend anerkannten CDM-Projekte befinden sich in China (ein Fünftel aller Projekte, die über fünfzig Prozent aller Zertifikate generieren), Indien und Brasilien. Nur eine Handvoll Projekte befinden sich in Afrika, hauptsächlich in Südafrika.[191] Es lohnt sich ja nicht, denjenigen, der die Umwelt noch kaum belastet, dafür zu bezahlen, dass er es noch weniger tut.

Der CDM ist kontraproduktiv und muss abgeschafft werden. Und der freiwillige Markt? Hier können die Standards sowohl besser wie schlechter sein als beim CDM. Der freiwillige Markt ist nicht geregelt, jeder kann dort verkaufen, was er will. Seriöse Anbieter aber wählen ihre Projekte nach strengeren Kriterien aus, als sie für den CDM gelten.

Die Tufts University in Massachusetts hat dreizehn Anbieter getestet. Vier von diesen wertete sie als seriös, darunter Atmosfair und MyClimate.[192] Auch zwischen diesen bestehen aber große Unterschiede. Beispielsweise rechnet Atmosfair für einen Flug von Frankfurt nach New York mit 2 Tonnen CO_2-Äquivalenten, MyClimate mit nur 1,4 Tonnen. Und selbst der seriöseste Anbieter und das sinnvollste Projekt ändern nichts daran, dass hier eine falsche Botschaft ausgesandt wird: Man kann, gegen einen kleinen Aufpreis, weitermachen wie bisher.

Damit will ich nicht grundsätzlich von solchen Angeboten abraten: Sinnvolle Projekte unterstützen ist besser, als sie nicht zu unterstützen. Man sollte aber aufhören, von »Kompensation«, »Klimaschutz« und »CO_2-neutral« zu sprechen. Und man sollte sich nicht einbilden, mit einem kleinen Obolus sei der Klimagerechtigkeit Genüge getan.

Exkurs
Wer trägt wie viel zur Erderwärmung bei? Graue Emissionen und Klimaschuld

Die beiden Staaten, die am meisten CO_2 ausstoßen, sind mit je rund einem Viertel der weltweiten Emissionen China und die USA, wobei die USA diesen Wert mit 300 Millionen, China mit 1,3 Milliarden Einwohnern erreichen. Gemessen am Ausstoß pro Einwohner, liegen die USA an der Spitze der Industrieländer (aber hinter Katar, Kuwait, den Vereinigten Arabischen Emiraten und ein paar Zwergstaaten). China ist das Land, dessen Emissionen am schnellsten wachsen.

Diese Tatsachen sind auf dem Weg, Allgemeinwissen zu werden. Doch ihre Aussagekraft ist nur begrenzt.

Es ist problematisch, Nationalstaaten als Bezugsgrößen zu nehmen. Denn die Unterschiede innerhalb der Staaten sind groß, am größten in den Entwicklungsländern. Die reiche Inderin oder der Angehörige der Oberschicht Kenias dürften mit ihrem Lebensstil die Atmosphäre ähnlich stark belasten wie die Eliten in Europa, Japan oder Nordamerika. Wenn Brasilien oder Indonesien zugestanden wird, ihre Emissionen wachsen zu lassen, ist keineswegs sicher, dass das denjenigen zugutekommt, die solches Wachstum brauchten, um der Armut zu entfliehen.

Doch das Klimaproblem kann nur über ein internationales Abkommen gelöst werden, und ein solches wird nun mal zwischen Nationalstaaten ausgehandelt. Sind aber wenigstens die Treibhausgas-Emissionen den Staaten »richtig« zugeschrieben?

Ein Beispiel: Die Treibhausgas-Emissionen Deutschlands gehen, nach offiziellen Zahlen, zurück. In Spanien dagegen nehmen sie zu.[193] Wichtigster Grund für die Zunahme in Spanien ist die starke Bautätigkeit, vor allem an den Mittelmeerküsten. Dort bauen beispielsweise deutsche Reiseunternehmer mit deutschem Kapital für deutsche

Kunden. Deutsche Pensionäre errichten ihren Alterswohnsitz, spanische Pensionäre bauen mit Geld, das sie in Deutschland verdient haben. Wer soll für solche Emissionen verantwortlich gemacht werden?

Für das Kioto-Protokoll zählt, auf welchem Territorium Treibhausgase in die Atmosphäre gelangen, oder mit anderen Worten: wo die Güter und Dienstleistungen, bei deren Produktion Treibhausgase entstehen, produziert werden.

Man hätte sich auch dafür entscheiden können, die Emissionen dem Land zuzurechnen, das diese Güter und Dienstleistungen konsumiert. Oder dem Land, in das die Gewinne fließen, die aus dieser Produktion resultieren. Am praktikabelsten ist die tatsächlich getroffene Lösung, jede andere brauchte mehr Daten und stellte knifflige methodische Probleme. Würde ein Cap-and-Trade-Abkommen sämtliche Staaten der Welt erfassen und funktionierte der Handel nach Theorie, so spielte diese Frage auch keine große Rolle, weil die Kosten der Emissionen letztlich über den Kaufpreis sowieso beim Konsumenten ankämen.

Das Kioto-Protokoll sieht aber nicht für alle Staaten eine Emissionsbegrenzung vor. Es schafft daher Anreize, treibhausgasintensive Produktionen in Länder ohne Begrenzung zu verlagern – man spricht von »Lecks« (leakage). Tatsächlich findet eine solche Verlagerung statt, sagt Glen Peters von der Universität Trondheim, wobei es praktisch unmöglich sei zu sagen, ob diese Verlagerung durch das Kioto-Protokoll beschleunigt werde. Energieformen wie Treibstoffe aus Biomasse oder Atomenergie profitieren von der Situation, wenn diese Energie in einem Land mit Begrenzung konsumiert wird, der Anbau der Energiepflanzen respektive der Abbau des Urans aber in einem Land ohne Begrenzung.

Vielleicht noch problematischer als die Lecks ist, dass die Treibhausbilanzen im Bewusstsein der Öffentlichkeit eine eigene Dynamik entwickeln, die den Realitäten nicht gerecht wird. Ein Beispiel: Die Schweiz weist 2005 offiziell Pro-Kopf-Emissionen von 7,2 Tonnen

CO_2-Äquivalenten (6,0 Tonnen nur CO_2) aus. Das ist der tiefste Wert aller OECD-Staaten. Das wird oft als Argument benutzt, nichts zu tun: Wir sind ja schon gut!

Aber dieser Eindruck ändert sich, wenn nach den Gründen für die tiefen Werte gefragt wird. Erstens deckt die Schweiz einen beträchtlichen Anteil ihres Energiebedarfs mit Wasser- und Atomkraft; Stromgewinnung aus fossilen Brennstoffen gibt es praktisch nicht. Die Wasserkraft verdankt die Schweiz ihrer Geografie und nicht ihrer Umweltpolitik, die Atomkraft ist eine schlechte Alternative. Zweitens hat die Schweiz kaum Schwerindustrie und keinen Bergbau. Das bedeutet natürlich nicht, dass die Schweizer weniger Produkte konsumieren würden, die aus solchen Industrien stammen. Nirgendwo sonst in Europa werden beispielsweise im Verhältnis zur Bevölkerung so viele schwere Autos verkauft wie hier.

Ein zweites Beispiel: Großbritannien ist von den fünfzehn alten EU-Staaten derjenige, der am besten auf Kioto-Kurs ist; es hat seine Verpflichtungen aus dem Kioto-Abkommen bereits übererfüllt. Weshalb? Ein wichtiger Grund ist eine anhaltende Abwanderung der Industrie, unter anderem als Folge der Privatisierungen unter den Regierungen Thatcher und Major. Auch die Briten konsumieren deswegen nicht weniger Industriegüter.

Ein realistischeres Bild ergibt sich, wenn mitberücksichtigt wird, welche Emissionen bei der Produktion von Gütern und Dienstleistungen entstehen (»graue Emissionen«), die ein Land importiert.

Die Berechnung grauer Emissionen ist schwierig, und es gibt keine allgemein anerkannte Methodik. Gerade aus der Schweiz und Großbritannien liegen aber relativ umfangreiche Schätzungen vor; in der Schweiz werden sie vom Bundesamt für Umwelt erstellt und sind also quasi amtlich. Und da ändert sich das Bild: Die Schweiz verursacht pro Kopf, inklusive Grauemissionen, nicht 7,2, sondern 12,5 Tonnen CO_2-Äquivalente (10,7 Tonnen nur CO_2) jährlich und ist damit, trotz Wasser- und Atomkraft, nicht mehr Musterschüler, sondern Mittelfeld.[194] Die britischen Emissionen sind, inklusive

Grauemissionen, von 1990 bis 2005 nicht um 15 Prozent gesunken, wie die offizielle Statistik besagt, sondern haben um 19 Prozent zugenommen.[195]

Glen Peters hat Zahlen für die meisten Staaten der Welt zusammengestellt. Sie decken sich nicht ganz mit den genannten Studien zu Großbritannien und der Schweiz, weil die Methodik nicht genau dieselbe ist. Laut Peters importiert die Schweiz sogar mehr graue Emissionen, als sie im Land selber produziert. Nur 6 der 38 Staaten mit Reduktionsverpflichtungen im Kioto-Protokoll (Annex-B-Staaten) verursachen höhere Pro-Kopf-Emissionen als die Schweiz, wenn die Export-Import-Bilanz berücksichtigt wird. Insgesamt verursachen die Annex-B-Staaten 5,6 Prozent mehr Emissionen als ausgewiesen. Umgekehrt stünden viele Entwicklungs- und Schwellenländer besser da, würden die Exporte und Importe berücksichtigt: China exportiert 18 Prozent seiner Emissionen, das Bergbauland Südafrika gar 38 Prozent.[196]

Entwicklungs- und Schwellenländer fordern außerdem, auch historische Zahlen zu berücksichtigen, schließlich verbleibt CO_2 rund 150 Jahre in der Atmosphäre. Summiert man alle CO_2-Emissionen seit 1900 (ohne graue Emissionen, weil dazu die Daten fehlen), so stehen die USA einsam an der Spitze: 30 Prozent aller anthropogenen CO_2-Emissionen seit 1900 sind auf ihrem Territorium entstanden. Dahinter folgen Russland und China mit je rund 8 und Deutschland mit 7 Prozent. Um die »Klimaschuld« zwischen den Ländern einigermaßen vergleichbar zu machen, teile ich sie durch die durchschnittliche Einwohnerzahl des jeweiligen Landes seit 1900. So gesehen stehen wieder die USA an der Spitze, vor Kanada, Australien und Großbritannien; Deutschland kommt auf den halben Wert der USA, während Chinesen und Brasilianer pro Kopf nur ein Sechzehntel, Inder ein Vierzigstel der CO_2-Emissionen der US-Amerikaner beigetragen haben.[198]

Solche Zahlen sind natürlich mit Vorsicht zu genießen. Es lässt sich aus ihnen aber durchaus folgern, dass die Staaten mit großer

»Klimaschuld« den armen Staaten gegenüber in der Pflicht stehen, wenn es um die Bewältigung des Klimaproblems geht.

Die Umweltökonomin Jyoti Parikh vom Indira Gandhi Institute of Development Research (IGIDR) schätzte die Verpflichtung der reichen gegenüber den armen Staaten 1995 auf 75 Milliarden Dollar.[198] Zu wesentlich dramatischeren Zahlen kam eine Studie, die im Februar 2008 publiziert wurde.[199] Sie untersuchte, von welchen Staaten die wichtigsten Umweltschäden der Jahre 1961 bis 2000 verursacht sind und welche Staaten die Folgen davon tragen. Außer den Klimawandel betrachtete die Studie die Zerstörung der Ozonschicht, landwirtschaftliche Intensivierung, Waldzerstörung, Überfischung und Zerstörung von Mangrovenwäldern, doch ist der Klimawandel für den Löwenanteil verantwortlich. Die Autoren betonen, dass die Zahlen mit großen Unsicherheiten behaftet, auf jeden Fall aber konservativ geschätzt seien.

Werden die Schäden gemäß der Kaufkraft in den jeweiligen Staaten gewichtet, so tragen die ärmsten Länder (32 Prozent der Weltbevölkerung) 45 Prozent, die Länder mit mittlerem Pro-Kopf-Einkommen (die Hälfte der Weltbevölkerung) 52 Prozent und die reichen Länder (18 Prozent der Bevölkerung) 3 Prozent dieser Schäden. Die reichen Länder sind für die Schäden aber überdurchschnittlich verantwortlich, nämlich zu 28 Prozent, die mittleren zu 59, die armen Länder nur zu 13 Prozent. Aus diesen Ungleichheiten errechnen die Autoren, dass die mittleren und reichen Länder den armen 3 Billionen Dollar schulden. Diese »Umweltschulden« übertreffen die gesamten Auslandschulden der armen Staaten.

Warum das Gute nicht unbedingt siegt
Fortschrittsbremse Lock-in

Auf die Frage einer Journalistin, weshalb die Autoindustrie nicht »umweltfreundlichere« Autos baue, sagte Matthias Wissmann, Chef des Verbands der Deutschen Automobilindustrie, 2007: »Müsliautos interessieren keinen.«[200]

Mit Herzblut sind die Autobauer, namentlich die deutschen, noch nicht dabei, wenn es darum geht, vom Verbrennungsmotor wegzukommen. Aber immerhin: Sie arbeiten daran. Medien und Werbung feiern Elektro- und Hybridautos als die Autos der Zukunft.

Die technische Knacknuss beim Bau von Elektroautos ist die Speicherung und der Transport von Energie. Heutige Batterien können, gemessen an ihrem Gewicht, nur ein Hundertstel der Energie speichern, die ein Benzintank bereithält. Die Energiedichte von Erdöl ist unschlagbar. Die Energiedichte ist aber wichtig, wenn man starke, schnelle und schwere Autos bauen will, die mit einmal Tanken viele Hundert Kilometer weit fahren können – keine »Müsliautos« eben.

Trotzdem behaupte ich, dass die Schwierigkeit, heute Elektroautos auf den Markt zu bringen, keine technische ist, sondern eine soziale. Die Ingenieure stoßen vor allem deshalb an Grenzen, weil sie versuchen, ein elektrisches Fahrzeug zu entwickeln für eine Mobilitätsumwelt, die mit und für Benzinautos entstanden ist.

Es hätte anders kommen können: Elektroautos hatten bereits einmal die Nase vorn. Um 1900 konkurrierten drei Antriebsarten für Automobile miteinander. Elektroautos dominierten vor den Dampfautos, von den Benzinautos gab es am wenigsten.

Elektroautos waren leichter zu bedienen, leiser, zuverlässiger. Benziner musste man mit einer Kurbel und ziemlich viel Kraft anwerfen. Gerade die scheinbaren Nachteile des Verbrennungsmotors, meint der Historiker Christoph Maria Merki von der Universität Bern, halfen aber mit, dass dieser sich durchsetzte: Das Ruppige, Lärmige passte zum Image des Autos als Sportgerät. Elektroautos galten als Frauenautos (»Müsliautos«, würde Wissmann sagen). Das Auto war schon damals nur in zweiter Linie ein Verkehrsmittel.

1905 wurden erstmals mehr Autos mit Verbrennungsmotor gebaut als Elektroautos. Drei Jahre später brachte Ford das erste Auto auf den Markt, das in Massenproduktion gehen würde: das legendäre Modell T. Wäre Ford ein paar Jahre früher dran gewesen, wären die amerikanischen Erdöllager etwas später entdeckt worden, wäre das Stromnetz schon besser ausgebaut gewesen oder hätte ein schlimmer Unfall, etwa die Explosion eines Benzin-Tanklagers, zum »richtigen« Zeitpunkt die Öffentlichkeit aufgeschreckt: Vielleicht hätte Ford sein Modell T mit Elektromotor ausgestattet. Es hätte kein Tankstellennetz aufgebaut werden müssen, das Stromnetz war zu der Zeit sowieso im Aufbau begriffen.

Dann hätten wir heute Müsliautos. Aber würden wir das so empfinden? Würde die Tauglichkeit der Technik daran gemessen, ob es möglich sei, mit hundertfünfzig und mehr Pferde starken Maschinen tausend Kilometer zu fahren, ohne nachzutanken? Nein: Es hätten sich andere Mobilitätsstrukturen entwickelt. Die Autos wären weniger stark, weniger schnell und hätten geringere Reichweite – lauter Faktoren, die im Stadt- und Nahverkehr unerheblich sind. Vermutlich würde der Strom zwar ebenso aus Erdöl gewonnen, aber in Kraftwerken, die die Abgase nicht in den Wohnquartieren verteilten. Die Faszination für schnelle Autos gäbe es mit Sicherheit auch, es würden vermutlich eigens für Autorennen Autos mit Verbrennungsmotor gebaut; Lärm und Abgasgeruch wären Teil der Faszination. Aber niemandem käme es in den Sinn, so etwas täglich rund um die Uhr vor seiner eigenen Haustür haben zu wollen.

Schnell, stark und von großer Reichweite waren im 19. Jahrhundert schon die Eisenbahnen. Während wir in der heutigen realen Welt zwei parallele Verkehrssysteme haben, Auto- neben Eisenbahnen, gäbe es in der Elektroautowelt kleine, wendige, leise Autos für den Stadtverkehr und die Eisenbahn für die langen Strecken.

Die Verkehrsleistung, gemessen in Personenkilometern, wäre deutlich geringer, aber wir würden auch in der Elektroautowelt durchschnittlich siebzig Minuten pro Tag aufwenden, um unsere Mobilitätsbedürfnisse zu befriedigen. Die Wege wären kürzer, die Siedlungen dichter. Es gäbe kaum Warenhäuser »auf der grünen Wiese«. Die Lebensmittel in den Quartierläden wären teurer, aber die Mobilität billiger.

Wer sich die Lösung aller Menschheitsprobleme vom technischen Fortschritt erhofft, übersieht meistens, dass das Bessere sich nicht einfach so durchsetzen kann. Entwicklungen, die einmal eingeschlagen sind, lassen sich nicht so leicht wieder umkehren. Denn sie prägen ihre Umwelt und unsere Erwartungen. Man nennt diesen Effekt Pfadabhängigkeit, oder englisch etwas eleganter: Lock-in. Die Schwierigkeit, heute Elektroautos auf den Markt zu bringen, ist Folge eines Lock-in-Effekts.

Das Schulbuchbeispiel für Lock-in ist die Schreibmaschinentastatur. Ihre Tasten wurden ursprünglich so angeordnet, um allzu schnelles Schreiben zu verhindern, damit sich die Typen der mechanischen Schreibmaschinen nicht verheddern. Das ist heute kein Kriterium mehr, aber weil die alte Anordnung in Hunderten Millionen Köpfen steckt, lässt sie sich nicht mehr ändern. Ein anderes Beispiel ist der Linksverkehr auf den britischen Straßen. Einfacher wäre es, es würde überall auf der Welt auf der gleichen Straßenseite gefahren. Aber wollte Großbritannien (und viele ehemalige britische Kolonien, wo ebenfalls links gefahren wird) umstellen, es bräche das Chaos aus. Auch die Spurweite der spanischen Eisenbahn ließe sich nur mit so großem Aufwand an die europäische Norm anpassen, dass man lieber Rollmaterial baut, das seinen Radstand ändern kann.

Lock-in-Phänomene sind nicht nur technischer Natur. Mit den Autos wuchs nicht nur ein Netz von Straßen, Tankstellen und weiterer Infrastruktur, es entstanden auch kulturelle Normen und Erwartungen. Im schweizerischen Kanton Graubünden etwa waren Autos bis 1926 verboten: Die Bereitschaft, Maschinen zu dulden, die mit fünfzig Stundenkilometern und mehr durch Dörfer rasen, musste sich erst einmal entwickeln. Und fünfzig Stundenkilometer, das war rasend schnell: Nichts bewegte sich in der täglichen Erfahrungswelt eines Menschen im 19. Jahrhundert so schnell, außer vielleicht ein Rennpferd – dieses aber nicht in den Wohnvierteln.

Im 20. Jahrhundert sind im Straßenverkehr gegen 40 Millionen Menschen getötet worden, jedes Jahr kommen 1,2 Millionen dazu. Die Todesfolgen der Luftverschmutzung durch Autoabgase sind ein Vielfaches davon. Hätte man den Menschen im 19. Jahrhundert gesagt, dass der Autoverkehr so viele Menschen töten wird und Kinder nicht mehr auf den Straßen werden spielen können, niemand hätte seine Einführung befürwortet. Heute haben wir uns daran gewöhnt. Kulturelle Normen entwickeln sich allmählich, aber sie lassen sich nur schwer gezielt ändern: Das zeigt beispielsweise die Debatte um die Einführung von Geschwindigkeitsbeschränkungen auf deutschen Autobahnen. Was fast überall auf der Welt normal ist, erscheint vielen Deutschen als unerträgliche Beschneidung der individuellen Freiheit.

Um den Verkehr weniger klimaschädlich zu gestalten, wäre es nötig, solche Lock-ins zu überwinden. Doch es ist leichter, darüber zu streiten, wie viel Gramm CO_2 pro Kilometer Neuwagen verursachen dürfen, als sich zu überlegen, wie eine sinnvolle Verkehrs- und Siedlungsstruktur aussehen könnte. Nur bringt es nichts, wenn »sauberere« Autos auf immer mehr Straßen immer weiter fahren.

Strukturen sind in der Klimadebatte kaum ein Thema. Das IPCC schreibt in seinem IPCC-Bericht von 2007 im Kapitel »Transport und Transportinfrastruktur« – um beim Thema Verkehr zu bleiben: »Im Transportsektor gibt es fünf Optionen zur Milderung des Klimawandels [...]. Dies sind Biotreibstoffe, Energieeffizienz, öffentlicher Verkehr, nicht motorisierter Verkehr und Städteplanung.«[201] Das Wesentliche kommt in der Aufzählung zuletzt. Auch in seiner Zusammenfassung für Politiker nennt das IPCC »Landnutzungs- und Verkehrsplanung«

als allerletzte Maßnahme im Verkehrsbereich – nach viel Fahrzeugtechnik. Der IPCC-Bericht ist technikfixiert.

Das ist gewiss nicht nur ein blinder Fleck des IPCC: Dieses soll abbilden, was geforscht wird, und tatsächlich wird über strukturelle Ursachen von Umweltbelastungen nur wenig geforscht. Und das wenige, das stattfindet, wird in der Klimadebatte kaum wahrgenommen.* Harriet Bulkeley von der Durham University, Autorin eines Buchs über Städte und Klimawandel[202], sagt: »Es ist eben einfacher, bei der Technik anzusetzen.« Neue Technik zu entwickeln sei auch lukrativer, als Raumstrukturen zu erforschen, »denn mit Technik lässt sich Geld verdienen. Entsprechend einseitig werden die Forschungsgelder verteilt«.

Raum-, Verkehrs- oder Städteplanung ist Planung, »Planung« aber ist für marktliberal Denkende ein suspektes Wort. Dieses ideologische Hindernis ist mit ein Grund, dass der IPCC-Bericht auf Technik fixiert ist und die Infrastruktur vernachlässigt: In den USA existiere das Wort »Stadtplanung« kaum, sagt Bulkeley, während anderswo langsam umgedacht werde – der Klima-Maßnahmenplan des (2008 abgewählten) Londoner Bürgermeisters Ken Livingstone etwa beziehe auch die Stadtplanung mit ein.

Der liberale Blick denkt die Gesellschaft vom Individuum her. Es ist das unschätzbare Verdienst des Liberalismus, die individuelle Freiheit befördert zu haben. Aber der Liberalismus neigt dazu, diese individuelle Freiheit zu überschätzen und soziale Zwänge zu ignorieren.

---

* Es scheint sich auf diesem Gebiet aber etwas zu bewegen. So gibt es seit 2009 das europäische Forschungsprojekt »urbs pandens«, das am Potsdamer Institut für Klimafolgenforschung beheimatet ist: http://pik-potsdam.de/urbs. Ebenfalls neu ist das Forum zu Stadt- und Regionalentwicklung auf der Klimaplattform www.klimaplattform.de/foren/stadt-regionalentwicklung.html. Schließlich beschreibt Boris Palmer, Oberbürgermeister von Tübingen, in seinem Buch *Eine Stadt macht blau* (Köln 2009), als Praktiker die Wichtigkeit der Stadtentwicklung für den Klimaschutz.

Der liberale Blick ist schwach darin, gesellschaftliche Strukturen wahrzunehmen. »Gesellschaft gibt es nicht«, sagte Margaret Thatcher.[203]

Grob schematisiert, könnte man zwei Pole der Wahrnehmung unterscheiden: Für die einen rufen Strukturen Bedürfnisse und Verhaltensweisen hervor. Für die anderen entstehen Strukturen aufgrund der Bedürfnisse und Verhaltensweisen der Menschen; Planung stört da nur. Letztere Position wird in den USA und Kanada in der Debatte um die Zersiedelung *(urban sprawl)* etwa von Peter Holle formuliert, dem Präsidenten des konservativen kanadischen Thinktanks Frontier Centre for Public Policy: »Zersiedelung ist die natürliche Folge einer wachsenden Wirtschaft [...]. Politiker verschwenden ihre Zeit und ihre Ressourcen, wenn sie das zu stoppen versuchen.«[204]

Die bisherige Zersiedelung vor allem Nordamerikas mit ihren Auswirkungen auf Verkehr und Energieverbrauch ist aber nicht so naturwüchsig entstanden, wie Holle behauptet. Sowohl in den USA wie in Kanada verteilte die Regierung Land an zurückkehrende Weltkriegsveteranen und investierte Milliarden in den Ausbau der Autobahnnetze. Sie lösten damit eine massive Abwanderung von den Städten in die Vorstädte aus.[205] Zudem haben Erdöl- und Automobilkonzerne öffentliche Verkehrsbetriebe aufgekauft mit dem Ziel, sie einzustellen und so lästige Konkurrenz loszuwerden. Europa ahmte diese Politik zu großen Teilen nach. Viele Staaten subventionieren Einfamilienhäuser und Berufspendeln (Eigenheimzulage, Pendlerpauschale und Ähnliches). In Italien hat der Autohersteller Fiat sehr direkt auf die Politik Einfluss genommen, damit Autobahnen statt Eisenbahnlinien gebaut wurden; in anderen Ländern fand Ähnliches statt, so erst vor wenigen Jahren in Estland, und im Nachkriegsbosnien verhindert die Straßentransportmafia den Wiederaufbau des Eisenbahnverkehrs.

In Europa bestand immerhin noch mehr dichte Siedlungssubstanz aus historischer Zeit. In Nordamerika wurden Städte und vorstädtische Siedlungslandschaften gebaut, die so sehr auf das Automobil ausgerichtet sind, dass sich in ihnen ein effizientes öffentliches Verkehrssystem gar nicht einrichten lässt. Kaliforniens Städte stoßen bei ihren Versuchen, die Leute zum Umsteigen auf öffentliche Busse zu bewegen, an Grenzen. Entweder sind die Distanzen zu den Haltestellen zu weit, oder der Bus kommt vor lauter Haltestellen kaum mehr vom Fleck. Zu Fuß sind viele solcher Städte nicht lebbar. Doch auch gut ausgebaute S-Bahnnetze, wie es sie in vielen europäischen Agglomerationen gibt, fördern die Zersiedelung und liefern sich mit der Straßeninfrastruktur ein Wettrennen.

Vittorio Magnago Lampugnani, Städtebauhistoriker an der ETH Zürich, sagt, seit dem Zweiten Weltkrieg sei städtebaulich so gut wie alles schiefgelaufen – in Europa genauso wie in Amerika. Er glaubt nicht, dass sich Städte, die für das Auto gebaut worden sind, umbauen lassen. »Mancherorts kann man nur abreißen und neu bauen.« Allerdings sei das gar nicht so schlimm: »Man reißt auch ganze Industrieviertel ab, wenn sie ihren Zweck nicht mehr erfüllen.«

Es gehe nicht darum, bestehende Systeme wie das Auto zu optimieren, sagt Lampugnani. »Das ist auch nicht nötig, weil es die Automobilindustrie schon selber tut. Es geht darum, Mobilität neu zu denken und sich zu fragen, wo das Auto seinen Platz haben kann – und wo nicht.« Dieser Platz ist für Lampugnani langfristig jedenfalls nicht die Stadt: »Auto und Fußgänger sind grundsätzlich unverträglich.« Städte und Stadtviertel, die das Auto in den Untergrund verbannen wie Paris-La Villette, sind für Lampugnani auch keine Lösung, wenn sie keine fußgängerfreundlichen Distanzen aufweisen.

Ökonomische Maßnahmen gegen den Klimawandel sowie Energiepreissteigerungen werden sich langfristig auch auf soziale und technische Strukturen auswirken. Indem ökonomische Maßnahmen zuerst dort ansetzen, wo es am wenigsten kostet, mit anderen Worten: indem diese Maßnahmen den Weg des geringsten Widerstands einschlagen, führen sie aber zuallererst zu einer Optimierung bestehender Systeme statt zu ihrer Überwindung. Ökonomische Anreize sind schlecht dazu geeignet, Lock-ins zu überwinden.

Wie müsste eine klimaverträgliche Raumplanung konkret ausse-hen? Sicher müssten Siedlungen dichter sein. Doch im Detail lässt sich noch wenig sagen: Es gibt bis heute keine Beispiele umweltver-träglicher Raumplanung, sagt Lampugnani. Norman Fosters Projekt einer »emissionsfreien« Stadt in den Vereinigten Arabischen Emira-ten sei zu isoliert gedacht. »Man kann schon eine Fußgängerstadt in die Wüste stellen«, sagt Lampugnani, »aber wer soll dort leben, und wie kommt man dorthin?« Um Modell für andere Städte sein zu kön-nen, sei sie zu teuer – abgesehen davon, dass sie durch CO_2-Zertifi-kate finanziert werden soll und also ein Etikettenschwindel ist.

Eine Klimapolitik, die auf Technik fokussiert und soziale Struk-turen ignoriert, kann nicht erfolgreich sein, weil Lock-in-Effekte bes-sere technische Lösungen blockieren. Eine Klimapolitik, die nur auf die Technik fokussiert ist, bekämpft ein Symptom, ohne seine Ursa-che anzupacken. Klimapolitik müsste erstens eine Infrastrukturent-wicklung stoppen, die in den bisher dominierenden Bahnen verläuft. Sie müsste sich zweitens mit dem Umbau der bestehenden Infrastruk-tur befassen. Dazu brauchte es, was so sehr aus der Mode ist, ohne das aber keine gestaltende Politik möglich ist: Planung, Verbote, Vor-schriften. Man braucht deswegen nicht den Untergang der liberalen Gesellschaftsordnung zu befürchten: Es ist nicht liberal, Strukturen zuzulassen, die die Menschen zwingen, sich auf eine bestimmte Art und Weise zu verhalten.

Und drittens muss die Klimapolitik aufpassen, keine neuen, kon-traproduktiven Lock-ins zu schaffen.

Wachsen für das Klima
Lassen sich Wirtschaftswachstum und Ressourcenverbrauch entkoppeln?

Klimaschutz sei die »Pro-Wachstum-Strategie«, schreibt Nicholas Stern in seinem Bericht. Gilt das auch umgekehrt: Wirtschaftswachstum als Klimaschutzstrategie? Viele, vor allem Politiker, sind überzeugt davon. Der Klimawandel ist eine Herausforderung; es braucht Wirtschaftswachstum, um die Herausforderung zu meistern. Es braucht Wirtschaftswachstum, um all die »Ökoautos«, Solarkraftwerke und Nullenergiehäuser zu produzieren und um die Erforschung umweltfreundlicher Techniken zu finanzieren. Als Vorbild gilt Kalifornien, das mit »grüner Technologie« einen ähnlichen Boom auszulösen hofft wie einst mit Informationstechnik im Silicon Valley. »Wir werden eine Industrie der sauberen Technologie aufbauen, die Stellen schafft, neue Spitzentechnologien anregt und ein Vorbild sein wird für den Rest der Nation und den Rest der Welt«, sagte Gouverneur Arnold Schwarzenegger, als er im September 2006 das kalifornische Klimaschutzgesetz unterzeichnete.[206]

Wachstum fordert auch Eberhard von Koerber, Kopräsident des Club of Rome – jener Vereinigung, die 1972 eine globale wachstumskritische Debatte ausgelöst hat. »Wir brauchen Wachstum, weil die Welt nicht fertig ist«, schreibt er in einem 2007 erschienenen Buch über die »Chancen des Wachstums«.[207] Von Koerber hält ein Wachstum von 6 bis 8 Prozent jährlich für »angemessen und verträglich« (das würde bedeuten, dass sich die weltweite Wirtschaftsleistung alle neun bis zwölf Jahre verdoppelt; in hundert Jahren würde sie auf das Dreihundert- bis Zweitausendfache anwachsen!). Den Bericht über die »Grenzen des Wachstums« von 1972 nennt er »noch heute eine spannende Lektüre« – um ihn dann zu verspotten: Dieser habe für China für das Jahr 2000 ein Bruttoinlandsprodukt von hundert Dol-

lar pro Kopf »vorausgesagt«, tatsächlich sei der Wert acht- bis zehn-
mal so hoch gewesen. (Die Autoren des Berichts haben immer darauf
hingewiesen, dass sie keine »Voraussagen« machen, sondern mögliche Szenarien präsentieren.) Von Koerber schreibt: »Im Gegensatz zu
Limits to Growth aus dem Jahr 1972 [malt] heute niemand mehr das
Gespenst globaler Knappheit und weltweiter Hungersnöte an die
Wand.« Genau das, die Gefahr globaler Hungersnöte angesichts der
schnell gestiegenen Nahrungsmittelpreise, war im Frühjahr 2008 eines der Top-Themen internationaler Politik und Medien.

Wachstum, glaubt von Koerber, könne die nötigen Ressourcen
für eine nachhaltige Entwicklung bereitstellen. Bislang war es immer umgekehrt: Eine Wirtschaft mit wachsendem Bruttoinlandprodukt *verbraucht* immer mehr Ressourcen. Wirtschaftswachstum
war in der Vergangenheit immer eng an Ressourcenverbrauch, namentlich an Energieverbrauch, gekoppelt. Noch nie hat Wirtschaftswachstum dazu geführt, dass der Verbrauch einer wichtigen Ressource zurückgegangen wäre. Zwar gab es gelegentlich Zeiten, wo
die Wirtschaft wuchs, obwohl der Energieverbrauch zurückging –
beispielsweise war das für die Schweiz während des Zweiten Weltkriegs der Fall.[208] Solche Ausnahmesituationen lassen sich aber nicht
verallgemeinern.

Wenn Wirtschaftswachstum einen Beitrag zum Umweltschutz
leisten soll, müsste es vom Ressourcenverbrauch entkoppelt werden.
Eine solche Entkoppelung wäre etwas Neues in der Geschichte. Es ist
aber weit verbreitet, diese Entkoppelung nicht nur für möglich zu
halten, sondern damit zu rechnen, dass diese sich von selbst einstellen
wird. Es gibt sogar eine theoretische Begründung dieser Annahme.

Es ist die Rede von der »Dematerialisierung« der Wirtschaft, von
der »postindustriellen« oder »postmateriellen« »Informationsgesell-
schaft«. Wirtschaftswachstum ohne Mehrbelastung der Umwelt, das
scheint möglich, wenn das Wachstum in den nicht materiellen Sektoren stattfindet. Und geschieht nicht genau dies? Schließlich ist der
Anteil des tertiären Sektors (Dienstleistungen) an einer Volkswirt-

schaft umso größer, je »entwickelter« diese ist, während die Anteile des primären (Landwirtschaft, Forstwirtschaft, Fischerei und Bergbau) und sekundären Sektors (Industrie) mit zunehmender Entwicklung abnehmen?

Nein. Die Rede von der Dematerialisierung der Wirtschaft unterliegt erstens einer Täuschung: Wenn erster und zweiter Sektor *relativ* kleiner werden, heißt das nicht, dass sie auch *absolut* schrumpfen. Das Gegenteil ist der Fall.

Zweitens ist auch der tertiäre Sektor weit davon entfernt, immateriell zu sein. Etwa die Informations- und Kommunikationstechnik, die wie keine andere für den Dienstleistungssektor steht. In den 1970er-Jahren ging die Rede vom »papierlosen Büro«, das die Computerisierung bringen sollte. In Verbindung mit billigen Druckern hat der Personal Computer den Papierverbrauch aber gesteigert. Die Informationstechnik verursacht heute rund 1,5 Prozent der gesamten weltweiten CO_2-Emissionen, Tendenz steigend, und natürlich sind Computer und Internet ein Motor der Globalisierung mit ihren gigantischen Materialströmen. Eine (virtuelle, vollkommen immaterielle) Spielfigur im Onlinespiel Second Life soll etwa dreimal so viel (realen) Strom verbrauchen wie ein durchschnittlicher (realer) Inder. Die Hardware enthält Unmengen giftiger Stoffe, die nach dem Ausmustern der Geräte nur allzu oft unsachgemäß entsorgt werden. Das Metallerz Coltan wird praktisch ausschließlich für elektronische Geräte verwendet. Achtzig Prozent der weltweiten Coltan-Vorräte liegen in der Demokratischen Republik Kongo, sie sind ein wesentlicher Treiber des dortigen Bürgerkriegs, des mörderischsten Kriegs der jüngsten Geschichte.

Die theoretische Version der Rede von der Dematerialisierung der Wirtschaft heißt Umwelt-Kuznetskurve *(environmental Kuznets curve)*. Der US-amerikanische Ökonom Simon Smith Kuznets (Wirtschaftsnobelpreis 1971) beobachtete in den 1960er-Jahren, dass die soziale Ungleichheit eines Landes mit zunehmender Wirtschaftsleistung steigt, bis ein gewisses Wohlstandsniveau erreicht ist. Danach

nimmt die Ungleichheit mit weiterem Wachstum ab. Grafisch darge-
stellt, ergibt das eine Kurve von der Form eines auf den Kopf gestell-
ten U – die Kuznetskurve. Kuznets' Vermutung, hinter seiner Beob-
achtung stehe eine Gesetzmäßigkeit, konnte zwar bis heute nicht
erhärtet werden. Aber die Hypothese ist attraktiv, lassen sich damit
doch politische Maßnahmen rechtfertigen, die den Armen helfen sollen, aber in erster Linie die Reichen reicher machen (wie die Struk-
turanpassungs-Programme, die Weltbank und Währungsfonds im
späten 20. Jahrhundert Entwicklungsländern aufzwangen).

Um 1990 – nach Kuznets' Tod – wurde dieser Gedanke von der
sozialen Ungleichheit auf die Umweltbelastung übertragen. Seither
sind zahlreiche Studien publiziert worden, die Umwelt-Kuznetskur-
ven für verschiedene Indikatoren der Umweltbelastung festgestellt
haben – also Situationen, in denen die Umweltbelastung mit dem
Wirtschaftswachstum zuerst zu-, dann abnimmt. Und es sind zahlreiche Artikel erschienen, die diesen Studien widersprechen. Man
könnte die Kuznetskurven-Debatte als Sophisterei unter Ökonomen
abtun. Interessant ist sie aber, weil sie zeigt, mit welchem Statistik-
aufwand gewisse Ökonomen sich selbst etwas vormachen.

Kuznetskurven lassen sich für einzelne Länder oder einzelne Um-
weltindikatoren zeichnen. Solch isolierte Betrachtungen sagen aber
nichts über die Umwelt-Gesamtbelastung aus, weil sie nichts über
Verschiebungen der Umweltbelastung von einem Land ins andere
oder von einem Indikator auf einen anderen aussagen. So kann man
sich trefflich streiten, ob es für die Umwelt ein Gewinn sei, wenn ein
Land sinkende CO_2-Emissionen aufweist, weil es neue Atomkraftwerke in Betrieb nimmt.* Und der Rückgang des Eisenverbrauchs in
einem einzelnen Land sagt weder etwas über den globalen Eisenver-

---

* Die CO_2-Emissionen der Schweiz pro Kopf sind von 1945 bis 1973 steil angestiegen, seither tendenziell rückläufig. Ein Grund für die Trendwende um
1973 war der Bau von Atomkraftwerken, die heute 40 Prozent des Schweizer
Stroms liefern.

brauch aus, noch bringt er eine Umweltentlastung, wenn gleichzeitig der Aluminiumverbrauch steigt.

Besonders beliebt ist es, die Umweltbelastung pro Einheit des Bruttoinlandprodukts zu betrachten. Die US-amerikanischen CO_2-Emissionen pro Einheit des Bruttoinlandprodukts (BIP) – die sogenannte CO_2-Intensität der Wirtschaft – ergeben eine wunderschöne Kuznetskurve: Bis 1917 stieg der Wert kontinuierlich steil an, seither sinkt er ebenso kontinuierlich. Pro Dollar des amerikanischen BIP wird heute weniger als ein Viertel so viel CO_2 ausgestoßen wie 1917. Allerdings ist das BIP der USA seit 1917 auf das Fünfzehnfache angewachsen. Wenn die Wirtschaft schneller wächst, als die Emissionen pro Wirtschaftsleistung abnehmen, steigt natürlich die Umweltbelastung. Die Hoffnung, der Rückgang der CO_2-Intensität werde das Wirtschaftswachstum dereinst überholen, sodass auch die absoluten Werte sinken, ist weder empirisch noch theoretisch begründet.

Ganz erledigt ist die Kuznetskurven-Hypothese damit noch nicht. Zeichnet man die Beziehungen von Pro-Kopf-Einkommen und Pro-Kopf-Energieverbrauch aller Staaten in ein geeignetes Diagramm, so ergibt sich eine Kuznetskurve mit einem Wendepunkt bei einem Pro-Kopf-Einkommen von 22000 Dollar pro Jahr, das heißt: Hat ein Land einmal dieses Niveau erreicht, so scheint der Energieverbrauch pro Person mit weiterem Wirtschaftswachstum abzunehmen. Tommaso Luzzati und Marco Orsini von der Universität Pisa haben gezeigt, dass diese Kurve auf einer besonders raffinierten Täuschung beruht. Entfernt man nämlich die Erdöl-Förderländer des Nahen Ostens aus der Statistik, verschwindet der Effekt: Der Energieverbrauch zeigt keinen Knick mehr. Der Grund: In drei dieser sechs Länder (Kuwait, Saudi-Arabien und Oman) ist in den letzten Jahren der Energieverbrauch stark angestiegen, während die Wirtschaft (bis circa 2003) schrumpfte. Daraus folgt natürlich nicht, der Energieverbrauch würde wieder sinken, wenn die Wirtschaft dieser Länder wieder wüchse. Die mathematische Analyse suggeriert aber genau das – für sie ist die Beziehung zwischen Verbrauch und Wachstum negativ, egal, ob das eine wächst, während das andere schrumpft, oder das eine schrumpft, während das andere wächst.[209]

Sogar Nicholas Stern, der Klimaschutz und Wirtschaftswachstum für vereinbar hält, zweifelt an der Kuznets-Hypothese. Und wenn sie doch stimmen sollte, schreibt Stern, so begännen die Treibhausgas-Emissionen erst bei einem so hohen Wohlstandsniveau zu sinken, dass man es sich auf keinen Fall leisten könnte, darauf zu warten, bis alle Länder es erreicht hätten.[210]Die Daten sprechen also nicht dafür, dass das Wachstum immateriell wird. Doch was nicht ist, kann werden. Die Fürsprecher eines »nachhaltigen Wachstums« glauben, dass technischer Fortschritt die Dematerialisierung der Wirtschaft bringen wird. Ich zitiere stellvertretend einen Aufsatz aus dem Jahr 2007 von Richard G. Lipsey von der kanadischen Simon Fraser University.[211] »Der Schutz der Umwelt bei gleichzeitiger Verbesserung des allgemeinen Lebensstandards lässt sich am besten durch wachstumsfördernde Innovationen umsetzen«, schreibt Lipsey und sieht im »technologischen Wandel« den »stärksten Wachstumsmotor«. Lipsey unternimmt einen wissenschaftshistorischen Ausflug, um zu erklären, weshalb »der technologische Fortschritt in der westlichen Welt einen beispiellosen Verlauf nahm«: Europäische Rezeption der griechischen Philosophie im Hochmittelalter, Tradition der europäischen Universität, Buchdruck und newtonsche Mechanik heißen die Meilensteine, die zur industriellen Revolution führten. Lipseys Fazit: »Wenn die Tatsache akzeptiert würde, dass der Klimawandel vom Menschen verursacht wird, könnte die Mehrzahl seiner Ursachen innerhalb einiger Jahrzehnte ausgemerzt werden, denn die Technologie ist bereits vorhanden oder könnte relativ schnell entwickelt werden, auch wenn die damit verbundenen kurzfristigen Probleme und Kosten noch immer gewaltig wären.«

Ist Lipseys Argumentation plausibel?

China war für Jahrhunderte die führende Wirtschaftsmacht, bevor der Westen China um 1800 ökonomisch überholte und weit hinter sich ließ. Sollte China plötzlich seine Innovationskraft verloren –

oder Europa sie plötzlich gewonnen haben? Der Westen hatte die newtonsche Physik und die Aufklärung des 18. Jahrhunderts, aber das allein mag die Entwicklung nicht zu erklären; sie lösten auf jeden Fall nicht sofort eine plötzliche Flut technischer Innovationen aus. Das Jahrhundert Galileos und Newtons (das 17.) war arm an technischen Innovationen.

Was der Westen China voraushatte und was eine präzedenzlose Wachstumsphase auslöste, war ein günstiges Zusammentreffen vieler Faktoren. Zur Hauptsache aber verdankt sie sich einer einzigen Erfindung und ihren Weiterentwicklungen: der Dampfmaschine (erstmals patentiert 1698).* Eine Erfindung übrigens, die nicht auf wissenschaftlichen Erkenntnissen beruhte: Die Theorie der Thermodynamik folgte erst anderthalb Jahrhunderte nach der ersten thermodynamischen Maschine. (Auch die vermutlich zweitwichtigste Innovation, die die industrielle Revolution ermöglichte, beruhte nicht auf Wissenschaft: die Fruchtfolge mit Stickstoff bindenden Pflanzen in der Landwirtschaft. Diese Innovation ging der Entdeckung des Stickstoffs um dreihundert Jahre voraus.)

Die Dampfmaschine wurde zuerst als Dampfpumpe zur Entwässerung von Kohlebergwerken eingesetzt und erlaubte erst den Kohleabbau im großen Stil. Plötzlich stand in riesiger Menge Energie zur Verfügung: in Form von Prozesswärme, um Eisen zu verhütten und damit landwirtschaftliche Geräte und Maschinen zu bauen, und, dank Weiterentwicklungen der Dampfmaschine, in Form von Arbeitsenergie zum Antrieb von Maschinen. (Es ist eine Ironie der Geschichte, dass der Energiebedarf der Kohlegewinnung diese überleben wird. Im Ruhrgebiet hat sich der Boden über den Stollen der

---

* Es gibt auch innerhalb der Neoklassik Ökonomen, die – gegen Lipsey – so argumentieren. So schreibt Hans-Werner Sinn vom Münchener Institut für Wirtschaftsforschung Ifo: »Dank der Verwendung des Kohlenstoffs gelang es der Menschheit erstmals in ihrer Geschichte, sich aus der malthusianischen Falle zu befreien.« Sinn, *Paradoxon*, Seite 439.

ehemaligen Zechen um mehrere Meter gesenkt. Damit diese bewohnten Gebiete nicht in einem See versinken, muss gepumpt werden – im Jargon ist von »Ewigkeitskosten« die Rede. Irgendwann wird dieses Pumpen mehr Energie verschlungen haben, als je aus dem Kohlebergwerk hat gewonnen werden können.)

Die neue Dynamik mit ihrem Wirtschafts- und Bevölkerungswachstum war weniger eine Folge plötzlicher Innovationsfreude als der plötzlichen Verfügbarkeit von Energie. Diese Feststellung ist wichtig, weil Innovation theoretisch immer weitergehen kann, während Ressourcen wie Kohle, Erdöl und Erdgas begrenzt sind. Wenn das Wirtschaftswachstum allein durch Innovation gespeist würde, wäre seine Entkoppelung von der Umweltbelastung denkbar; wenn es hauptsächlich durch Ressourcenausbeutung gespeist wird, ist die Entkoppelung unmöglich.

Nichts wird in unserer innovationsverliebten Gesellschaft so sehr überschätzt wie technischer und wissenschaftlicher Fortschritt. Das hat auch mit der Art zu tun, wie die Technikgeschichte zumeist wahrgenommen wird. »Vieles, was über die Geschichte der Technik geschrieben wird, ist für Buben jeden Alters«, schreibt David Edgerton vom Londoner Imperial College.[212] Der Technikhistoriker plädiert für einen Blick, der nicht auf Erfindungen fokussiert, sondern danach fragt, wie die »Dinge« (er schreibt lieber von »things« als von »technology«) tatsächlich benutzt wurden und was sie bewirkten. Ein solcher Blick rückt einiges zurecht. Vieles, was den Zeitgenossen als Ausdruck technischen Fortschritts schlechthin galt, machte die Welt nicht reicher, sondern ärmer – Edgerton nennt Raketen und die Atomkraft als Beispiele.[213] Alte Techniken werden durch die Einführung neuer nicht einfach obsolet, oft ist das Gegenteil der Fall: Die Eisenbahn kurbelte den Bedarf nach Pferdefuhrwerken an, denn die von der Eisenbahn zusätzlich transportierte Ware musste von den Bahnhöfen aus feinverteilt werden. 1924 besaß die größte britische Eisenbahngesellschaft gleich viele Pferde wie Lokomotiven.[214] Der Flugverkehr hat den Linien-Schiffsverkehr auf den Ozeanen abgelöst – und dennoch waren noch nie so viele Passagiere auf Ozean-schiffen unterwegs wie heute. Die Linienschiffe wurden einfach in Kreuzfahrtschiffe umgewandelt.[215]

Selbst die Biotechnik, die prestigeträchtigste Techniksparte der Gegenwart, ist entgegen ihrem Ruf nicht sehr innovativ. Seit 1986 brachte sie lediglich sechzehn Medikamente hervor, die signifikant besser sind als alte Medikamente.[216] Der »Krieg gegen den Krebs«, 1971 von US-Präsident Richard Nixon ausgerufen, bleibt weit hinter den Erwartungen zurück. Die Pharmaindustrie ist das Paradebeispiel einer Industrie, die Geld damit verdient, dass sie Scheininnovationen als Innovationen verkauft, wie Marcia Angell, die ehemalige Chefre-daktorin des weltgrößten medizinischen Fachjournals, des *New England Journal of Medicine,* schreibt.[217] Die Informations- und Kommunikationstechnik – eine Sparte, die sich unzweifelhaft rasant entwickelt – wiederum ist das Paradebeispiel einer Technik, die vor allem Bedürfnisse befriedigt, die erst mit ihr entstanden sind. Und die Sparte, in die mit Abstand am meisten Forschungs- und Entwick-lungsgelder fließen, hat mit einer »postmateriellen« Entwicklung gar nichts zu tun: Es ist die Automobilbranche.

Für David Edgerton ist die Dematerialisierung der Wirtschaft nicht nur eine Chimäre, er geht noch weiter: »Der Ruf nach Innova-tion ist paradoxerweise ein beliebter Weg, Wandel zu verhindern, wenn man keinen Wandel will. Das Argument, dass künftige Wissen-schaft und Technik mit dem Klimawandel fertig werden, ist ein Bei-spiel dafür. [...] Technik war nicht generell eine revolutionäre Kraft; sie war ebenso sehr dafür verantwortlich, Dinge so zu belassen, wie sie sind, wie dafür, sie zu verändern. [...] Wir bewegen uns nicht auf eine gewichtlose, entmaterialisierte Welt zu.«[218]

Der Dreck von Norilsk und die Gesundheit unserer Bäume
Die Kehrseite der Umwelterfolge

Aber gab es nicht Fortschritte? Sind nicht unsere Gewässer sauberer geworden? Wäre es heute nicht undenkbar, dass Smog in einer Stadt innert einer Woche 4000 Menschen tötet, wie das im Dezember 1952 in London geschehen ist? Geht es dem Wald nicht besser als vor zwanzig Jahren? Ja, und für die betroffenen Menschen sind das erfreuliche Entwicklungen. Aber bevor man über solchen Entwicklungen allzu optimistisch wird, sollte man sich einige Umwelterfolge etwas genauer ansehen.

2007 veröffentlichten die Umweltorganisation Green Cross und das Blacksmith Institute eine Liste der zehn am schlimmsten verschmutzten Orte der Welt.[219] Zwei davon liegen in Entwicklungsländern (Sambia, Peru), die anderen acht in Schwellenländern und ehemaligen Sowjetrepubliken (China, Indien, Aserbaidschan, Russland, Ukraine). Das erinnert an die Kuznets-Hypothese: Am schlimmsten steht es um die Länder im wirtschaftlichen Mittelfeld. Die Armen sind zu arm, um die Umwelt schlimm zu belasten; die Reichen leisten sich Umweltschutz.

Einer der Orte auf der Liste ist Norilsk. In der sibirischen Bergbaustadt, errichtet 1935 unter Stalin als Zwangsarbeitersiedlung, werden unter anderem Nickel, Platin und Palladium abgebaut. Norilsk gehört für alle drei Metalle zu den wichtigsten Abbaustätten weltweit.

Platin und Palladium finden in den Auto-Katalysatoren Verwendung. Die obligatorische Einführung des Katalysators war eine technische Umweltschutzmaßnahme, die in den 80er-Jahren gegen sauren Regen und Waldsterben ergriffen wurde. Sie senkte die Luftbelastung durch Stickoxide, Kohlenwasserstoffe und Kohlenmonoxid beträchtlich.

Nickel kommt in Batterien zum Einsatz, beispielsweise in Nickel-Metallhydrid-Akkumulatoren, wie sie für Elektro- und Hybridautos hergestellt werden. Dass Elektro- und Hybridautos für die Verwüstungen in Nickel-Abbaugebieten wie Norilsk oder im kanadischen Sudbury mitverantwortlich sind, wird nicht zuletzt von Public-Relations-Agenturen betont, zu deren Kunden Hersteller großer Offroader gehören: Sie wollen die Autos ihrer Kunden im Vergleich zu Hybridautos umweltfreundlich aussehen lassen.

Das ist natürlich absurd (auch deshalb, weil die schweren Luxusautos mit rostfreiem Nickelstahl nicht geizen), und Norilsk wäre auch ohne Katalysatoren und Hybridautos kein sehr lebenswerter Ort. Aber die Bilanz von »Umwelttechniken« ist nicht vollständig, wenn nicht berücksichtigt wird, wie sehr deren Herstellung die Umwelt belastet.

Eine vollständige Betrachtung der Umweltbilanzen »von der Wiege bis zur Bahre« lässt einige Umwelterfolge in anderem Licht erscheinen. Geradezu als Umweltwunder wurde die Entwicklung Japans der letzten vier Jahrzehnte oft beschrieben.[220] Japan litt in den 60er-Jahren unter sehr schlimmer Luftverschmutzung, verursacht durch Industrie und den schnell zunehmenden Autoverkehr nach dem Zweiten Weltkrieg – Tokios Autoflotte vervierfachte sich zwischen 1960 und 1970 von einer halben auf zwei Millionen. 1970 herrschte in Tokio wegen Smogs ständige Dämmerung. In Minamata im Süden Japans wurde eine Meeresbucht durch die unkontrollierte Einleitung von Abwässern stark verschmutzt. Fische starben, Katzen wurden wahnsinnig, Tausende Kinder erkrankten an Hirnschäden. Man sprach von der »Krankheit der tanzenden Katzen« und der »Minamata-Krankheit«; Ursache war, wie sich herausstellte, eine Quecksilbervergiftung.

Die Situation wendete sich innert weniger Jahre, wozu ein Zusammenspiel verschiedener Faktoren beitrug: starke staatliche Behörden, hohe Medienaufmerksamkeit für Umweltthemen nach Skandalen wie dem von Minamata, spektakuläre Schadenersatzprozesse gegen Umweltverschmutzer sowie eine Industrie, die sich teure Umwelttechnik leisten konnte (und sich mit »sauberen« Autos schließlich Marktvorteile erwarb). 1962 trat das erste landesweite Luftreinhaltegesetz in Kraft. 1970 erließ die Regierung nach einem besonders schlimmen Smogwinter in Tokio eine Serie von Umweltgesetzen.

Vieles im japanischen »Umweltwunder« waren ohne Zweifel erfreuliche Entwicklungen, anderes hat eine Kehrseite. Japan hat heute die modernste Autoflotte der Welt, immer auf dem neuesten Stand der Abgastechnik, weshalb die Autos – gemessen an den gefahrenen Kilometern – so wenig Schadstoffe ausstoßen wie in keinem anderen Land. Der Grund dafür: In keinem anderen Land kaufen sich die Leute so schnell ein neues Auto. Das ist gut für Japans Luft. Aber es ist schlecht aus globaler Sicht. Denn Japan wird dadurch ein Exporteur von Umweltbelastungen – weg von den japanischen Straßen, hin zu den Eisen-, Aluminium- und Nickelminen der Welt und, via den Gebrauchtwarenmarkt, hin zu den Straßen anderer, ärmerer Länder.

Denn ein Auto hat die Umwelt bereits erheblich belastet, bevor es den ersten Kilometer fährt. Wie groß ist der Anteil von Herstellung und Entsorgung eines Autos an seiner gesamten Umweltbelastung? Das ist schwer zu sagen, denn der Ausstoß von CO_2 oder von anderen Schadstoffen ist schwer mit der Schädigung der Umwelt durch den Abbau von Metallen zu vergleichen. Ökobilanzen versuchen aber, die unterschiedlichen Belastungen miteinander vergleichbar zu machen. Eine Bilanz, die auf der Umweltdatenbank Ecoinvent basiert, ergibt für ein durchschnittliches europäisches Auto ein erstaunliches Resultat: Seine Herstellung und Entsorgung belasten die Umwelt ungefähr gleich stark wie der Betrieb, wenn das Auto 150 000 Kilometer zurücklegt (Lärm, Unfallfolgen und die Straßeninfrastruktur sind in dieser Rechnung nicht berücksichtigt). Ein wichtiger Grund für dieses Resultat ist die starke Umweltbelastung, die von der Metallgewinnung ausgeht.[221]

Mit dem Kauf eines Autos belastet man die Umwelt also ebenso sehr wie mit dem Fahren. Mit anderen Worten: Wer aus ökologischen

Gründen ein neues Auto kauft, weil dieses weniger Treibstoff verbraucht oder sonstwie bessere Abgaswerte aufweist, der schadet der Umwelt mehr, als wenn er beim alten bliebe. Wenn Japan seine Autoflotte am schnellsten erneuert, weist es gemessen an der Größe der Autoflotte die besten durchschnittlichen Abgaswerte aus – aber seine Umweltbelastung ist die höchste, zumal ein vorzeitig ersetztes Autos in der Regel ja nicht aus dem Verkehr gezogen wird, sondern als Gebrauchtwagen anderswo weiterfährt. Wenn eine Firma wie beispielsweise der weltgrößte Rückversicherer Swiss Re ihren Angestellten für den Kauf eines neuen Hybridautos Geld zahlt, so dient sie damit fast allen – dem eigenen Image als umweltbewusste Firma, dem Gewissen ihrer Mitarbeiter, dem Automobilgewerbe – nur nicht der Umwelt.

Viel politische Energie wird derzeit (mit vorerst wenig Erfolg) darauf verwendet, Autokäufer zum Kauf weniger umweltbelastender Modelle zu motivieren. Wenn eine solche Politik die Autofahrer darüber hinaus motiviert, früher als nötig ein neues Auto zu kaufen, so betreibt sie regionalen Umweltschutz auf Kosten der globalen Umwelt.

Eine der ersten Umweltschutzmaßnahmen in der frühen Industrialisierung waren hohe Fabrikkamine. Sie ließen den Ruß, der ihnen entweicht, weniger konzentriert, aber auf einer größeren Fläche und weiter entfernt niedergehen. Viele unserer Umweltschutzmaßnahmen funktioniert noch heute ein wenig wie die hohen Kamine – Umweltbelastungen werden verdünnt oder verschoben, bis man sie nicht mehr sieht. Der Kampf gegen den sauren Regen seit den 80er-Jahren hatte zur Folge, dass heute viel schwefelärmeres Benzin verkauft wird und die Autos pro verfahrenen Liter Treibstoff viel weniger Schwefeldioxid ausstoßen. Dafür sind die Schiffsdiesel seither viel schwefelhaltiger geworden: Die Raffinerien konzentrieren den Schwefel nun einfach in den Treibstoffen, die den Schiffen verkauft werden, die keinen Vorschriften unterstehen. In der Hochseeschifffahrt wird pro Liter Treibstoff dreizehnmal so viel Schwefeldioxid ausgestoßen wie im Straßenverkehr.[222]

Das bedeutet nicht, dass es nicht Fortschritte gegeben hätte – etwa im Gewässerschutz in den reichen Ländern – und dass es nicht weitere geben kann. Aber man sollte vorsichtig sein, wenn man mit Umwelterfolgen argumentiert.

Teil III

Wege in eine postfossile Gesellschaft

Klimawandel als Chance?
Ja, aber anders

Im Sommer 2007 warb die niederländische Bank ABM Amro in ganzseitigen Zeitungsinseraten für ihre strukturierten Finanzprodukte im Agrarsektor: »Verschiedene Gründe sprechen für eine Investition in das Global Farmers Open End Zertifikat: Weltweit stagnierende Getreideanbauflächen, eine deutlich gewachsene Weltbevölkerung, veränderte Essgewohnheiten in den aufstrebenden Schwellenländern sowie die stetig steigende Nachfrage nach Biotreibstoffen.«[223]

Das sind sichere Voraussetzungen für nachhaltig steigende Preise und satte Gewinne. Und das liest sich wie die Ankündigung kommender Hungersnöte. Hungersnöte boten immer schon Gelegenheit für satte Profite. Die Geschichte ist voll von Hungerrevolten gegen tatsächliche und vermeintliche Profiteure hoher Lebensmittelpreise. Wer heute auf hohe Lebensmittelpreise spekuliert, geht nicht einmal das Risiko ein, Opfer solcher Revolten zu werden: zu anonym ist das Geschäft, zu weit weg von den Gewinnenden sind die Hungernden.

Ist der Klimawandel eine Chance? Arnold Schwarzenegger gibt sich genauso überzeugt davon wie Nicholas Stern. Die deutsche Bundesforschungsministerin Annette Schavan sieht den Klimawandel als »Innovationsmotor« und eine »große Chance für die Wirtschaft«[224], und die Schweizer Grünen warben im Wahlkampf 2007 mit dem Slogan »Exportschlager dank konsequentem Klimaschutz«.[225] Auch ABM Amro versteht den Klimawandel als Investitionsgelegenheit für ihre Kunden.

Klimawandel als Chance: Die Aussage ist erstens trivial, zweitens irreführend. Trivial, weil jede Veränderung immer Chancen für Teile der Wirtschaft birgt, selbst Krisen, selbst Hungersnöte und auch Kriege.[226] Irreführend (und gefährlich) ist die Aussage, weil »Chance« heute fast immer als Chance für Wirtschaftswachstum verstanden wird. Die Aussage ist drittens aber vielleicht auch richtig auf nicht triviale Weise, wenn die Menschheit intelligent genug auf den Klimawandel reagiert. Der Klimawandel könnte zur Chance werden – aber nicht so, wie Schwarzenegger & Co. es meinen.

Im dritten Teil dieses Buchs will ich danach fragen, wie eine Gesellschaft aussehen könnte und müsste, die klimaverträglich lebt – eine Gesellschaft, die ohne fossile Energieträger auskommt. Es wird darin notwendigerweise oft spekulativ zugehen, und ich werde oft in der Möglichkeitsform schreiben müssen.

Eine Welt ohne fossile Energieträger wird eine Welt sein, in der vieles nicht mehr so möglich ist wie heute, in der zumindest der reichere Teil der Menschheit auf vieles wird verzichten müssen, was ihm lieb geworden ist – ich halte, wie ich oben dargelegt habe, nichts von den Versprechen, wir könnten das Klimaproblem lösen und gleichzeitig immer mehr von allem haben. Da gibt es nichts zu romantisieren: Ein Blick in die Geschichte wird zeigen, wie sehr die Verfügbarkeit fossiler Energieträger die Welt geprägt hat, in der wir leben, und wie sehr die Welt von diesen Energieträgern abhängig ist.

Dennoch: Vielleicht liegt die Chance gerade im nötigen Verzicht. Vielleicht zwingt uns der Klimawandel, auf Dinge zu verzichten, die bei nüchterner Betrachtung mehr Nachteile als Vorteile mit sich bringen und gebracht haben. Mit Sicherheit zwingt uns der Klimawandel, auf Dinge zu verzichten, auf die wir früher oder später sowieso würden verzichten müssen: Warnungen, das Erdöl werde knapp, haben sich in jüngster Zeit ganz unabhängig von der Klimadebatte gehäuft.

Wir haben uns in Westeuropa und Nordamerika seit zweihundert Jahren an stetiges Wirtschaftswachstum gewöhnt und eine Wirtschaftswissenschaft sowie Wirtschafts- und Sozialpolitiken entwickelt, die Wachstum als den Normalzustand betrachten. Die Chance, die der Klimawandel bietet, bestünde vielleicht darin, Sinn und Formen wirtschaftlichen Wachstums zu überdenken.

Das wäre wichtig, denn der Klimawandel ist nur ein Umweltproblem unter vielen; er ist nur ein Beispiel dafür, wie Wachstum natürliche Ressourcen überbeansprucht. Viele Menschen sind von anderen Umweltproblemen unmittelbarer bedroht als vom Klimawandel. Für einen Fischer in Westafrika, der keine Alternative des wirtschaftlichen Überlebens hat, ist die Überfischung schlimmer als der Klimawandel. Für Zehntausende Opfer des Tsunamis vom 26. Dezember 2004 war die Zerstörung von Mangrovenwäldern schlimmer als der Klimawandel, weil die Mangroven Schutz vor den Monsterwellen geboten hätten. Allein seit 1980 sind 35 Prozent aller Mangrovenwälder verschwunden.[227] Die Vernichtung der tropischen Regenwälder ist eine Katastrophe für das Klima, aber sie wäre auch ohne Klimawandel eine Katastrophe.

Das Autorenteam, das 1972 den Bericht über die »Grenzen des Wachstums« an den Club of Rome vorgelegt hat, publizierte 2002 ein »30-Jahre-Update« seiner damaligen Szenarien.[228] Anders als 1972 hat das neue Buch keine großen Debatten mehr ausgelöst. Doch seine Aussagen sind, nach dreißig ungenutzt verstrichenen Jahren, dringlicher geworden. Das Buch ist keine erfreuliche Lektüre.

Dennis Meadows und seine Kollegen haben ein Computermodell namens World3 mit den neuesten verfügbaren Daten über den Zustand der Welt gefüttert. World3 errechnete Szenarien, wie künftige Entwicklungen aussehen könnten. Szenarien sind, wie die Autoren betonen, keine Prognosen, auch wenn sie meist als solche (miss-)verstanden werden. Szenarien zeigen, welche Entwicklungen nach dem gegenwärtigen Kenntnisstand plausibel sind.

Die meisten Szenarien von World3 führen zu einem Zusammenbruch von Bevölkerungszahl, Lebenserwartung und Wohlstand im 21. Jahrhundert. »Grenzen des Wachstums« bedeutet für Meadows und seine Kollegen nicht, dass uns einfach wichtige Rohstoffe ausgehen: »Unsere Besorgnis [gründet sich] eher auf die wachsenden Kosten, die durch die zunehmende Überlastung der Quellen und Senken der Erde entstehen.« (Mit »Senken« ist die Fähigkeit des Ökosystems gemeint, Schadstoffe zu absorbieren.)[229]

In einem ersten Szenario wird angenommmen, die Welt entwickle sich so weiter wie bisher. Die Bevölkerung wächst von 2000 bis 2020 um zwanzig, die Industrieproduktion um dreißig Prozent. In diesen zwei Jahrzehnten verbraucht die Menschheit fast gleich viel nicht erneuerbare Ressourcen wie im ganzen 20. Jahrhundert. Nach 2030 kommt es wegen eines Mangels an Nahrung und medizinischer Versorgung zum Zusammenbruch, Lebenserwartung und Wohlstand fallen bis 2100 auf den Stand von 1900 zurück, die Bevölkerungszahl ungefähr auf den Stand von 1960.

In einem zweiten Szenario nehmen die Autoren an, es gäbe noch doppelt so viel nicht erneuerbare Ressourcen wie heute angenommen. Wenig überraschend kann das Wachstum nun länger dauern, bis etwa 2040 – doch nun tritt der Zusammenbruch umso heftiger ein. Grund dafür ist diesmal in erster Linie die globale Umweltverschmutzung.

Die weiteren Szenarien werden nun zunehmend optimistisch: Es werden verbesserte Techniken zur Kontrolle des Schadstoffausstoßes entwickelt, verbesserte Techniken zur Ertragssteigerung der Nahrungsmittelproduktion, verbesserte Techniken zum Schutz der Böden vor Erosion, und die Ressourcen werden effizienter genutzt. Erst die Kombination all dieser Verbesserungen vermag den Zusammenbruch zu verhindern: Bevölkerungsgröße, Lebenserwartung und Wohlstand stabilisieren sich in diesem Szenario nach Turbulenzen um die Jahrhundertmitte auf hohem Niveau. Alle Szenarien mit nur einem Teil dieser Verbesserungen führen zum Zusammenbruch in der zweiten Hälfte des 21. Jahrhunderts.

Nicht zum Zusammenbruch führt auch ein Szenario, in dem ab sofort im globalen Durchschnitt nur noch zwei Kinder pro Paar geboren werden, die Industrieproduktion pro Kopf nicht weiter steigt und zusätzlich Techniken zur Kontrolle von Schadstoffemissionen, zur effizienteren Ressourcennutzung und zur Verbesserung der Landwirtschaft eingeführt werden. Dieses Szenario bedingt, dass die Armut überwunden wird, denn nur wohlhabende Gesellschaften haben niedrige Geburtenraten. Das bedeutet im Weiteren, dass die Reichen ihren Konsum an Industriegütern einschränken müssten, um den Ärmeren eine Steigerung zu erlauben. Wartet die Menschheit zwanzig Jahre zu, so endet auch dieses Szenario im Zusammenbruch.

Meadows und seine Kollegen sind dafür kritisiert worden, ihr Modell liefere viel zu pessimistische Szenarien. Namentlich unterschätze World3 den technischen Fortschritt und die Anpassungsfähigkeit der Märkte.* Das Modell ist aber in mindestens einer Hinsicht geradezu abenteuerlich überoptimistisch: Es kennt keine Kriege.

Szenarien sind keine Prognosen, und keines der genannten Szenarien wird genau so eintreten. Vielleicht kommt's besser. Aber es ist gar nicht so wichtig, wo genau die Annahmen des Modells zu pessimistisch, wo zu optimistisch sind. Die vielleicht wichtigste Erkenntnis lautet: »Je erfolgreicher eine Gesellschaft ihre Grenzen durch wirtschaftliche und technische Anpassungen verschiebt, desto wahrscheinlicher wird sie später gleichzeitig an mehrere dieser Grenzen stoßen.« (Davidson)

Wenn das stimmt, dann wäre es gar nicht wünschbar, den Ausstoß von Treibhausgasen isoliert in den Griff zu bekommen, während die Wirtschaft abgesehen davon weiter wächst wie bisher. (Noch viel weniger wünschbar wäre es, sich weniger Treibhausgas-Emissionen durch andere Umwelt-Mehrbelastungen zu erkaufen.) Genau das

---

* Ein Kritiker des Konzepts der Wachstumsgrenzen, der nicht aus der Optimistenecke stammt, ist Carlos Davidson. Er schreibt, die Vorstellung fixer Grenzen suggeriere, dass das Überschreiten dieser Grenzen allen schade, wie bei einem Flugzeugabsturz alle Insaßen ums Leben kommen. Damit werde übersehen, dass hinter dem Wachstum starke Interessen stünden, die auch dann noch profitierten, wenn »Grenzen« überschritten würden. Damit entpolitisiere die Rede von den Wachstumsgrenzen die Debatte. Carlos Davidson, »Economic Growth and the Environment: Alternatives to the Limits Paradigm«, in: *BioScience,* 50 (2000), Seiten 434–440.

aber streben all die Strategien an, die den Treibhausgas-Ausstoß möglichst »ökonomisch effizient« reduzieren wollen.

Das hieße, die Chance, die ich meine, zu verpassen.

Wirtschaftswachstum
Geschichte einer Idée fixe

Dass unbegrenztes Wirtschaftswachstum in einer begrenzten Welt unmöglich sei, leuchtet unmittelbar ein. Dennoch sind Grenzen des Wachstums für viele Ökonomen und Wirtschaftspolitiker kein Thema oder eines, das sie mit ein paar Standardargumenten ziemlich nonchalant vom Tisch wischen.

Wirtschaftswachstum ist eine politisch äußerst attraktive Idee: Sie hilft, Fragen der Verteilung zu vermeiden. Wachstum macht es möglich, die Armen weniger arm zu machen, ohne dass die Reichen von ihrem Reichtum abgeben müssen. Nur wenn es immer mehr gibt, kann man allen immer mehr versprechen. Kommt dazu, dass wir uns in der wachsenden Wirtschaft so eingerichtet haben, dass vieles ohne Wachstum nicht mehr funktionierte. Ohne Wachstum funktionierten unsere Systeme sozialer Wohlfahrt nicht mehr, und die Arbeitslosigkeit nähme zu: Jährlich steigt die Arbeitsproduktivität in Industrieländern um rund 1,5 Prozent, das heißt, es braucht immer weniger Arbeitskräfte, um dieselbe Wirtschaftsleistung zu erbringen.

Allerdings müssten einige der Wachstumszwänge keine sein. Arbeitslosigkeit ließe sich bei steigender Produktivität auch dadurch vermeiden, dass weniger gearbeitet würde. Oder es ließen sich Alternativen zur Vollbeschäftigung vorstellen. Tatsächlich sind Volkswirtschaften ohne Wachstum eine Realität: In gegenwärtig über dreißig Ländern, vor allem in Lateinamerika, schrumpft die Wirtschaft.

Aber über Alternativen wird sehr wenig nachgedacht. Das Ziel des Wirtschaftswachstums sei »so selbstverständlich geworden, dass es keiner näheren Begründung mehr zu bedürfen scheint«, schreibt der Ökonom Hans Christoph Binswanger in seinem Buch *Die Wachstumsspirale*.[230] Das war nicht immer so. Ein Blick auf die Entstehungsgeschichte der Idée fixe namens Wirtschaftswachstum hilft verstehen, weshalb die Gesellschaft sich so schwertut damit, bedrohlichen Wachstumsfolgen wie dem Klimawandel zu begegnen. Wenn ich mir dabei als Nichtökonom erlaube, die Ökonomie zu kritisieren, so will ich doch anfügen, dass ich immer wieder erstaunt war, wie oft die Ökonomen selber grundlegende Schulbuchweisheiten ihrer Wissenschaft infrage stellen. Diese Wissenschaft ist nicht so homogen, wie sie nach außen erscheint.

Die Ökonomie formierte sich als Wissenschaft just in der Zeit, als die bis heute ungebrochene Phase des Wirtschaftswachstums einsetzte. Bis ins 18. Jahrhundert wuchs die Wirtschaft kaum. Phasen des Wachstums wurden von Phasen des Niedergangs abgelöst. Für die sogenannte Klassik der Wirtschaftswissenschaft – damit bezeichnet man die Zeit von Adam Smith (1723–1790) bis um etwa 1870 – war Wirtschaftswachstum zwar eine Realität, aber nicht der Normalfall. Normal war den Klassikern eine nicht wachsende, stationäre Wirtschaft.[231]

Den Grund dafür, dass Wachstum an Grenzen stoßen müsse, sahen die Klassiker in dem, was später das Gesetz des abnehmenden Grenznutzens genannt wurde. Grenznutzen ist der zusätzliche Nutzen, den eine zusätzliche Anstrengung bringt. Entdeckt ein Siedler eine unbewohnte Insel, wird er zuerst den besten Boden unter den Pflug nehmen. Taucht ein zweiter Siedler auf oder will der erste expandieren, muss er mit dem zweitbesten Land vorlieb nehmen. Er wird mit mehr zusätzlichem Aufwand weniger zusätzlichen Ertrag ernten – und so weiter bis zu dem Punkt, wo es gleich viel kosten würde, ein zusätzliches Hektar zu bebauen, wie dieses Hektar hergäbe. Hier ist der Grenznutzen gleich null – das Wachstum kommt zum Erliegen. Anders ausgedrückt: Jeder Fortschritt macht künftigen Fortschritt, jedes Wachstum künftiges Wachstum weniger wahrscheinlich – ein Fall von negativer Rückkoppelung.

Die meisten klassischen Ökonomen bewerteten diesen unvermeidlichen Endzustand negativ. Für Adam Smith war »der Aufschwung für alle Schichten erfreulich und willkommen, die Stagnation lähmend, der Niedergang trostlos«.[232] John Stuart Mill (1806–1873), der als Vollender der Klassik gilt, sah das anders als die meisten seiner Kollegen: »Ich kann [...] den stationären Zustand nicht mit der ungerührten Abneigung betrachten, die ihm die Ökonomen der alten Schule entgegenbringen. Ich neige zu der Auffassung, dass dieser insgesamt eine sehr beträchtliche Verbesserung gegenüber unserer jetzigen Situation brächte. Ich gestehe, dass mich das Lebensideal jener nicht entzückt, die den beständigen Kampf des Menschen für den Normalzustand halten; dass der gegenwärtige Typus des gesellschaftlichen Lebens, das Niedertrampeln, Drängeln, Ellbögeln und Sich-auf-die-Hacken-Treten das erstrebenswerteste Los der Menschheit sei [...].«[233] Mill meint, es wäre ein Gewinn für die Menschheit, wenn sie auf Wirtschaftswachstum verzichtete, bevor dieses an seine Grenzen stoße. Drei Generationen später träumte John Maynard Keynes von einer Zukunft ohne Wachstum, in der sich die Menschen statt mit Ökonomie mit den wirklich wichtigen Dingen des Lebens wie Kultur und Religion befassen könnten[234] – derselbe Keynes, der heute vor allem als Lieferant von Rezepten zur Ankurbelung des Wirtschaftswachstums gesehen wird. Mill glaubte, Wachstum sei eines Tages nicht mehr möglich; Keynes glaubte, es sei eines Tages nicht mehr nötig; beide glaubten, eine künftige Welt ohne Wirtschaftswachstum sei eine bessere Welt. Auch der Kommunismus nach Marx und Engels war eine bessere Welt, die kein Wirtschaftswachstum kennt.

Ebenfalls an ein unvermeidliches Ende des Wirtschaftswachstums (das er negativ bewertete) glaubte William Stanley Jevons (1835–1882), der Vater des Rebound-Konzepts. Modern lässt ihn erscheinen, dass er den limitierenden Faktor nicht im Boden sah, sondern in dem, was darunter lag: in der Kohle, die er als den Hauptmotor der britischen Wirtschaft erkannte. Die Ironie in der Sache: Jevons ist einer der Gründerväter der Neoklassik, also der Denkschule, die bis heute den Mainstream der Ökonomie bildet – und die die Frage, die Jevons in seinem Buch *Die Kohlefrage (The Coal Question)* so hellsichtig behandelt, weitgehend ignoriert.

Der heutige Mainstream der Ökonomie kann mit den Grenzen des Wachstums, die sie nicht kennt, schlecht umgehen.* Denn die Neoklassik ist eine Theorie des Gleichgewichts, und was im Gleichgewicht ist, wächst nicht.

Eine neoklassische Wachstumstheorie entwarf erst Robert Solow 1956. Solow erklärt Wachstum nicht aus der Wirtschaft heraus (endogen), sondern nimmt einen Wachstumsmotor außerhalb der Wirtschaft (exogen) an: Er sieht ihn im technischen Fortschritt (neuere Wachstumstheorien versuchen, auch den technischen Fortschritt endogen, das heißt aus dem Funktionieren der Wirtschaft selber, abzuleiten). Technischer Fortschritt unterliegt nicht dem Gesetz des abnehmenden Grenznutzens, und Wachstum kann ewig andauern. Für Solow ist eine Wirtschaft im Gleichgewicht, die wächst. Hier liegt ein Grund, weshalb die Apologeten des Wirtschaftswachstums dazu tendieren, technischen Fortschritt zu überschätzen: Ihre Theorie zwingt sie dazu.

Der zweite Gedanke der Neoklassik, nach dem Wachstumsgrenzen ausgeschlossen sind, ist der Gedanke der Substituierbarkeit. Die herrschende ökonomische Lehre kennt Knappheit nur als relative Knappheit: Etwas ist knapp im Verhältnis zu etwas anderem. Wenn etwas knapper wird, sorgt der Markt dafür, dass es durch etwas substituiert (ersetzt) wird, was weniger knapp ist. Ist viel Zeit vorhanden, während Kleider teuer sind, werden die Leute Kleider flicken. Wird Zeit wertvoller (also knapper), Kleider aber billiger, werden die Leute kaputte Kleider wegwerfen. Textilien substituieren Zeit.

Man sollte wissenschaftliche Theorien immer im Kontext ihrer Zeit verstehen. Die Klassiker sahen Wachstum als außergewöhnlich an, weil es neu war. Das Interesse an den Wachstumsgrenzen ver-

---

*   »Der immer stärkeren Ausrichtung der gesamten Wirtschaft auf das Wachstum steht die Unfähigkeit der herrschenden ökonomischen Lehre gegenüber, das Phänomen in ihren Erklärungszusammenhang einzubeziehen. Der Grund dafür ist, dass die ökonomische Theorie in ihrem Kerngehalt kein dauerndes Wachstum kennt.« Binswanger, *Wachstumsspirale*, Seite 3.

schwand, als man sich an das Wachstum gewöhnt hatte. Immer mehr Bereiche der Wirtschaft folgten nicht dem Gesetz des abnehmenden Grenznutzens, im Gegenteil: Sogenannte Skalenökonomien werden mit zunehmender Größe profitabler und können noch besser weiterwachsen. Wer in größerer Stückzahl produziert, kann billiger produzieren – eine positive Rückkoppelung.

Die Zeit, in der Solow seine Theorie entwickelte, war eine Zeit der Wachstumseuphorie nach dem Zweiten Weltkrieg. Die Knappheit des Bodens war kein Thema, denn die agrarische Revolution, die nach dem Krieg aus den USA kommend Europa erreichte, vervielfachte die landwirtschaftlichen Erträge. Energie gab es mehr als genug: Bis in die 60er-Jahre wurden in immer schnellerem Tempo neue Ölfelder entdeckt, die Kernspaltung wurde zivil nutzbar, und die Nutzung der Kernfusion schien bevorzustehen. Es war auch die Zeit des Kalten Kriegs. Die Planwirtschaft des Feindes – des vor Kurzem noch so rückständigen Agrarstaats Russland – machte Riesenschritte; nicht immer waren sich die Beobachter im Westen so sicher, dass der Kapitalismus im Rennen vorn liege. Auf dem prestigeträchtigsten Feld der Technik, der Raumfahrt, gewannen die Sowjets die ersten beiden Etappen: Sie schickten 1957 den ersten Satelliten und 1961 den ersten Menschen ins All. Die »freie Wirtschaft« konnte es sich gar nicht leisten, weniger zu wachsen. Die heutige Welt sieht sehr anders aus – doch der ökonomische Mainstream beginnt erst langsam, die solowsche Theorie zu hinterfragen.

Wer die Wachstumsfixiertheit der Wirtschaft kritisiert, wird schnell einmal als wirtschaftsfeindlich abgestempelt. Das ist Unsinn: Die Wirtschaft versorgt die Menschen mit den lebensnotwendigen und angenehmen Gütern und Dienstleistungen. Man kann gar nicht »gegen die Wirtschaft« sein. Es geht darum, der Wirtschaft den Platz zuzuweisen, der ihr zusteht. Die Wirtschaft soll den Menschen dienen, nicht umgekehrt.

Die Väter des Liberalismus sahen als oberstes Ziel einer säkularisierten Gesellschaft, die nicht länger auf das Jenseits hin lebte, Glück für die Menschen. Die amerikanische Unabhängigkeitserklärung von 1776 garantiert allen Bürgern das Recht, ihr Glück anzustreben (allerdings galten nur weiße Männer uneingeschränkt als Bürger). Die philosophische Schule des Utilitarismus (zu deren Vertretern John Stuart Mill gehörte) versuchte dieses Streben theoretisch zu untermauern. Eine gute Gesellschaft ist eine Gesellschaft, die das größte Glück für die größte Zahl von Menschen ermöglicht. Diesem Ziel sollte auch die Wirtschaft dienen.

Die Utilitaristen nahmen es genau. Glück verstanden sie als eine Kosten-Nutzen-Rechnung von Lust und Unlust, Freude und Schmerz. Die frühen Utilitaristen, namentlich Jeremy Bentham (1748–1832), träumten von einem Gerät, das Glück messen könnte – dem Hedonimeter.

Das Hedonimeter wurde nie gebaut und das Ziel, Glück zu messen, für lange Zeit aufgegeben. Messen ließ sich aber die Wirtschaftsleistung, sobald einigermaßen verlässliche nationale Statistiken verfügbar waren. Vor dem Zweiten Weltkrieg entwickelt, setzte sich in den 1950er-Jahren das Bruttoinlandprodukt als Messgröße durch (siehe »Stichwort: Bruttoinlandprodukt und Alternativen«). Wenn schon Glück (oder, bescheidener formuliert, Wohlergehen) sich nicht objektiv messen ließen, so maß man nun eben das, wovon Ökonomen annahmen, dass es zu Glück und Wohlstand führe. Das BIP wurde zum Hedonimeter des 20. Jahrhunderts. Das BIP, das mehr Wohlstand bringen sollte, wurde mit dem Wohlstand selber verwechselt.

Im späteren 20. Jahrhundert erwachte das Interesse der Ökonomie am Glück wieder. Einer der Ersten, der in den 70er-Jahren systematisch untersuchte, ob ein hohes BIP die Menschen glücklicher macht, war der Ökonom William Easterlin. Seine Befunde sind seither vielfach bestätigt worden.[235]

Easterlin untersuchte Daten aus Umfragen, in denen die Menschen danach gefragt worden waren, wie glücklich sie seien.[236] Er stellte fest, dass in allen untersuchten Ländern die Leute glücklicher sind, wenn sie mehr verdienen. Er stellte aber auch fest, dass zwischen den Ländern kaum Unterschiede im Glücksniveau bestanden – egal, ob die Länder reich oder arm waren. Ein relativ Reicher in einem armen Land fühlt sich besser als ein relativ Armer in einem reichen Land, auch wenn Letzterer viel mehr verdient. Easterlins Interpretation: Offenbar ist es die Position innerhalb einer Gesellschaft, die darüber entscheidet, wie man sich fühlt. Alle streben danach, mehr zu verdienen oder zu besitzen, aber wenn tatsächlich alle mehr haben, fühlt sich niemand besser dabei. Ein Fall von (hundertprozentigem) Rebound.

Das gilt natürlich nicht, wenn es darum geht, Grundbedürfnisse zu stillen. Wer Hunger leidet, kann nicht glücklich sein. Aber je wohlhabender die Menschen sind, desto mehr von ihrem Konsum fällt auf sogenannte Positionsgüter. Bei diesen geht es nicht darum, ein absolutes Bedürfnis zu befriedigen. Es geht darum, gleich viel oder mehr zu haben als Menschen, mit denen man sich vergleicht. Solche relativen Bedürfnisse lassen sich immer nur auf Kosten der anderen befriedigen: Wenn zwei Nachbarn alles daran liegt, das jeweils schönere Auto als der andere vor dem Haus stehen zu haben, werden sie sich einen Konsumwettlauf liefern, bei dem immer nur einer zufrieden sein kann. Das ist gut für das Bruttoinlandprodukt, aber schlecht für die beiden: Sie betreiben einen immer größeren Aufwand, ohne dass es ihnen deswegen besser ginge.

Wirtschaftswachstum ist, aller ökonomischen Rhetorik zum Trotz, keine effiziente Angelegenheit. Wirtschaftswachstum bedeutet ja nicht nur, dass immer mehr produziert wird: Es muss auch immer mehr konsumiert werden. Aus Sicht der Produzenten lässt sich der Konsum am effektivsten ankurbeln, indem immer neue Bedürfnisse geschaffen werden oder indem Produkte hergestellt werden, die immer schneller kaputt gehen[237] oder aus der Mode geraten und ersetzt werden müssen. Wir konsumieren immer mehr mit immer weniger Nutzen. In britischen Haushalten soll es gemäß der Studie eines Hausratsversicherers 3,8 Millionen unbenutzte Fonduecaquelons geben![238] Man sollte eine Wirtschaft, die nutzlose Dinge herstellt, selbst geschaffene Bedürfnisse befriedigt und Produkte ersetzt, die sie zuvor absichtlich mangelhaft hergestellt hat, nicht effizient nennen.

Einige glauben, das Wirtschaftswachstum werde zum Erliegen kommen nicht weil es an Grenzen stoße, sondern weil die Menschen irgendwann einfach genug hätten. Aber Positionsgüter gibt es nie genug. Schon der französische Frühsozialist Charles Fourier (1772–1837) träumte von einer Welt, in der sich die Menschen mit dem begnügten, was sie hatten. Zwei Stunden Arbeit pro Tag sollten ausreichen, um das Wohlstandsniveau zu halten. Nur so und nicht durch Wirtschaftswachstum ließe sich Armut besiegen, denn Armut war für Fourier eine notwendige Begleiterscheinung des Überflusses.* Seit Fourier hat sich das Pro-Kopf-Einkommen verzwanzigfacht – und Sättigung ist nicht in Sicht.

Alternativen zu einer (neoklassischen) Wirtschaftswissenschaft, die auf Wachstum fixiert ist, ohne es wirklich erklären zu können, existieren, auch wenn sie (noch) ein Nischendasein fristen. Ab den 1970er-Jahren entstand die Ökologische Ökonomik. Ihr prominentester Vertreter ist Herman E. Daly, emeritierter Professor der Universität Maryland. Sein Hauptwerk *Beyond Growth (Wirtschaft jenseits von Wachstum)* erschien 1996.[239] Daly erhofft sich wie Mill den stationären Zustand, worunter er eine Gesellschaft versteht, deren physischer Wohlstand und Bevölkerungsgröße konstant bleiben, während der »Durchsatz« (Verbrauch) von Energie und Materie zur Aufrechterhaltung des Wohlstands gering ist. Erneuerbare Ressour-

---

* Ernst Bloch schrieb 1959: »Fourier [entdeckt] den außerordentlichen Satz, dass ›in der Zivilisation die Armut aus dem Überfluss selbst entspringt‹. Elend gilt nicht mehr (wie bei bürgerlichen Ökonomen noch Jahrzehnte nachher und in Amerika heute noch) als vorübergehender Zustand, der durch das Füllhorn des wachsenden Reichtums von selbst beseitigt würde.« (*Das Prinzip Hoffnung*, Werkausgabe Band 5, Frankfurt am Main 1985, Seite 651) Bloch gab also mitten in der Wachstumseuphorie der Nachkriegszeit dem Glauben an das Wirtschaftswachstum nicht mehr viel Kredit!

cen dürfen in der stationären Wirtschaft nur in dem Umfang genutzt werden, wie sie sich erneuern. Nicht erneuerbare Ressourcen dürfen nicht schneller verbraucht werden, als erneuerbare Alternativen entwickelt werden. Und Schadstoffe dürfen nur in der Geschwindigkeit freigesetzt werden, wie die Ökosysteme sie absorbieren können. Das leuchtet ein – und würde eine ungeheuer starke Einschränkung des Ressourcenverbrauchs gegenüber heute bedeuten.

Daly nennt eine solche Wirtschaft eine »Strategie, um zu verhindern, dass unser Raumschiff [...] am Krebs der Wachstumsmanie stirbt«.[240] Dabei bedient er sich durchaus konventioneller Argumente: Das Wirtschaftswachstum selber, sagt Daly, unterliege dem Gesetz des abnehmenden Grenznutzens. Hat die Wirtschaft ihre optimale Größe überschritten, ist der Grenznutzen weiteren Wachstums negativ: Das Wachstum zerstört mehr, als dass es Wohlstand schafft. Daly spricht in diesem Fall von »unökonomischem Wachstum«. Nur kommt bei Daly das Wachstum nicht automatisch zum Erliegen, wenn sein Grenznutzen unter null fällt, da es zu starke Interessen gibt, die auch von unökonomischem Wachstum profitieren.[241]

Dass die Wirtschaft einfach aufhören könne zu wachsen, bestreitet ein anderer Wachstumskritiker. Für Hans Christoph Binswanger unterliegt die Wirtschaft einem Wachstums*zwang*. Die Gründe für diesen Zwang leitet Binswanger in seinem Buch *Die Wachstumsspirale* aufwendig geldtheoretisch her. Grob zusammengefasst, lautet seine Argumentation so: Die Neoklassik versteht den Markt als erweiterten Tauschhandel. Der Tauschhandel ist ein Gleichgewichtszustand, in dem Gleichzeitigkeit herrscht: Tausche ich etwa Äpfel gegen Kohlen, dann erhalte ich die Kohlen in dem Moment, in dem ich die Äpfel abgebe. Das ist aber falsch, weil es den Faktor Zeit ignoriert. Dieser kommt in der Geldwirtschaft ins Spiel: Ein Unternehmer (oder sein Investor) muss Geld investieren, bevor er die Früchte seiner Investitionen ernten kann. Er muss also für eine gewisse Zeit auf sein Geld verzichten und geht erst noch das Risiko ein, es zu verlieren. Das ist ökonomisch nur möglich, wenn der Unternehmer damit rechnen kann, nachher mehr zu haben als vorher – und dazu muss die Wirtschaft wachsen. Und zwar, schätzt Binswanger, im globalen Durchschnitt um mindestens 1,8 Prozent pro Jahr. Würde dieser Wert für längere Zeit unterschritten, so würde nicht mehr investiert, die Wirtschaft bräche ein. Es gibt in der modernen Wirtschaft nur Wachstum oder Schrumpfung; die stationäre Wirtschaft gibt es nicht.

Binswanger weist allerdings darauf hin, dass unsere Marktwirtschaft nichts Naturgegebenes, sondern »weitgehend eine Veranstaltung des Staats ist«, der die Eigentumsrechte garantiert, die Aktiengesellschaft geschaffen hat, das Geldsystem regelt und für die Infrastruktur besorgt ist.[242] Und – eine bemerkenswerte Aussage für ein Mitglied der wirtschaftsliberalen Freisinnig-Demokratischen Partei der Schweiz – was geschaffen ist, kann geändert werden: »Will man der Einsicht, dass ein unendliches Wachstum der Wirtschaft in einer endlichen Welt nicht möglich ist, [...] den Vorrang geben, muss man sukzessive Grundlagen der modernen Wirtschaft, wie sie sich historisch entwickelt haben, so verändern, dass der Wachstumszwang abgebaut wird.«[243]

Darum müsste es gehen: dem Zweck, dem die Wirtschaft dienen soll, den Vorrang zu geben. Stellt man die Debatte vom Kopf auf die Füße und sieht im Wirtschaftswachstum wieder ein Mittel zu einem bestimmten Zweck statt einen Selbstzweck, dann wird auch die Frage, ob eine nachhaltige Wirtschaft noch wachsen kann, sekundär. Zuerst muss die Nachhaltigkeit erfüllt werden. Sollte sich dann herausstellen, dass die Wirtschaft dann immer noch wachsen kann – nun denn, dann soll sie!

Stichwort
Bruttoinlandprodukt und Alternativen

Wenn von Wirtschaftswachstum die Rede ist, dann ist in aller Regel ein Wachstum des Bruttoinlandprodukts (BIP) gemeint. Das BIP bezeichnet die Summe aller Güter und Dienstleistungen, die gegen Geld gehandelt werden. Es misst, mit anderen Worten, wie viel Geld umläuft.

Das BIP ist von verschiedener Seite kritisiert worden, doch das BIP tut nichts anderes, als etwas zu messen, das relativ genau definiert werden kann; anderes misst es nicht. Ein Problem wird daraus erst dann, wenn das BIP als genereller Indikator für den Zustand der Wirtschaft oder gar für Wohlstand gesehen wird, was in der wirtschaftspolitischen Debatte oft der Fall ist (während sich die Ökonomen der Grenzen des BIP in der Regel durchaus bewusst sind). Wenn das IPCC die Kosten von Klimaschutzstrategien in BIP-Minderwachstum ausdrückt, so ist das problematisch, weil es eine implizite Wertaussage enthält. Denn die Art, wie jemand die Welt betrachtet, beeinflusst die Art, wie er sie gestaltet.

Das BIP misst die Teile der Wirtschaft nicht, die ohne Geld funktionieren. Das sind vor allem traditionell »weibliche« Tätigkeiten: Hausarbeiten; Betreuung von Kindern, Alten und anderen Pflegebedürftigen in der Familie; Nachbarschaftshilfe. Auch Tauschhandel und Selbstversorgung werden im BIP nicht gemessen. Muss beispielsweise eine Bauernfamilie in einem Entwicklungsland, die sich bisher weitgehend selbst versorgen konnte, die Landwirtschaft aufgeben und Lohnarbeit annehmen, steigt das BIP. Auf der anderen Seite kennt das BIP keine Kosten. Ob eine Wirtschaft ihre natürliche Grundlage schont oder zerstört, ist für das BIP unerheblich. Und schließlich ist das BIP wie jeder Index, der Werte einfach aufsummiert, indifferent gegenüber Verteilung.

Es existieren alternative Indizes, die die Wirtschaft respektive den Wohlstand zu messen versuchen. Am prominentesten ist der Entwicklungsindex der Uno *(Human Development Index)*. Er misst neben der Wirtschaftsleistung auch Lebenserwartung, Alphabetisierung, Bildungsstand und Lebensstandard. Die Wirtschaftsleistung wird im Uno-Entwicklungsindex allerdings weiterhin im BIP ausgedrückt. Der Index des nachhaltigen Wohlergehens *(Index of Sustainable Economic Welfare)* oder der Indikator des Echten Fortschritts *(Genuine Progress Indicator)*, die 1989 von Ökonomen wie Herman Daly und John B. Cobb vorgeschlagen wurden, berücksichtigen auch ökologische Kosten und Ressourcenverbrauch. Verwendet man den letztgenannten Index, wächst die US-Wirtschaft nicht, sondern stagniert seit den 50er-Jahren. Mit Alternativen zum BIP befasste sich im November 2007 auch eine Konferenz der EU; Kommissionspräsident José Manuel Barroso persönlich nahm daran teil.[244]

All die genannten Indizes messen etwas und sind praktisch, weil sie das, was sie messen, in einer Zahl ausdrücken. Problematisch sind sie, wenn man dieses Etwas mit dem Zustand der Wirtschaft oder dem Wohlergehen der Menschheit gleichsetzt. In der Kult-Radioserie *Per Anhalter durch die Galaxis* von Douglas Adams aus dem Jahr 1978 findet ein Supercomputer die Antwort auf die »wichtigste Frage nach dem Leben, dem Universum und allem anderen«. Diese Antwort lautet »42«, nur erinnert sich dummerweise niemand, wie die Frage hieß. – Man sollte vorsichtig sein mit Versuchen, die Frage nach dem Wohlergehen der Wirtschaft, der Menschen und von allem anderen mit einer einzigen Zahl beantworten zu wollen.

»Verlassen wir das Öl, bevor es uns verlässt!«

Peak Oil und Klimawandel

Prognosen sind eine schwierige Sache, und wer Prognosen wagt, kann fast nur verlieren. Besonders heikel sind Prognosen darüber, wie lange es noch genug Erdöl gibt. Denn die offiziellen Zahlen über bekannte und erschlossene Reserven stammen von den Regierungen der Erdölländer und sind nicht sehr zuverlässig. Aber seit 2007 haben einige Akteure Einschätzungen gewagt, von denen man solche Aussage nicht vermutet hätte. Der Tenor ist eindeutig: Es wird knapp. Bald.

Die Frage nach den Erdölreserven ist wohl, unabhängig von Klimawandel und Ökologie, die meistdiskutierte Grenze der Wirtschaft. Das hat sich verstärkt, seit die Erdölpreise rasant ansteigen (seit ungefähr 2005). Das Stichwort zur Debatte heißt »Peak Oil«: Der Peak ist der Zeitpunkt, ab dem weniger neues Öl gefunden als gefördert wird. Mit dem Klimawandel hängt die Peak-Oil-Frage in zwei Richtungen zusammen: Wenn es kein Erdöl mehr zu verbrennen gibt, hat das einen Einfluss auf den Treibhauseffekt. Und: Wenn wirksame Maßnahmen gegen den Klimawandel ergriffen werden, dauert es länger, bis alles Erdöl aufgebraucht ist. Beim einen Problem geht es darum, wie viel Kohlenstoff der Boden noch hergibt, beim anderen darum, wie viel verbrannten Kohlenstoff die Umwelt noch aufnehmen kann.

Nach offiziellen Zahlen gab es Ende 2006 1,2 Billionen Fass (190 Billionen Liter) »bewiesene Reserven«.[245] Das sind Vorkommen, deren Ausbeutung sich nach dem heutigen Stand der Technik und unter den heutigen ökonomischen Bedingungen lohnt. In Form von sogenannt unkonventionellen Reserven – damit sind schwer auszubeutende Vorkommen gemeint wie Ölsande und Ölschiefer, Tiefseevorkommen, Schweröl – gibt es weltweit noch einmal mindestens gleich viel Erdöl.

Die Zahlen sind aber wenig vertrauenswürdig. Im Erdölkartell Opec entscheiden die ausgewiesenen Reserven darüber, wie viel ein Land fördern darf. Als die Opec 1985 ihre Förderquoten neu festlegte, wies Kuwait über Nacht fünfzig Prozent mehr Reserven aus; Venezuela verdoppelte seine Zahlen 1987. Saudi-Arabien, das Land, das am meisten Öl fördert, nämlich ein Siebtel der Weltproduktion, wies 1988 plötzlich 50 Prozent mehr Reserven aus als im Vorjahr; seither sind die Reserven immer gleich geblieben – 260 Milliarden Fass (41 Billionen Liter) oder ein Fünftel der weltweiten Reserven –, obwohl Saudi-Arabien täglich elf Millionen Fass aus dem Boden holt.

2007 wagte die Erdölindustrie-kritische Energy Watch Group eine eigene Schätzung.[246] Sie stützte sich dabei nicht auf die offiziellen Angaben, sondern auf die Kadenz, mit der neue Vorkommen entdeckt werden. Diese nimmt ab; die entdeckten Felder werden im Durchschnitt kleiner. Ein durchschnittliches neu entdecktes Ölfeld enthält heute noch etwa so viel Öl, wie die Welt in sechs Stunden verbraucht. Zwar wird auch heute noch ab und zu ein großes Ölfeld gefunden wie jenes vor der brasilianischen Küste, dessen Entdeckung die brasilianische staatliche Erdölgesellschaft Petrobras im November 2007 bekannt gab. Aber man muss auch das in den richtigen Dimensionen sehen: Petrobras vermutet im größten seit 2001 neu entdeckten Ölfeld 3 bis 8 Milliarden Fass – das entspricht dem Weltverbrauch von zwei bis drei Monaten.*

Die Energy Watch Group kommt in ihrer Studie zum Schluss, dass Peak Oil 2006 überschritten worden sei. Selbst wenn höhere Preise eine Ausbeutung der Ölsande und Tiefseevorkommen profitabel machen würden, würde das die Situation kaum entschärfen, sagt Werner

---

* Im April 2008 gab Petrobras bekannt, sie vermute vor der brasilianischen Küste insgesamt bis zu 33 Milliarden Fass Öl. Das entspräche – sofern es gefördert werden kann – etwas mehr als dem gegenwärtigen Jahres-Ölverbrauch.

Zittel, Koautor der Studie, denn diese Vorkommen könnten nicht schnell genug erschlossen werden.

Unterdessen ertönen warnende Stimmen aber auch aus der Industrie selbst: Shell-CEO Jeroen van der Veer sagte im Januar 2008: »Nach 2015 werden leicht zugängliche Vorräte an Öl und Gas wahrscheinlich nicht mehr mit der Nachfrage Schritt halten.«[247]

Am bemerkenswertesten aber sind Aussagen der Internationalen Energieagentur (IEA). Diese Unterorganisation der OECD war als Reaktion auf die Erdölkrise von 1973 gegründet worden und war bislang eher für schönfärberische Prognosen bekannt. Die Energy Watch Group wandte sich mit ihrer Studie explizit gegen frühere Einschätzungen der IEA. Doch Ende 2007 warnte die IEA selber erstmals vor einer baldigen Erdölknappheit.[248] Wenige Monate später rief IEA-Chefökonom Fatih Birol zum Ausstieg aus dem Öl auf: »Eines Tages wird es definitiv zu Ende sein! Und ich denke, wir sollten das Öl verlassen, bevor das Öl uns verlässt. [...] Es hängt von den Regierungen ab, Maßnahmen zu ergreifen. Wir haben sie gewarnt.«[249]

Was geschieht, wenn das Öl knapp wird? Zunächst einmal vielleicht weniger, als viele befürchten. Die IEA warnte 2004, ein Anstieg des Ölpreises von 25 auf 35 Dollar pro Fass würde das Bruttoinlandprodukt der OECD um ein halbes Prozent senken, die Inflation um 0,6 Prozent anheizen und 400000 Arbeitsplätze in den OECD-Staaten vernichten.[250] Als der Preis für ein Fass Öl am 2. Januar 2008 erstmals die Hundert-Dollar-Marke überschritt, hatte die Wirtschaft ganz andere Sorgen: Falsch bewertete Risiken auf dem US-Hypothekenmarkt und undurchsichtige Finanzmarktkonstrukte brachten die Wirtschaft ins Strudeln, nicht die Ölpreise.

Dennoch gibt es nichts zu verharmlosen. Um Öl werden Kriege geführt: Der Irakkrieg von 1991, der Irakkrieg seit 2003, der Bürgerkrieg im Süden des Sudan waren oder sind unter anderem oder hauptsächlich Ölkriege. Vom Öl abhängig ist die Nahrungsmittelversorgung. Ein Drittel allen Stickstoffs in der menschlichen Nahrung (Stickstoff ist der Hauptbestandteil der Proteine) stammt aus Kunstdüngern.[251] Ihn dort hinein zu bringen, braucht viel Energie, nämlich einen Liter Erdöl für jedes Kilogramm Stickstoff. Ein Bericht des US-amerikanischen Energieministeriums warnte 2005: »Ohne frühzeitige Vorkehrungen werden die ökonomischen, sozialen und politischen Kosten ohne Beispiel sein.« Diese Folgen ließen sich nur abwenden, wenn zwanzig Jahre vor dem Überschreiten des Peak Oil mit den Vorbereitungen begonnen werde.[252]

Doch für die neoklassische Ökonomie gibt es keine abrupten Versorgungsengpässe, weder beim Öl noch bei anderen erschöpflichen Ressourcen. Die neoklassische Antwort auf Ressourcenknappheit ist eine These aus dem Jahr 1931, die Harold Hotelling formuliert hat. Hotelling verweist darauf, dass Reserven Kapital sind – auch dann, wenn sie noch unter dem Boden liegen. Wenn die weltweiten Vorräte sinken und die Preise steigen, kann es für den Besitzer von Reserven interessant sein, mit der Ausbeutung zuzuwarten und diese erst später, bei höherem Ölpreis, zu verkaufen. Unterdessen braucht er nicht zu darben: Er kann auf das Kapital unter dem Boden Kredite aufnehmen. Ist der Preisanstieg höher als der Zins, lohnt es sich, zuzuwarten. Dieser Sachverhalt bewirkt, dass die Erdölländer ihr Öl immer zurückhaltender fördern, je knapper es wird. Es kommt zu keinem abrupten Ende und zu keinem abrupten Preisanstieg, sondern die Preise steigen kontinuierlich und die Vorräte erschöpfen sich allmählich. Das gibt der Wirtschaft Zeit, auf Ersatzrohstoffe oder Ersatztechniken umzusteigen.

Hotellings These hat die Vorteile vieler ökonomischer Thesen: Sie ist elegant und plausibel. Und sie hat den Nachteil vieler ökonomischer Theorien: Sie hat nichts mit der Realität zu tun. Die Erdölpreise sind lange Zeit immer nur gefallen statt gestiegen.

Die übliche Erklärung für das Nichtzutreffen von Hotellings These lautet: Es wurden eben immer neue Vorräte entdeckt. Anders sieht es Mohssen Massarrat, Professor für Politik und Wirtschaft an der Universität Osnabrück.[253] Für ihn ist der Erdölpreis noch heute nicht wirklich hoch: Er war jahrzehntelang zu tief – und das, obwohl ein Kartell wie die Opec die Marktmechanismen in Richtung höherer, nicht tieferer Preise verfälschen müsste. Massarrat sucht die Erklärung dafür nicht in der Ökonomie, sondern in der Politik.

Massarrat ist gebürtiger Iraner. Sein Heimatland erhielt 1951 als erstes Land des Nahen Ostens eine demokratisch gewählte Regierung. Diese Regierung unter Ministerpräsident Mohammed Mossadegh wurde nach zwei Jahren im Amt mithilfe des US-Geheimdiensts CIA gestürzt, der Schah wurde wieder installiert. Mossadegh war eine Gefahr für die USA und ihren auf billiges Öl gebauten Lebensstil, weil er die Ölindustrie nationalisieren wollte. Bis dahin hatten die Ölländer des Nahen Ostens das Ölgeschäft den westlichen Konzernen überlassen – zu traumhaften Vertragsbedingungen für Letztere. Die Staaten waren deshalb keine souveränen Akteure, wie Hotellings Theorie sie vorsieht, und die Konzerne waren an einer möglichst schnellen Ausbeutung interessiert und nicht daran, auf lange Sicht am meisten aus dem Kapital unter dem Boden herauszuholen – denn sie konnten nie wissen, wie lange ihre Privilegien währen würden. Seit den 1970er-Jahren haben die Staaten im Nahen Osten das Erdölgeschäft zwar dennoch nationalisiert. Aber souveräne Akteure auf dem Markt waren sie damit noch lange nicht. Massarrat zitiert den ehemaligen US-amerikanischen Wirtschaftsagenten John Perkins: »In den 1970er-Jahren wirkte ich an einem besonderen Deal mit [...]. Das saudische Königshaus [...] stimmte zu, den Ölpreis innerhalb für uns akzeptabler Grenzen zu halten. Im Gegenzug verpflichteten wir uns, das Haus Saud an der Macht zu halten.«[254] Mit anderen Worten: Der Ölmarkt kann nicht als freier Markt beschrieben werden.*

---

* Hans-Werner Sinn vom Münchener Institut für Wirtschaftsforschung Ifo – um neben dem linken Soziologen Massarrat auch einen rechten Ökonomen zu zitieren – sagt es so: Die Angst der Ressourcenbesitzer, durch einen politischen Umsturz enteignet zu werden, lässt sie die Ressourcen schneller ausbeuten, als sie dies gemäß Hotelling tun sollten. Denn das «Schweizer Bankkonto», das sie mit den Erlösen aus dem Ressourcenverkauf füllen, könne sie über einen allfälligen Putsch hinwegretten, die Verfügungsgewalt über die Ressourcen nicht. Sinn, *Paradoxon*, Seiten 382ff.

Heute aber, glaubt Massarrat, beginnt »ein neues Zeitalter von Ölknappheitspreisen. Aller Wahrscheinlichkeit nach ist diese Transformation nicht mehr rückgängig zu machen.«

Darin sehen viele eine Chance – beispielsweise Ernst Ulrich von Weizsäcker, Dekan der Bren School of Environmental Science and Management der Kalifornischen Universität in Santa Barbara. Von Weizsäcker, eine prominente Figur der wissenschaftlichen Umweltdebatte, sagt, hohe Ölpreise würden die Wirtschaft motivieren, auf andere Energieformen umzusteigen, die erst dank der hohen Ölpreise konkurrenzfähig würden.[255]

Nur: Die Preise steigen ja, weil die Nachfrage so stark ist. Gewiss kaufen die Amerikaner jetzt wieder etwas kleinere Autos – aber das sagt nichts über den globalen Verbrauch aus. Käme es zu einem Umstieg auf andere Energieträger in einem Umfang, dass die Nachfrage global sänke – erst dann würde die Umwelt profitieren –, dann sänken auch die Preise wieder und der Effekt wäre weg.*

Die plötzlich hohen Preise sind im Gegenteil eine Gefahr für die Umwelt, denn sie motivieren die Suche nach Erdöl auch dort, wo es sich bisher nicht lohnte. In Alaska werden Umweltschutzbestimmungen gelockert, sodass in Naturschutzgebieten nach Öl gebohrt werden kann. Im kanadischen Alberta werden Ölsande abgebaut. Für die nahe unter der Erdoberfläche liegenden Sande werden riesige Flächen Boden zerstört. Aus den tief liegenden Sanden muss das zähflüssige Bitumen herausgelöst werden – mit Lösungsmitteln und Hitze, die mit Erdgas erzeugt wird.

Verheerend ist auch die Umweltbilanz von synthetischem Erdöl, das aus Kohle gewonnen wird. Südafrika versorgte sich auf diese Weise mit Erdöl, als es wegen seines Apartheidregimes boykottiert

---

* Die Internationale Energieagentur hat Anfang Juni 2008 prognostiziert, dass die Nachfrage nach Erdöl auch 2008 steigen werde. Wegen der hohen Erdölpreise falle lediglich das Wachstum der Nachfrage tiefer aus als in den Vorjahren.

wurde. Die südafrikanische Gesellschaft Sasol plant derzeit ein Werk für synthetisches Erdöl in China. Ein Liter synthetisches Öl setzt insgesamt etwa doppelt so viel CO_2 frei wie ein Liter normales Erdöl, seine Herstellung verbraucht zehn Liter Wasser. Die Herstellungskosten liegen derzeit bei etwa 120 Dollar pro Fass.[256]

Oder es wird von Öl auf Kohle umgestellt. Kohle setzt pro Energieeinheit ein Viertel mehr CO_2 frei als Erdöl.[257] Wenn Kohle billiger ist als Öl, lässt es auch eine Regierung wie die gegenwärtige deutsche von Angela Merkel, die auf dem internationalen Parkett so engagiert gegen den Klimawandel auftritt, zu, dass der Energiekonzern Vattenfall in der Lausitz (Brandenburg) reihenweise Dörfer schleift, um Braunkohle für neue Kraftwerke abzubauen.

Ölknappheitspreise, mahnt Massarrat, »stellen keine Garantie für den weltweiten Übergang zu regenerativen Energien dar«. Die Weltgemeinschaft werde deshalb »ohne eine globale Regulierung des Angebots aller fossilen Energiequellen nicht auskommen«.[258]

Eine Chance für das Klima könnte die Erdölknappheit dennoch darstellen – sie müsste aber aktiv genutzt werden. Das meinen Pushker A. Kharecha und James E. Hansen.[259] Die beiden Nasa-Klimatologen haben für fünf Szenarien berechnet, wie sich die Emissionen entwickeln werden, wenn die Schätzungen der US-Regierung über die Vorräte zutreffen. Diese rechnen damit, dass die Fördermaxima bei Fortführung der heutigen Verbrauchstrends in den Jahren 2016 (Öl), 2026 (Gas) respektive 2077 (Kohle) erreicht werden. Die »unkonventionellen« Erdölreserven (Ölsande, Tiefseeöl, Schweröl) haben die Autoren nicht berücksichtigt.

Kharecha und Hansen erachten eine Erwärmung von maximal 1 Grad gegenüber 2000 (1,7 Grad gegenüber vorindustrieller Zeit) als erträglich. Ein Aufbrauchen aller fossilen Vorräte würde das Klima weit darüber hinaus erwärmen. Entscheidet sich aber die Menschheit dafür, nur Öl und Gas aufzubrauchen und aus der Kohle auszusteigen, dann wird sich die CO_2-Konzentration auf einem Niveau stabilisieren, das gerade noch keinen »gefährlichen« Klimawandel zur Folge hat. Es dürften dann allerdings ab 2010 keine Kohlekraftwerke mehr gebaut werden, und die bestehenden müssten bis spätestens 2030 abgeschaltet sein. Es ist möglich – aber es wird eng.

Vielleicht führt die Angst vor dem Ende des Erdöls zur Einsicht, zu der der Klimawandel noch nicht geführt hat: Irgendwann ist alle. Vielleicht werden in der Peak-Oil-Debatte Dinge politisch denkbar, die bisher tabu waren. IEA-Chefökonom Birol deutet an, aus dem Weltenergieausblick vom November 2008 würden »etliche Leute neue Schlussfolgerungen ziehen«. Er wird etwas konkreter, in welche Richtungen diese neuen Schlussfolgerungen gehen könnten: »Wir müssen unser Denken darüber überprüfen und revidieren, wie viel Öl und Gas auf den Markt kommt. [...] Ich glaube nicht, dass die Märkte allein die Probleme lösen können. Wir können ihnen nicht alles überlassen!«[260] Den Ohren überzeugter Marktliberaler tut das natürlich weh – aber Infrastruktur und Energie waren politisch schon immer zu wichtig, als dass die Staaten sie den Marktkräften allein überlassen hätten.

Ressourcen werden knapp. Streit um Ressourcen war in der Geschichte der Menschheit die wichtigste Ursache für Kriege. Könnte es sein, dass der Klimawandel, Hand in Hand mit der Peak-Oil-Debatte, den Anlass böte, anders mit Ressourcenkonflikten umzugehen? Könnte es sein, dass im Zuge der Bemühungen, des Klimawandels Herr zu werden, die Ressourcenverteilung aus der Arena der Machtpolitik in die Arena multilateraler Politik wechseln würde – dass künftig um Ressourcen nicht gekämpft, sondern verhandelt würde? Könnte es sein, dass sogar die Wirtschaft davon profitierte, weil eine politisch ausgehandelte Nutzung der Reserven mehr Planungssicherheit böte als das Rätseln darüber, wie lange das Öl noch ausreicht? Das Kioto-Protokoll ist das bislang einzige globale Abkommen zur Erdölrationierung und weist damit, so schwach es ist und so viele Konstruktionsfehler es aufweist, in die richtige Richtung.

Das wäre eine unschätzbare Chance des Klimawandels, und an diese Chance zu glauben, ist vielleicht hoffnungslos utopisch. Doch zu glauben, technischer Fortschritt bringe die Lösung der Umweltprobleme quasi gratis, ist sehr viel utopischer.

Das fossile Zeitalter als Übergangsphase
Historisches und Zukünftiges

Wenn Rolf Peter Sieferle von seinem Schreibtisch an der Universität St. Gallen aufblickt, sieht er durch das Fenster auf einen Bauernhof mit seinem Silo. Das passt zu seiner Arbeit: Um so bodenständige Dinge wie Futter, allgemeiner: um Energie- und Materialflüsse dreht sich die Arbeit des Historikers.

Sieferle ist einer der Väter des Konzepts des »sozialen Metabolismus« (des gesellschaftlichen Stoffwechsels). Dieses Konzept interpretiert die Weltgeschichte aus dem Blickwinkel der Energieverwendung. Die materiellen und energetischen Grundlagen von Gesellschaften genießen in der Geschichtswissenschaft derzeit eher wenig Aufmerksamkeit – doch dieser Blickwinkel eröffnet einige verblüffende neue Einsichten. Und er hilft zu verstehen, woher unsere Abhängigkeit von fossilen Energieträgern kommt, was Kohle, Öl und Gas historisch ermöglicht haben und weshalb es so enorm schwierig ist, von ihnen loszukommen.

Das Konzept des sozialen Metabolismus unterscheidet grob zwischen drei Energieregimes in der menschlichen Geschichte. Das älteste ist das der »unkontrollierten Solarenergieflüsse«, unter dem Jäger- und Sammlergesellschaften lebten. Alle Energie, die sie brauchten – Nahrung sowie Brennmaterial für Feuer –, war Biomasse, also letztlich Sonnenenergie: Fleisch, Früchte, Holz. Die Menschen entnahmen der Natur diese Energie, ohne gezielt in die Energieflüsse einzugreifen.

Die Landwirtschaft brachte das Energieregime der »kontrollierten Solarenergieflüsse«. Durch den Anbau von Nahrungspflanzen und die Viehzucht griff der Mensch gezielt in die Energieflüsse ein, wodurch er die Energie, die er brauchte, auf kleinerer Fläche konzentrieren konnte. Das ermöglichte Bevölkerungswachstum, allerdings um den Preis, dass die Menschen viel mehr arbeiten mussten, um sich zu ernähren. Andere Formen der Solarenergie, die unter diesem Energieregime genutzt wurden, waren Wind- und Wasserkraft. Stauwerke und Umleitungen von Wasserläufen waren ebenfalls Eingriffe in die natürlichen Energieflüsse.

Das dritte Energieregime schließlich ist das fossile, das in Europa ab 1700 langsam einsetzte und seit dem 19. Jahrhundert an Schwung gewann. Die Menschheit musste sich nun nicht mehr in einen konstanten Energiefluss einschalten, sondern konnte erstmals auf einen *Bestand* an Energie zugreifen, und zwar einen Bestand, der zunächst unerschöpflich schien.

Weshalb ist die Energienutzung derart wichtig, dass eine Einteilung der Menschheitsgeschichte in Epochen der Energienutzung gerechtfertigt ist? Weil erst die fossilen Energien das präzedenzlose Wachstum von Bevölkerung und Wirtschaft ermöglichten, das wir seit dem Beginn der industriellen Revolution erleben, sagt Sieferle. Wir haben uns heute an Wachstum gewöhnt, sodass es uns normal erscheint. Aber die Wachstumsphase seit gut zweihundert Jahren ist ein historischer Ausnahmezustand.

In vorindustrieller Zeit war jedes Wachstum dem Gesetz des abnehmenden Grenznutzens unterworfen. Agrargesellschaften mussten Energie auf großen Flächen einsammeln – vor allem auf Acker- und Waldflächen. Das war aufwendig, und je größer der Energiebedarf, desto größer die Fläche, desto größer der Aufwand. Sieferle illustriert es mit einem Beispiel: In einem vorindustriellen landwirtschaftlichen Betrieb wurde etwa das Dreißigfache der Energiemenge, die schließlich in Form von Produkten aus dem Betrieb hinausfloss, intern umgesetzt. Wenn man den Bauernhof als Kraftwerk betrachtet, so war er extrem ineffizient – allerdings war er in Bezug auf Selbstversorgung durchaus effizient.

Zwar kennen auch Gesellschaften unter dem Regime der kontrollierten Solarenergieflüsse dynamische Wachstumsphasen, in Europa etwa im Hochmittelalter. Diese Phase war aber um 1300 vorbei, die

Wirtschaft – in erster Linie die Landwirtschaft – hatte ihre Möglichkeiten ausgereizt. Als mit dem 14. Jahrhundert eine Klimaverschlechterung eintrat, brach die Bevölkerung ein, und als dann ab 1347 die Pest Europa heimsuchte, waren ihr die geschwächten Menschen fast schutzlos ausgesetzt. Danach geschah, sagt Sieferle, für lange Zeit nicht mehr viel. Zwar gab es das Auf und Ab der politischen Geschichte, und geistesgeschichtlich änderte sich mit der Reformation und der Entstehung der modernen Wissenschaften sehr viel.

Der Bevölkerungsdruck hatte abgenommen, weil um 1400 nur noch halb so viele Menschen in Europa lebten wie um 1300. Die neu eroberten Kolonien in Übersee vergrößerten die verfügbare Fläche, die die Europäer mit billiger Sklavenarbeit beispielsweise für Zuckerrohrplantagen nutzten und die später Millionen Europäer vor dem Hungertod retteten, da sich der Ausweg der Emigration anbot. Auch die Landwirtschaft machte Fortschritte: Neue Fruchtfolgen mit Stickstoff bindenden Pflanzen (den sogenannten Leguminosen, beispielsweise Klee oder Hülsenfrüchten) machten die Brachen überflüssig, sodass die verfügbare Fläche zunahm (diese Innovation setzte in den Niederlanden um 1500 ein, verbreitete sich aber nur langsam und erreichte Süd- und Osteuropa erst im 19. Jahrhundert). Neue Feldfrüchte aus Amerika wie Mais und Kartoffel brachten höhere Flächenerträge. All diese Neuerungen bedeuteten aber nur ein Hinausschieben der Grenze: Die Fläche blieb der limitierende Faktor. Die Ernährungssituation der Menschen in Europa verschlechterte sich seit dem Ende des Mittelalters bis ins 19. Jahrhundert zunehmend.

Mit den fossilen Energieträgern änderte sich diese Situation vollkommen. Diese Energieträger haben eine sehr viel höhere Energiedichte als Biomasse und lassen sich leicht transportieren – Öl und Gas sind in dieser Hinsicht geradezu ideal. Der Aufwand zum Einsammeln der Ressourcen ist extrem gering, da es nicht mehr auf großen Flächen geschieht – eines von Sieferles Büchern heißt denn auch *Das Ende der Fläche*.[261] Statt dem Gesetz des abnehmenden Grenzertrags werden nun zunehmend Skalenökonomien bestimmend: Wachstum begrenzt sich nicht mehr selbst, sondern es befördert neues Wachstum. Die Dampfmaschine, die am Anfang dieser Entwicklung stand, funktioniert selbst wie eine Skalenökonomie: Je größer ihr Heizkessel, desto geringer ist dessen Oberfläche im Verhältnis zum Volumen. Größere Heizkessel verlieren deshalb weniger Energie und sind effizienter.

Was nun folgte, waren Massenproduktion und zunehmende Arbeitsteilung, wodurch die Arbeitsproduktivität stieg. Ganz wichtig war in diesem Prozess der Verkehr: Billiger Transport ermöglicht größere Absatzgebiete, sodass eine Fabrik höhere Stückzahlen auch absetzen kann.

Die Flächenabhängigkeit blieb natürlich dadurch bestehen, dass die wachsende Bevölkerung essen musste. Aber auch die Landwirtschaft profitierte von der industriellen Revolution, wenngleich nur allmählich. Zunächst einmal war dank Steinkohle die Eisengewinnung viel billiger geworden; Eisen für landwirtschaftliche Geräte stand nun in großer Menge billig zur Verfügung. Im späten 19. Jahrhundert begannen Landwirte in Europa mit Guano, einem Vogelkot, zu düngen, das sie dank den billigeren Verkehrsmitteln aus Südamerika importieren konnten. Um 1900 entwickelten Fritz Haber und Carl Bosch ein Verfahren zur Synthese von Ammoniak – der Basis von Kunstdüngern – aus atmosphärischem Stickstoff. Das war der Anfang der agrochemischen Industrie, die unter Einsatz von viel fossiler Energie Dünger und Pestizide herstellte. Als mit Erdöl betriebene Traktoren und andere landwirtschaftliche Maschinen auf den Markt kamen, konnten die Betriebe auf Zugtiere verzichten, wodurch wieder Fläche frei wurde, die bis dahin zum Anbau von Futter für diese Tiere besetzt war. Verwissenschaftlichte Formen der Zucht lieferten schließlich neue Sorten, die sich für den industrialisierten Anbau eigneten. Die Flächenerträge wurden vervielfacht. Diese Agrarrevolution begann in den USA, Kanada, Argentinien und Australien in den 1930er-Jahren, kam nach dem Krieg nach Europa und verbreitete sich ab den 1960er-Jahren über alle Kontinente. Das war die »Grüne Revolution«. Ein Großteil der Landwirte weltweit hat freilich bis heute an dieser Revolution nicht teilgehabt und arbeitet nach wie vor von Hand, oft mit wenig mehr Geräten als einer Machete oder einer Hacke, mit traditionellen Sorten und ohne Dünger oder Pestizide.

Die Industrialisierung ist für Sieferle ein Prozess, der dank des zufälligen – und äußerst unwahrscheinlichen – Zusammentreffens vieler günstiger Faktoren ermöglicht wurde. Doch das gegenwärtige, fossile Energieregime ist für ihn nur ein Übergangsstadium, denn die fossilen Energien werden sich früher oder später erschöpfen: »Eine ›Industriegesellschaft‹ im Sinne einer dauerhaften sozialen, ökonomischen oder politischen Struktur existiert überhaupt noch nicht.«[262] Die Nutzbarmachung der Kohle kam für Europa gerade rechtzeitig, da die Menschheit wieder einmal an ihre Grenzen gestoßen war: »Wenn die Grenzen des solarenergetischen Systems nicht gesprengt worden wären, hätte man mit einem langwierigen Tauziehen um Macht und Ressourcen in einer Dramatik rechnen können, wie sie sich wohl erst gegen Ende des fossilen Energiesystems in einer überbevölkerten Welt einstellen wird.«[263]

Damit deutet Sieferle düster an, dass man an das Ende des fossilen Zeitalters keine allzu romantischen Erwartungen stellen sollte. Die Industrialisierung fiel zeitlich und geografisch zusammen mit der Entstehung der freiheitlichen Gesellschaftsordnung, von Demokratie und Menschenrechten und auch mit der Abschaffung der Sklaverei. Wären diese Errungenschaften ohne billige Energie möglich gewesen? Kaum, meint Sieferle.* In einer Gesellschaft ohne ma-

---

* Die athenische Demokratie war lokal und kurzlebig und würde heutigen Demokratievorstellungen nicht gerecht. Die Demokratie der Irokesen, die die Gründungsväter der USA inspirierte, war vermutlich erst entstanden, nachdem die europäischen Eroberer die indianische Bevölkerung stark dezimiert hatten. Die wenigen Überlebenden konnten sich reichliche Ressourcen teilen, ihre Gesellschaft war eine Überflussgesellschaft, womit die irokesische Demokratie Sieferles Überlegungen eher stützt als widerlegt.

teriellen Überfluss gehörten Reichtum und Macht immer zusammen, sagt Sieferle: »Wer in einer Agrargesellschaft reich war, ohne mächtig zu sein, lebte immer in Gefahr. Man musste den Reichtum durch Macht absichern. Reiche Juden beispielsweise, die im christlichen Europa keine politische Macht hatten, waren immer in Gefahr, enteignet oder umgebracht zu werden. Wuchs die Bevölkerung, wurden die Machtkämpfe schärfer. Erst durch die Industrialisierung wurde es möglich, reich zu sein ohne Macht und trotzdem in Sicherheit zu leben.«

Das geschah nicht sofort. Zuerst kam es angesichts der Industrialisierung zu enormen sozialen Verwerfungen: Man habe einen Weg finden müssen, das Leben unter den neuen Bedingungen gleichgewichtsfähig zu machen, sagt Sieferle. Dieser Weg hieß Wohlstandssteigerung durch Wirtschaftswachstum und soziale Umverteilungssysteme.

Wenn nun die Energie knapp wird, werden Verteilungskämpfe zunehmen. »Stellen Sie sich Demokratie in einer Welt ohne Wachstum vor: Die Macht liegt bei der Mehrheit. Wenn diese verarmt, wird sie den Staat dazu benutzen, den Wohlstand zu ihren Gunsten umzuverteilen. Das werden sich die Eliten auf Dauer nicht gefallen lassen.« Ob unter solchen Umständen Demokratie noch möglich sei, sei fraglich. Vielleicht ist Sieferle zu pessimistisch. Sicher aber wird Demokratie in einer Welt, deren Wohlstand schrumpft, schwieriger werden.

Natürlich fällt die Gesellschaft, wenn ihr die fossilen Energien ausgehen, nicht einfach auf den Stand von 1750 zurück, denn unterdessen sind neue Techniken entwickelt worden, die Sonnenenergie sehr viel effizienter zu nutzen, und die Fortschritte der Landwirtschaft basieren nicht alle auf Erdöl. Wird das genügen, um uns vor den düsteren Szenarien zu bewahren? Das sei die große Frage, sagt Sieferle: »Wird sich die fossile Phase als das große Besäufnis herausstellen, nach dem man mit einem Kater aufwacht? Oder wird es uns gelingen, diese Phase als ein Sprungbrett zu nutzen? Letzteres ist der

Gedanke der Nachhaltigkeit. Das Schwierige daran ist, dass dreihundert Jahre zwar eine sehr kurze Zeitspanne sind, gemessen an den zehntausend Jahren der Existenz der Agrargesellschaft. Aber es ist doch eine lange Zeit im biografischen Maßstab. Es gibt eine Dynamik der Wachstumserwartungen. Wenn jemand sagt ›Wir leben über unsere Verhältnisse‹, dann hört das niemand gerne. Eine Politik, die sagt, ›Machen wir weiter, die Technik wird's schon richten‹, findet größere Akzeptanz.«

Genug zu essen ohne Erdöl?

Klimawandel, Erdöl und Hunger

Seit dem Herbst 2007 hat ein Thema die Medien erobert, das in Vergessenheit geraten war: Hunger – nicht Hunger in einer bestimmten, gerade von einer Dürre heimgesuchten Region, sondern Hunger als globales Phänomen. Die Preise wichtiger Nahrungsmittel sind innert weniger Monate auf mehr als das Doppelte angestiegen. Hungerrevolten erschütterten zahlreiche Länder; angefangen mit den Protesten gegen hohe Maispreise in Mexiko im Januar 2007 bis hin zu schweren Ausschreitungen in Haiti, Ägypten, Kamerun und weiteren Ländern in Lateinamerika, Westafrika oder Südostasien in den ersten Monaten des Jahres 2008. Selbst Italien hatte im Herbst 2007 seinen »Pastastreik«. Die Weltbank und der Währungsfonds, die Uno und ihre Unterorganisationen befassten sich mit der Krise. Laut dem Uno-Welternährungsprogramm waren die Getreidelager nie zuvor in der 45-jährigen Geschichte der Organisation so leer.[264]

Einer der Gründe, der oft genannt wird, weshalb die Preisexplosion gerade jetzt auftrete, sind Dürren in verschiedenen Teilen der Welt, die der Landwirtschaft Ertragseinbußen beschert haben. An Dürren litten in den vergangenen Jahren etwa Australien, Chile oder Spanien. In der Sahelzone war es lange Zeit zu trocken, bevor im Sommer 2007 heftige Niederschläge von Westafrika bis Uganda Millionen Menschen obdachlos machten und große Teile der Ernten verfaulen ließen.

In Südkalifornien hat die regionale Wassergesellschaft im Januar 2008 die Wasserzuteilung für die Landwirtschaft um dreißig Prozent reduziert. Die Wasserknappheit in Kalifornien lässt sich laut dem Scripps Institution of Oceanography in La Jolla zu sechzig Prozent direkt auf die Klimaerwärmung zurückführen.[265]

Der Klimawandel wird zwar in einigen Regionen der Welt zu besseren Ernten führen; Optimisten rechnen gar mit einem globalen Netto-Mehrertrag dank wärmeren Temperaturen. Vor allem Regionen mit heute schon prekärer Versorgungslage werden aber unter dem Klimawandel leiden. Im südlichen Afrika könnten die Erträge innert der nächsten zwanzig Jahre um bis zu dreißig Prozent abnehmen.[266]

Die Wasserknappheit dürfte dramatisch werden und gibt wenig Anlass zu Optimismus. Das Uno-Umweltprogramm schreibt: »Wenn die jetzigen Trends weitergehen, werden im Jahr 2025 1,8 Milliarden Menschen in Ländern oder Regionen mit absoluter Wasserknappheit leben, und zwei Drittel [!] der Weltbevölkerung könnten unter Wasserstress leiden.«[267] Auch die Fischbestände in den Ozeanen sind durch die Erwärmung bedroht: Drei Viertel der weltweiten Fischgründe würden durch den Klimawandel »ernsthaft betroffen«, schreibt das Uno-Umweltprogramm.[268]

Die Nahrungsmittelproduktion ist aber nicht nur vom Klimawandel betroffen, sie trägt auch viel zu diesem bei. Dreizehn Prozent der vom Menschen verursachten Treibhausgas-Emissionen werden in der Landwirtschaft produziert, weitere achtzehn Prozent (vor allem in Indonesien, Brasilien und Malaysia) entstehen durch Landnutzung und »Landnutzungsänderungen« (damit sind beispielsweise Abholzungen gemeint), die ebenfalls zu einem großen Teil auf das Konto der Landwirtschaft gehen.[269] An den Treibhausgasen Lachgas und Methan hat die Landwirtschaft einen Anteil von sechzig respektive fünfzig Prozent.[270]

Methan entsteht in erster Linie in der Viehzucht und beim Reisanbau; Lachgas wird von übermäßig mit Stickstoff gedüngten Böden frei. Die moderne Landwirtschaft verbraucht Erdöl zur Herstellung von Düngemitteln (mehr als die Hälfte des landwirtschaftlichen Energiebedarfs), von Pestiziden sowie zum Betreiben ihres Maschinenparks. Der Verbrauch von Düngemitteln hat in den letzten Jahrzehnten massiv zugenommen; in den letzten zwanzig Jahren gelangte mehr Kunstdünger auf die Felder als je zuvor.[271] Die Landwirtschaft, einst fast alleinige Energielieferantin der Menschheit, ist heute Netto-

Verbraucherin: Um ein Kilojoule Nahrung zu produzieren, werden in Europa im Durchschnitt 1,2 Kilojoule Energie investiert.[272] Verarbeitung, Transport und Verpackung der Lebensmittel sind in dieser Zahl noch nicht enthalten.

Könnte eine klimaveträgliche Landwirtschaft, also eine, die fast ohne Erdöl auskommt, die Menschheit überhaupt noch ernähren? Könnte eine Landwirtschaft die Menschheit noch ernähren, wenn das Erdöl ausgeht?

Im Film *The Oil Crash* sagt Roscoe Bartlett, republikanischer Abgeordneter aus Maryland, fast beiläufig, ohne Erdöl würde die Landwirtschaft noch Nahrung für anderthalb bis zwei Milliarden Menschen produzieren können.[273] Fünf Milliarden Hungertote?

Bartlett sagt nicht, wie er auf seine apokalyptische Schätzung kommt, aber sie ist auf den ersten Blick plausibel. Die Agrarrevolution des 20. Jahrhunderts hat die Erträge pro Hektar dort, wo sie wirksam war, vervielfacht. Die Landwirtschaft produziert heute weltweit so viel wie nie zuvor und ernährt, trotz 950 Millionen Unterernährten und täglich 20 000 Hungertoten, so viele Menschen wie nie zuvor. Diese Agrarrevolution beruht auf vier Pfeilern: synthetische Düngemittel, chemische Pflanzenschutzmittel, Mechanisierung, ertragreichere Sorten. Die ersten drei Säulen sind energieintensiv und fielen ohne Erdöl praktisch weg.

Aber die Landwirtschaft muss ihre Erträge nicht nur aufrechterhalten können, sie muss immer mehr produzieren, um mit dem Bevölkerungswachstum und der steigenden Nachfrage nach Fleisch und Agrarenergie mithalten zu können. Doch bedeutet die gegenwärtige Krise nicht, dass ihr Potenzial heute schon ausgereizt ist?

Man muss die Warnungen mit Vorsicht genießen. Viele der Mahner haben ein Interesse an einer bestimmten Interpretation der Lage. Beispielsweise Peter Brabeck, der kurz vor seinem Rücktritt als Präsident von Nestlé, des weltgrößten Nahrungsmittelkonzerns, nicht müde wurde, Interviews zu geben.[274] Seine Botschaft lautet: Die Situation ist so schlimm, dass nur noch die Gentechnik uns retten kann.

Hier widerspricht der Agronom Marcel Mazoyer von der Landwirtschaftshochschule AgroParisTech, Autor einer monumentalen Weltgeschichte der Landwirtschaft.[275] Er weist darauf hin, dass die Preise im historischen Vergleich immer noch tief sind – zu tief für viele Bauern, um von ihrer Arbeit leben zu können.

Für Mazoyer ist die jetzige Preisexplosion nicht durch die steigende Nachfrage zu erklären.[276] Die Nachfrage steige, aber nicht plötzlich, sondern stetig um etwa zwei Prozent pro Jahr. Die Preisexplosion sei eine Folge der Investitionszyklen in der Landwirtschaft: In den 1970er-Jahren wurde viel investiert, die Grüne Revolution machte große Fortschritte und wurde von der Weltbank gefördert. Das »heimatlose Kapital«, wie Mazoyer es nennt, fand in den Ländern des Südens hervorragende Bedingungen: gute Böden, billige Arbeitskräfte, korrupte Regierungen, die ihm jeden Wunsch erfüllten, keine Umweltgesetze. Wälder wurden gerodet, Konzessionen ohne soziale und ökologische Rücksichten vergeben. »Erstmals seit den großen Zuckerrohrplantagen in der Kolonialzeit«, sagt Mazoyer, »war eine neokoloniale Bewegung entstanden.«

Als die Investitionen wirkten, fielen die Preise. Gleichzeitig hat die Globalisierung landwirtschaftliche Systeme unterschiedlichster Tradition und unterschiedlichster Voraussetzungen zu Konkurrenten auf demselben Markt gemacht. Das konnte nicht gut gehen: Zu Beginn des 20. Jahrhunderts hatte das Produktivitätsverhältnis zwischen der produktivsten und der unproduktivsten Landwirtschaft bei 10 zu 1 gelegen; heute liegt es bei 500 zu 1.[277] Millionen Landwirte verarmten und wanderten ab in die Slums von Abidjan, Porto Alegre oder Jakarta. Auch in Westeuropa könnte bei den Weltmarktpreisen, wie sie um die Jahrtausendwende herrschten – um hundert Euro pro Tonne Weizen – ohne Subventionen kein Landwirt mithalten.

Bei allzu tiefen Preisen wird nicht mehr investiert, die Produktivitätsfortschritte nehmen ab und können nicht mehr mit der steigenden Nachfrage mithalten, die Preise explodieren: Diese Situation erlebt die Welt derzeit. Mazoyer glaubt, dass die jetzige Entwicklung so verlaufen wird wie die Preisentwicklung in den 70er-Jahren: Nach wenigen Jahren, wenn die Investitionen wirken, fallen die Preise wieder. Den verarmten Bauern wird die kurze Hausse wenig gebracht haben: Sie können deswegen die letzte Kuh, die sie während der Tiefpreisphase verkauft haben, nicht einfach wieder zurückkaufen und weitermachen wie zuvor.

Die Kapazität der Erde reiche aus, auch eine Weltbevölkerung von neun oder zehn Milliarden Menschen zu ernähren, sagt Mazoyer und illustriert die Aussage mit einer Überschlagsrechnung: Wenn die Weltbevölkerung neun oder zehn Milliarden betrage und gleichzeitig der Hunger besiegt werden solle, brauche es doppelt so viel Nahrungsmittel wie heute. Die Landreserven, die heute noch brachlägen und die genutzt werden könnten, ohne dafür wertvolle Ökosysteme zu zerstören, betrügen etwa siebzig Prozent der heute bebauten Fläche (diese Zahl ist freilich stark umstritten). In der Hälfte der Welt, die von der Grünen Revolution noch nicht profitiert hat, ließen sich die Flächenerträge durch bessere Anbaumethoden verdoppeln. Aktivierung der Flächen und Ertragssteigerung in wenig entwickelten Gebieten ergäben zusammen eine Verdoppelung der weltweiten Erträge. Es brauchte dazu, sagt Mazoyer, eine »hellgrüne Revolution« – eine Modernisierung der Landwirtschaft ohne die »Exzesse«, das heißt ohne den Ressourcenverbrauch der industriellen Landwirtschaft. Allerdings: »Für den Anbau von Agrotreibstoffen hat es dann nicht auch noch Platz. Und wenn die ganze Welt so viel Fleisch essen will wie wir heute, dann geht es auch nicht.« Und, muss man ergänzen: wenn der Klimawandel ungebremst weitergeht, wohl auch nicht.

Dass eine Landwirtschaft ohne viel Ressourcenverbrauch – also ein im weiteren Sinne mit biologischem Landbau – die Welt ernähren könnte, ist mehrfach festgestellt worden.[278] Das interessanteste wissenschaftliche Projekt zu dieser Frage war das 2008 abgeschlossene International Assessment on Agricultural Knowledge, Science and

Technology for Development (IAASTD)*. Nach dem Muster des IPCC und unter dem Vorsitz des früheren IPCC-Vorsitzenden Robert Watson haben über vierhundert Autoren den Stand des Wissens über landwirtschaftliche Entwicklung zusammengefasst. Herausgekommen sind ein globaler und fünf regionale Berichte.

Die IAASTD-Berichte sehen die Zukunft in einem kleinbäuerlichen, nachhaltig wirtschaftenden – biologischen – Landbau sowie in einer Landwirtschaftsforschung, die die Landwirte mit einbezieht. »Wenn das landwirtschaftliche Wissen und die landwirtschaftliche Wissenschaft und Technik in Richtung Agrarökologie ausgerichtet werden, wird das dazu beitragen, Umweltprobleme anzugehen und gleichzeitig die Produktivität zu erhöhen«, heißt es in der Zusammenfassung der Berichte.[279] Eine umweltverträgliche Landwirtschaft sei nicht nur in der Lage, die Menschheit zu ernähren, sie sei Voraussetzung dafür. Denn die moderne Landwirtschaft zerstöre die eigenen Grundlagen. In der vorsichtig-diplomatischen Sprache der Zusammenfassung heißt das: »Der Fokus auf Ertrags- und Produktivitätssteigerung hatte in einigen Fällen negative Auswirkungen auf die ökologische Nachhaltigkeit.«[280] Deutlicher drückte sich der IAASTD-Kovorsitzende Hans Herren aus: »Weitermachen wie bisher geht nicht. Wir haben keine Minute zu verlieren.«[281]

Das IAASTD bildet den Stand des gegenwärtigen Wissens ab. Zwar haben die Vertreter der Agrarchemie-Unternehmen Syngenta, Monsanto und BASF, die zu Beginn am IAASTD beteiligt waren, dieses unter lautem Protest verlassen. Der ganze Prozess sei unwissenschaftlich. Man sollte dem aber nicht mehr Gewicht geben als der Erdölindustrie, die die Klimaforschung zu diskreditieren versucht,

---

* Das »Knowledge« im Titel des Projekts kam verspätet hinzu, weshalb es in der Abkürzung fehlt. Im Verlaufe ihrer Arbeit realisierten die IAASTD-Autoren, wie wichtig es ist, bäuerliches Erfahrungswissen – dafür steht »Knowledge« – einzubeziehen; eine Sichtweise, die zu heftigen Kontroversen geführt hat.

oder der Zigarettenindustrie, die gegen Studien protestiert, die einen Zusammenhang von Rauchen und Lungenkrebs belegen.

Doch wie soll die Landwirtschaft ihre Erträge steigern, wenn sie auf Kunstdünger, Pestizide und teilweise auf die Mechanisierung verzichten muss? Verzicht auf industrielle Landwirtschaft bedeutet nicht einfach, das Rad der Zeit zurück zu drehen. Vor der Agrarrevolution des 20. Jahrhunderts geschah die Versorgung der Böden mit Stickstoff durch Fruchtfolgen mit Leguminosen (zu diesen gehören Klee oder Bohnenfrüchte). Die Leguminosen leben in Symbiose mit Mikroorganismen, den Rhizobien, die Stickstoff aus der Luft gewinnen können. Andere Mikroorganismen, die Mykorrhizen, helfen den Pflanzen, Phosphor aus dem Boden aufzunehmen. Ein schonender Umgang mit Phosphor ist besonders wichtig, weil die Phosphorvorräte der Erde, sofern die Ausbeutung in der momentanen Geschwindigkeit weitergeht, nur noch für fünfzig (!) Jahre ausreichen.[282]

Die Landwirte setzten diese Mikroorganismen ein, bevor man wusste, was Mikroorganismen sind. Heute lassen sie sich durch geeignete Fruchtfolgen viel gezielter einsetzen – während die konventionelle moderne Landwirtschaft sie abtötet. Fortschritte hat auch die biologische Schädlingsbekämpfung gemacht, ein großes Potenzial besteht bei der Zucht neuer Sorten, wurden doch viele der heutigen leistungsfähigen Sorten vor allem im Hinblick auf die industrielle Monokultur-Landwirtschaft optimiert. Auch traditioneller Landbau bleibt nicht einfach stehen – doch das Entwicklungspotenzial traditioneller Techniken wird in einer innovationsfixierten Gesellschaft in der Regel genauso unterschätzt, wie moderne Technik und Wissenschaft überschätzt werden.

Ein vollständiger Verzicht auf die Motorisierung der Landwirtschaft wäre wenig hilfreich – es wäre nicht sinnvoll, Pflüge statt von Traktoren wieder von Zugtieren ziehen zu lassen, die Futter brauchen, also Fläche beanspruchen. Ein solcher Verzicht wäre aber auch nicht notwendig. Im kleinen Maßstab landwirtschaftlicher Betriebe können beispielsweise Treibstoffe aus (Abfall-)Biomasse durchaus sinnvoll sein. Die größten und stärksten Landmaschinen wären in einer auf Nachhaltigkeit ausgerichteten Landwirtschaft gar nicht mehr sinnvoll, denn sie sind auf großflächige Monokulturen ausgerichtet (und schädigen überdies den Boden). Die Ersetzung dieser Monokulturen durch arbeitsintensivere Mischkulturen wird die Produktivität der Landwirtschaft gemessen am Arbeitsaufwand senken, nicht die Flächenproduktivität.

Die Umstellung auf eine nachhaltige Landwirtschaft ist grundsätzlich möglich. Biolandbau braucht nicht nur weniger Energie. Die bodenschonende Anbauweise hilft auch, den im Boden gespeicherten Kohlenstoff zu erhalten oder zu mehren.* Allerdings wird eine solche Landwirtschaft teurer sein. Aus entwicklungspolitischer Perspektive ist das erfreulich, weil es der Landbevölkerung Überlebensperspektiven schafft.

Verheerend für die Armen sind hingegen schnelle Preisanstiege aufgrund der Situation auf dem Weltmarkt, wie sie derzeit stattfinden; verheerend sind die starken Schwankungen. Preise, die lokalen und umweltverträglichen Produktionsbedingungen gerecht werden, können nicht auf dem globalen Agrarmarkt ermittelt werden. »Der internationale Marktpreis ist nie, gar nie der angemessene Preis«, sagt Mazoyer. Und das IAASTD schreibt: »Die internationale Öffnung der Agrarmärkte kann Vorteile bieten, er kann aber auf lange

---

* Mae-Wan Ho und Lim Li Ching schreiben, die Umstellung der Nahrungsmittelproduktion könnte die gesamten anthropogenen Treibhausgas-Emissionen um 29,5 Prozent senken: 11 Prozent durch Kohlenstoffspeicherung im Boden, 10 Prozent im Nahrungsmitteltransport, 1,5 Prozent durch Einsparungen bei der Verpackung, 5 Prozent durch reduzierte Lachgasemissionen, 2 Prozent durch den Verzicht auf Kunstdüngerproduktion. Die Schätzung ist sehr grob und scheint mir überoptimistisch. Mae-Wan Ho und Lim Li Ching, *Mitigating Climate Change through Organic Agriculture and Localized Food Systems*, Institute for Science in Society, 31. Januar 2008; www.i-sis.org.uk/mitigatingClimateChange.php.

Frist negative Folgen für die Armutsbekämpfung, die Ernährungssicherheit und die Umwelt haben. Der kleinbäuerliche Sektor der ärmsten Ländern verliert in den meisten Freihandelsszenarien.«[283]

Das IAASTD beantwortet mit solchen Aussagen politische Fragen politisch – und ist damit seinem Vorbild, dem IPCC, weit voraus. Das IPCC behandelt das Thema Landwirtschaft mit demselben Tunnelblick wie das Thema Verkehr: Es legt dar, welche Techniken welchen Einfluss auf die Treibhausgasbilanz haben; es interessiert sich aber nicht für die gesellschaftlichen und ökonomischen Strukturen, die der Landwirtschaft zugrunde liegen. Besitzrechte sind dem IPCC ganze drei Zeilen wert – obwohl es für den Umgang eines Bauern mit dem Boden entscheidend ist, ob dieser Bauer den Boden besitzt und dieser Besitz gesichert ist oder ob er jederzeit damit rechnen muss, vertrieben zu werden. Der Agrarfreihandel ist für das IPCC nur insofern von Belang, als dadurch mehr Transportenergie benötigt wird.[284]

Es ist möglich, die Menschheit zu ernähren, ohne das Klima zu schädigen. Doch groß ist der Spielraum nicht mehr, wenn bis 2050 neun oder zehn Milliarden Menschen leben – vor allem dann nicht, wenn die Klimaerwärmung ungebremst weitergeht. Die Ablösung der heutigen industriellen durch eine umweltverträglichere, von fossilen Energien unabhängige Landwirtschaft wird Zeit brauchen. Ob das Ende der billigen Energieträger zu Hunger und Kriegen führt, wird davon abhängen, wie gut die Welt vorbereitet ist.

Zerocarbonbritain, 2000-Watt-Gesellschaft
Zwei Vorschläge

Es existieren zahlreiche konkrete Vorschläge, wie das Ziel einer klimaverträglichen Welt zu erreichen sei. Zwei will ich etwas näher anschauen: einen radikalen aus Großbritannien und einen realpolitisch orientierten aus der Schweiz.

In den 1990er-Jahren entstand in der Schweiz die Vision der »2000-Watt-Gesellschaft«. Indem sich einige der wichtigsten Wissenschaftsinstitutionen der Schweiz und zahlreiche Behörden zur Vision bekannten, verliehen sie dieser zumindest symbolisch ein beachtliches Gewicht in der schweizerischen Energie- und Umweltpolitik.

Das Ziel der 2000-Watt-Gesellschaft ist es, den Energieverbrauch pro Kopf auf 2000 Watt (also 48 Kilowattstunden pro Tag) zu senken. Zur Erinnerung: Ein körperlich arbeitender Mensch leistet etwa 100 Watt. Ein Verbrauch von 2000 Watt bedeutet also, so viel Energie zu verbrauchen, als ob rund um die Uhr zwanzig »Energiesklaven« körperlich für einen arbeiten würden. Gegenwärtig verbrauchen die Einwohner der Schweiz – inklusive der »Grauenergie«, die in importierten Produkten steckt – etwa 6500 Watt. Historisch gesehen, pendelte der Energieverbrauch der Schweiz seit der ersten Energiestatistik im Jahr 1909 bis zum Zweiten Weltkrieg um 1000 Watt pro Person und überstieg die 2000-Watt-Grenze im Jahr 1960 (diese Werte enthalten, mangels verfügbarer Daten, keine importierte Grauenergie). Eine globale 2000-Watt-Gesellschaft würde, bei wachsender Weltbevölkerung, keine Verbrauchsreduktion bringen: Gegenwärtig liegt der Verbrauch bei 2300 Watt pro Kopf.

Die Idee geht zurück auf einen Aufsatz des brasilianischen Physikers José Goldemberg aus dem Jahr 1985.[285] Goldemberg stellte infrage, ob die Entwicklung der armen Länder, wie das allgemein angenommen wurde, einen Mehrverbrauch an Energie voraussetze. Er zeichnete den Energieverbrauch pro Kopf und einen Index für die Lebensqualität des entsprechenden Landes in ein Diagramm und stellte fest, dass die Lebensqualität mit steigendem Energieverbrauch tatsächlich zunimmt – bis zu einem Verbrauch von etwa 1000 Watt. Danach flacht die Kurve ab, das heißt: Mehr Verbrauch führt nicht zu mehr Lebensqualität.

Einige Schweizer Wissenschaftler übertrugen dies auf hiesige Verhältnisse und machten aus Goldembergs 1000-Watt-Idee die 2000-Watt-Gesellschaft. Dieter Imboden, einer der Gründungsprofessoren der Abteilung für Umweltwissenschaften der ETH Zürich und heutiger Präsident des Forschungsrats des Schweizerischen Nationalfonds, gehörte zu den Vätern. An einem verregneten Sonntagnachmittag, sagt Imboden, habe er überschlagsmäßig berechnet, wie viel Energie ein typischer Schweizer heute etwa verbrauche und wie viel davon sich ohne Komforteinbuße einsparen ließe. Dabei rechnete er großzügig: 200 Quadratmeter Wohnfläche für eine vierköpfige Familie, eine Flugreise von 2000 Kilometern pro Person und Jahr, ein Auto pro Familie, mit dem diese 12 000 Kilometer pro Jahr fährt. Resultat: 1950 Watt pro Person sind genug.

Die 2000-Watt-Gesellschaft hat es von der Sonntagnachmittagsrechnerei zu einem quasioffiziellen Pfeiler der schweizerischen Energiepolitik geschafft. 1998 gründete der ETH-Rat – die Dachorganisation über die beiden Bundesuniversitäten (ETH Zürich und ETH Lausanne) und vier Bundesforschungsanstalten – die Forschungsplattform Novatlantis. Diese nach einem utopischen Werk von Francis Bacon aus dem 17. Jahrhundert benannte Plattform hat die Umsetzung der 2000-Watt-Gesellschaft zum Ziel.

Bei der Entstehung der Vision ging es nicht um Energiesparen als Selbstzweck und auch nicht primär um Klimaschutz. Imboden sagt, man habe einen Indikator für die Umweltbelastung gesucht, um eine Vision einer umweltverträglicheren Gesellschaft zu entwickeln. Man wählte den Energieverbrauch, weil man überzeugt gewesen sei, dass ein hoher Energieverbrauch auch eine hohe Umweltbelastung bedeute. Dieser Gedanke ist zentral, denn er lässt auch dann keinen allzu hohen Energieverbrauch zu, wenn die Energie umweltfreundlich bereitgestellt wird. Mit dem Verweis auf ein Zitat von Paracelsus, wonach alles zu Gift werde, wenn man es in zu hohen Dosen genieße, sagt Imboden: »Die 2000-Watt-Gesellschaft hat zur Folge, dass keine Energieform in übertriebener Art und Weise genutzt werden kann. Die ganze Erdoberfläche mit Solarpanels zuzudecken kann auch kein Ziel sein.«

Laut Imboden lassen sich innert zwanzig bis dreißig Jahren die Hälfte bis drei Viertel der 2000 Watt aus erneuerbaren Quellen decken; der Rest müsste nach wie vor von fossilen Energieträgern stammen. Damit kommt die 2000-Watt-Gesellschaft in Bezug auf die CO_2-Emissionen pro Kopf ungefähr in die Größenordnung, die laut IPCC gefordert ist, um die Klimaerwärmung auf 2 Grad zu begrenzen. Und das ohne Einbußen an materiellem Wohlstand.

Die Novatlantis-Publikationen rechnen mit einem längeren Zeithorizont als Imboden – mit fünfzig bis hundert Jahren. Das Ziel sei erreichbar, schreiben die Forscher, aber: »Ohne höhere Material- und Energieeffizienz und ohne selektiven Einsatz von Ressourcen bleibt die 2000-Watt-Gesellschaft eine bloße Absichtserklärung.«[286]

Ich will an dieser Stelle nicht in die Details gehen, wie eine Umsetzung der 2000-Watt-Gesellschaft konkret aussehen müsste. Zuerst müsste die Umsetzung einmal beginnen. Und da scheint die 2000-Watt-Gesellschaft ein für unsere Zeit bezeichnendes Schicksal zu erleiden. Zahlreiche Städte- und Kantonsregierungen haben sich offiziell zu ihr bekannt, und auch die schweizerische Bundesregierung – der Bundesrat – hat sie zu seinem »strategischen Ziel« erklärt. Was den Bundesrat freilich nicht daran hindert, darüber zu streiten, ob neue Gas- oder neue Atomkraftwerke gebaut werden sollen.

Just zum zehnjährigen Jubiläum ihrer offiziellen Anerkennung hat die 2000-Watt-Gesellschaft ihren schwersten Stoß erhalten. Die ETH Zürich – die mit Abstand wichtigste beteiligte Institution – hat im Februar 2008 ihre neue Energiestrategie vorgestellt: die Eine-Tonne-CO_2-Gesellschaft. Diese orientiert sich nicht am Energieverbrauch, sondern an den CO_2-Emissionen. Denn der Energieverbrauch, sagte ETH-Präsident Ralf Eichler an der Präsentation der Strategie, sei an sich kein Problem; schließlich strahle die Sonne zehntausendmal mehr Energie auf die Erde, als die Menschheit brauche. Das Problem seien nur die mit dem Energieverbrauch verbundenen Stoffflüsse – namentlich die Kohlenstoffflüsse. Die Eine-Tonne-CO_2-Gesellschaft will die CO_2-Emissionen senken, ohne viel Energie zu sparen: 4000 bis 6000 Watt pro Kopf sollte der Energieverbrauch weiterhin betragen.

Eichler scheint hierbei nur an die Stoffflüsse zu denken, die mit der Bereitstellung der Energie zusammenhängen. Aber auch die *Anwendung* von Energie löst Stoffflüsse aus, mit anderen Worten: Energieverbrauch belastet die Umwelt immer, selbst wenn die Energie ohne Umweltbelastung bereitgestellt worden ist.

Die Ankündigung der neuen Energiestrategie hat viele ETH-Angehörige irritiert. Dieter Imboden sagt: »Die Eine-Tonne-CO_2-Strategie ist vollkommen technikorientiert und vernachlässigt das vernetzte Denken. Nur die CO_2-Emissionen senken zu wollen bei gleichbleibender Energieverschwendung, ist Unsinn.« Ein Energieverbrauch von 6000 Watt pro Person würde, wenn man ihn auf die ganze Weltbevölkerung hochrechnete, bedeuten, dass die Menschheit so viel Energie verbraucht, wie sämtliche Pflanzen und Tiere auf dem Festland umsetzen![287]

Die ETH beschwichtigte, die beiden Visionen wollten ja im Grunde dasselbe. Doch den beiden Strategien liegen zwei unverträgliche Haltungen zugrunde. Die 2000-Watt-Gesellschaft ist, wenn auch auf (zu?) hohem Niveau, dem Gedanken der Suffizienz verpflichtet – der Idee, dass es ein Genug gibt. Die Eine-Tonne-CO_2-Gesellschaft setzt nur auf technischen Fortschritt. Für den Gedanken der Suffizienz hat ETH-Präsident Ralf Eichler nichts übrig, wie er an der Medienorientierung im Februar 2008 zeigte. Ich fragte ihn, ob die ETH, statt nur auf bessere Automotoren zu setzen, nicht auch darüber nachdenken sollte, wie der Verkehr reduziert werden könnte – immerhin habe die ETH auch Institute für Verkehrsplanung, für Raumplanung und für Umweltentscheide? Eichlers Antwort war in ihrer Herablassung typisch für viele technikhörige Stimmen in der Umweltdebatte: »Natürlich ist Sparen wichtig. Aber wir wollen ja auch nicht zurück in eine Zeit, wo jeder nur gerade seine unmittelbaren Nachbarn kannte.«

Gleichzeitig weniger ehrgeizig und ehrgeiziger als die 2000-Watt-Gesellschaft ist die zweite Vision, die ich vorstellen will: Zerocarbonbritain.[288] Das Programm Zerocarbonbritain wurde im Juli 2007 vom Center for Alternative Technology (CAT) vorgestellt. Es will den Energieverbrauch nicht dritteln wie die 2000-Watt-Gesellschaft, sondern lediglich halbieren; es will die verbleibende Hälfte aber vollständig mit erneuerbaren Energien decken – und das bis 2027.

Das CAT wurde 1974 im walisischen Nest Machynlleth von einer Gruppe Menschen gegründet, die nach alternativen Lebensformen suchten. Anders als viele ähnliche Initiativen, die in den 70er-Jahren entstanden, hat das CAT überlebt und sich zu einem anerkannten Forschungs- und Bildungszentrum gemausert, das Umweltbildung auf allen Stufen anbietet, vom dreitägigen Kurs im Biogärtnern bis zu Masterstudien für ökologische Architektur und für Umwelt- und Energiestudien.

Zerocarbonbritain zeigt auf, wie Großbritannien bis 2027 ohne fossile Energieträger auskommen kann. Es will sein Ziel ohne problematische Techniken wie die CO_2-Speicherung und ohne Atomkraft erreichen. Es setzt hauptsächlich auf ein Cap-and-Trade-System, das aber stark genug sein müsste, um die Ökonomie zu verändern; mit anderen Worten: auf Rationierung. CO_2-Zertifikate sollen, schreibt der Bericht, zu einer »parallelen Währung« werden. Der Markt allein sei allerdings zu langsam, sodass es zusätzliche Anstrengungen der öffentlichen Hand brauche.

Die Reduktion des Energieverbrauchs wäre durch eine Steigerung der Energieeffizienz zu erreichen, wobei der Rebound-Effekt dadurch ausgeschaltet wäre, dass eine Rationierung einem solchen gar keinen Raum lässt. Der Aufbau des Berichts widerspiegelt die Prioritäten: Zuerst den Energiebedarf reduzieren, dann neue Energieformen entwickeln.

Ich will auch hier nicht in die Details gehen. Zerocarbonbritain behauptet, dass es einer Industrienation wie Großbritannien möglich sei, ihre CO_2-Emissionen in kurzer Zeit auf null zu reduzieren. Zerocarbonbritain behauptet aber nicht, dass dieses Ziel leicht zu erreichen sei: »Obwohl die Kosten nicht vollständig abgeschätzt wurden, ist es doch wahrscheinlich, dass diese hoch sein werden«[289], heißt es in dem Bericht, und: »Die nötige Geschwindigkeit des Wandels wird schnelle Entscheidungen verlangen und bedingt einen Sinn für Dringlichkeit ähnlich dem, der während des Zweiten Weltkriegs herrschte.«[290]

Großbritannien ohne CO_2-Emissionen – das geht nicht einfach, indem die fossilen Energieträger durch andere ersetzt werden: Zuallererst muss der Verbrauch reduziert werden. Es geht nicht einfach, indem alle vom Auto auf die Bahn umsteigen: Zuallererst muss der Gesamtverkehr reduziert werden. Es geht nicht einfach, indem man auf Markt und technischen Fortschritt vertraut: Zuallererst muss die Politik handeln. Es geht nicht ohne Verzicht: Fleisch gäbe es dann nicht mehr so viel wie heute; der Viehbestand müsste »wahrscheinlich um sechzig Prozent und mehr« reduziert werden. Die Luftfahrt müsste »dramatisch« abnehmen und der Inlandluftverkehr auf Notfälle reduziert werden.[291]

Verzichten? Besser verschwenden!
Weniger heißt nicht weniger Spaß

Es tauchen seit einiger Zeit Stimmen auf, die vor der übertriebenen CO_2-Moral warnen oder sich über die Tipps von Umweltorganisationen zum CO_2-armen Lebensstil lustig machen. Die *Süddeutsche Zeitung* diagnostiziert eine »CO_2isierung des menschlichen Daseins«, die vor keinem Bereich halt mache; eine Quasireligion, die jedes menschliche Handeln in klimafeindlich und klimafreundlich einteile. Die CO_2isierung sei ein Totalitarismus, das Gewissen sowie sozialer Druck ihre Kontrollorgane.[292]

Und sie haben recht, diese Stimmen – auch wenn ihre Sorgen angesichts drohender Naturkatastrophen als gering erscheinen. Sie haben nur schon deshalb recht, weil es ärgerlich ist, Ratschläge zu erhalten von Leuten, die einen Lebensstil pflegen wie Al Gore. Sie haben auch recht, weil Appelle, sich anders zu verhalten, wenig bringen, solange die Strukturen unangetastet bleiben, die das Verhalten prägen. Und der soziale Druck auf das Gewissen der Einzelnen kann auch kontraproduktiv wirken: Je mehr, sagen wir, Geländewagen sozial geächtet sind, desto reizvoller wird es für einige, solche zu fahren – es gibt kein besseres Mittel, sich von der Allgemeinheit abzuheben, als zu tun, was verpönt ist. Die Verpönung müsste schon sehr weit reichen, sollte sie effektiv sein.

Ich halte, bei aller Sorge um das Klima, weder eine CO_2-Tugenddiktatur robespierreschen Zuschnitts für erstrebenswert noch einen Großen Bruder nach orwellschem Muster, der jede meiner Handlungen registriert und nach ihrer Klimaverträglichkeit bewertet. Ebenso wenig vermag ich den Traum vom ökologisch optimierten perfekten und totalen Markt mitzuträumen, der keine externen Kosten kennt, wo nichts gratis ist und nichts einer moralischen oder politischen Rechtfertigung bedarf, weil alle Ansprüche über den Marktpreis bereits abgegolten sind. Eine Gesellschaft, die klimaverträglich ist um den Preis der Tyrranei, kann keine Lösung sein.

So weit teile ich die Meinung der Mahner vor Tyrannei und »Öko-diktatur«. Doch: Von welcher Seite droht sie denn, die Tyrannei? Die Mahner, Gralshüter des (Wirtschafts-)Liberalismus, sehen die freiheitliche Gesellschaftsordnung von einer Einschränkung oder Regulierung des Konsums, von Vorschriften und Verboten bedroht. Gutmeinende wiederum warnen vor Konsumkritik, weil diese die Bürger erschrecken könnte, sodass sie von Klimaschutz nichts mehr hören wollen. Deshalb will kaum jemand, der sich für Klimaschutz einsetzt, das Wort »weniger« verwenden oder mit Verboten drohen. Gefordert wird der Verzicht auf Konsumkritik. Als seien Lustfeindlichkeit und Konsumkritik synonym; als sei Konsum die einzige Lustquelle.

Damit Klimaschutz möglich ist, ohne Konsumverzicht leisten zu müssen, muss alles so effizient wie möglich werden. Sparen ohne zu verzichten dank Effizienz, wie oft hat man das gehört! Die Klimaanlage reduzieren und es angenehmer haben, wie Bert Metz an der Präsentation des IPCC-Klimaberichts sagte. *Faktor vier. Doppelter Wohlstand – halbierter Naturverbrauch*, versprach 1995 ein viel beachteter Buchtitel.[293]

Aber droht Lustfeindlichkeit tatsächlich von der Konsumkritik – oder vielleicht eher von der geforderten Effizienzrevolution, vom Versuch, nach dem Prinzip der Effizienzsteigerung das Maximum aus den natürlichen Ressourcen herauszupressen, das sich gerade noch herauspressen lässt? Wer würde in einer Welt leben wollen, in der jedes Lebensdetail dem Diktat der Effizienz unterworfen ist? Gewiss: Viele sind auf dem Weg dazu, ihr Leben effizient zu gestalten, nicht unbedingt energieeffizient, aber zeiteffizient, karriereeffizient; effizient im Beruf und in der Freizeit. Menschen, die ihr Leben nach Prinzipien mit Namen wie »Work-Life-Balance« gestalten. Ich halte nichts davon.

Effizienz ist kein menschenfreundliches Prinzip, weil ein menschenwürdiges Leben Verschwendung braucht. Jede Gesellschaft kennt Formen der Verschwendung und Ausschweifung. Feste sind solche; selbst in Zeiten des Mangels geben die Menschen sich alle Mühe, wenigstens einmal im Jahr, etwa zur Fastnachtszeit, über die Stränge zu schlagen. Der Sozialwissenschaftler und Nachhaltigkeitsforscher Fred Luks behauptet: »Es gibt keine Effizienz ohne Verschwendung und keine Nachhaltigkeit ohne Nicht-Nachhaltigkeit. Eine Gesellschaft, die dadurch nachhaltig wird, dass sie ökonomische oder meinetwegen auch ökologische Rationalität auf die Spitze treibt, kann es nicht geben.« Weiter: »Auch in einer zukunftsfähigen Gesellschaft muss es, so meine These, Symbole, Rituale, Feste, Verschwendung, Ausschweifungen, Abweichungen, Irrationales geben. [...] Ich kann mir einfach nicht vorstellen, dass es ohne Fußball, Feten und Feuerwerke oder ohne Robbie-Williams-Konzerte, Spielhallen, Musikantenstadl, Geschenke, Sexshops und Flugreisen gehen könnte.«[294]

Einspruch. Ein Großteil der Menschheit lebt ohne Musikantenstadl und Flugreisen, und zwei Milliarden Menschen können sich noch nicht einmal die geringste Ausschweifung leisten. Man darf nicht vergessen, dass in der Geschichte der Menschen immer der Luxus der einen verantwortlich war dafür, dass andere kaum genug zum Überleben hatten. Das ist heute nicht anders, wenn auch der Anteil der Menschen, die sich Luxus leisten können, dank der Verfügbarkeit billiger Energie größer ist als je zuvor in der Geschichte. Was aber richtig ist an Luks' Gedanke: Will man sich eine künftige, utopische, nachhaltige Welt vorstellen, so muss in einer solchen Welt Spielraum vorhanden sein für Unvernünftiges (wenn auch vielleicht nicht gerade für Flugreisen).

Doch wie lässt sich beides unter einen Hut bringen: die Notwendigkeit, weniger zu verbrauchen, und das Bedürfnis zu verschwenden?

Es spricht wenig dagegen, einmal, zweimal, dreimal im Leben eine wirklich große, lange Reise zu unternehmen, für die man sich Zeit nimmt (und langsame Verkehrsmittel benutzt), aber es spricht viel dagegen, jedes Jahr in die Ferien zu fliegen. Es spricht wenig dagegen, einmal, zweimal, dreimal im Jahr ein wirklich tolles Festessen zu genießen, aber es spricht viel dagegen, täglich Fleisch zu essen. Sich ab und zu etwas wirklich Großes gönnen, ab und zu verschwenden: Das macht, meine ich, glücklicher als ein Leben, das konstant versucht, das Maximum aus den gegebenen Ressourcen herauszupressen.

Gerade um gelegentliche Ausschweifungen zu ermöglichen, müssen wir uns mehr einschränken, als es das rechnerische Kosten-Nutzen-Optimum verlangt. Eine Welt mit einem tieferen materiellen Lebensstandard muss nicht lustfeindlich sein, sie ist vielleicht lustvoller als eine Welt, wie sie die Effizienzpropheten im Auge haben. Lieber eine Maßnahme, die weiter geht und mehr kostet als nötig, als Zwang zu Effizienz in allen Lebensbereichen.

Es braucht Spielraum, und deshalb muss die Umweltbelastung stärker zurückgefahren werden als auf das gerade noch Verträgliche. Stärker zurückfahren als auf das gerade noch Verträgliche muss für die fossilen Treibstoffe wohl heißen, diese ganz zu verlassen. Das ist ohne Verbote nicht zu haben. Doch eine Welt, die verbietet, was schadet, ist nicht illiberaler als eine, die ein striktes Gewissensregime, die »CO_2isierung« aller Lebensbereiche und eine allgemeine Effizienzpflicht installiert, die verpönt statt verbietet – und sie scheint mir sehr viel liberaler als eine, die gar nichts tut, bis nichts mehr geht.

Wir sind zu reich
Fazit und doch noch eine erfreuliche Aussicht

»Cela est bien dit«, répondit Candide,
»mais il faut cultiver notre jardin.«

Voltaire, *Candide ou l'optimisme*

Und nun? Zynisch werden vor lauter schlechten Aussichten, fatalistisch der Katastrophe entgegensehen, beten und singen?

Die Klimakrise muss gelöst werden; alles andere kann keine Option sein – wenn auch gegenwärtig (Sommer 2009) wenig darauf hinweist, dass die internationale Klimakonferenz im Dezember 2009 in Kopenhagen ein Nachfolgeabkommen für das Kioto-Protokoll verabschieden wird, das ausreichend wäre. Ich kann an dieser Stelle nicht die fertige Lösung präsentieren. Einige interessante Ansätze existieren: Das Greenhouse Development Rights Framework von 2007 legt den Fokus auf eine klimaverträgliche Welt der globalen Gerechtigkeit.[295] Fünf internationale Umweltorganisationen haben im Juni 2009 einen Entwurf für ein Klimaschutz-Abkommen präsentiert, wie es in Kopenhagen verabschiedet werden müsste.[296] Der Zürcher Schriftsteller P. M. hat in seinem Büchlein *Neustart Schweiz*[297] keineswegs schweizspezifisch skizziert, wie eine ökologisch und sozial nachhaltige Welt, in der zu leben eine Lust wäre, ganz konkret aussehen könnte.

Ich will an dieser Stelle statt einer fertigen Lösung ein paar Punkte nennen, die beachtet werden müssten, sollte unsere Klimapolitik intelligenter werden.

Die Diagnose
– Die Situation ist dramatisch, wenn man den Voraussagen der Klimawissenschaft glaubt, und neueste Messresultate legen nahe,

dass diese Voraussagen noch zu optimistisch sind. Das Bewusstsein für das Ausmaß der Bedrohung der Menschheit durch den Klimawandel ist in Öffentlichkeit und Politik noch nicht vorhanden.

- Die Menschheit produziert zu viel Treibhausgase. Wir verbrennen zu viel Erdöl, Kohle und Erdgas. Wir konsumieren zu viele materielle Güter, fahren und fliegen zu viel, essen zu viel Fleisch. Und so weiter. Für die Länder mit hohen Pro-Kopf-Emissionen geht es nicht darum, diese Emissionen um 20, 30 oder 50 Prozent zu senken – sondern um 90, 95 oder 100 Prozent.

- Der Klimawandel ist kein isoliertes Phänomen, sondern Ausdruck einer Lebens- und Wirtschaftsweise, die ihre eigenen Grundlagen zerstört.

- Wir sind zu reich. Wir, das heißt: fast alle Einwohner der reichen Länder, die Angehörigen der Oberschichten in den armen Ländern und die Mittelschichten dort, wo es welche gibt. Wir sind zu reich, weil wir reich sind auf Kosten künftiger Generationen sowie auf Kosten der Armen von heute, die unter den (ökologischen) Folgen unseres Reichtums am stärksten leiden.

- Dass wir zu reich sind, sagt kaum jemand so offen, weil man mit einer solchen Aussage politisch nur verlieren kann. Eine freiwillige Begrenzung des Reichtums ist aber durchaus nichts den Menschen Fremdes; die meisten Menschen der Welt gehören Religionen an, die in materiellem Verzicht eine Tugend sehen.

- Der Verbrauch fossiler Energieträger wird ein Ende haben, sei es wegen des Klimawandels, sei es, weil die Ressourcen aufgebraucht sein werden. Es wird nie wieder eine Energieform geben, die so billig ist wie Öl, Gas und Kohle – auch die Nuklearenergie (Kernspaltung und -fusion) ist teurer, wenn man ihre vollen Kosten rechnet.

- Wir leben in einer Zeit eines historisch präzedenzlosen wirtschaftlichen Aufschwungs, der in Westeuropa seit gut zwei Jahrhunderten andauert. Viele Errungenschaften wie soziale Sicherheit und politische Stabilität in beachtlichen Teilen der Welt wurzeln in dieser Ausnahmesituation; ebenso die Überzeugung, technischer Fortschritt löse alle Probleme. Das Bewusstsein dafür, dass dies eine historische Ausnahmezeit ist, existiert kaum.

– Die Wirtschaftswissenschaft ist die Wirtschaftswissenschaft dieser Ausnahmezeit.

– Der Klimawandel stellt die Menschheit vor Probleme, die es in diesen Dimensionen noch nie gab. Deshalb braucht es auch Lösungen, die noch nie da gewesen sind.

– Die Reduktion der Treibhausgas-Emissionen auf ein verträgliches Niveau innert weniger Jahrzehnte ist möglich; es existieren zahlreiche Vorschläge (ob eine solche Reduktion noch rechtzeitig käme, um große Katastrophen abzuwenden, ist eine andere Frage). Die Reduktion der Treibhausgase bedingt aber große Eingriffe in das Wirtschaftssystem.

Die Therapie

– Der Ausstoß von Treibhausgasen muss drastisch reduziert werden.

– Die Bewältigung des Klimawandels ist eine Frage der Verteilung: Es geht darum, wie natürliche Güter zu verteilen sind. Die Verteilungsfrage ist *die* politische Frage schlechthin. Politische Probleme müssen politisch gelöst werden. Die Technik wird in der Bewältigung des Klimawandels eine Rolle spielen, eine technische Lösung aber gibt es nicht und wird es nicht geben.

– Die Verteilung natürlicher Güter politisch regeln heißt, diese Güter rationieren. Dafür müssen möglichst gerechte, möglichst demokratische Wege gefunden werden. Ein kleiner werdender Kuchen muss an eine wachsende Bevölkerung verteilt werden.

– Ökonomische Analysen und politische Maßnahmen müssen die Fragen der Verteilgerechtigkeit immer mitdenken. Subsistenz- und Luxusemissionen sind aus physikalischer Sicht dasselbe, aus gesellschaftlicher Sicht nicht. Da Kosten-Nutzen-Analysen für ein globales Problem wie den Klimawandel nicht taugen, muss das Vorsorgeprinzip verfolgt werden.

- Die Wirtschaften der ärmsten Länder müssen sich entwickeln dürfen, und diese Entwicklung wird auch Aspekte physischen Wirtschaftswachstums beinhalten. Es braucht aber neue Entwicklungskonzepte, die nicht in die Falle des Wachstumszwangs führen, in der die Industrieländer bereits stecken.* Auf Wohlstandswachstum für die Oberschicht können auch die armen Länder verzichten.
- Die Konflikt- und Friedensforschung dürfte angesichts des Klimawandels eine der wichtigsten Wissenschaftsdisziplinen sein.[298] Die Sozial- und Kulturwissenschaften müssen sich viel mehr als bisher mit dem Klimawandel befassen und dürfen diesen nicht länger den Natur- und Wirtschaftswissenschaften überlassen (so wichtig diese auch sind).
- Die Wirtschaftswissenschaften müssen nach Auswegen aus dem Wachstumszwang der Wirtschaft suchen.
- Es gibt verschiedene Treibhausgase aus unterschiedlichen Quellen. Es ist nicht sinnvoll, für sie alle eine einzige Lösung zu suchen. Die Treibhausgase, die sich technisch reduzieren lassen, sollen technisch reduziert werden. Synthetische Treibhausgase sind zu verbieten respektive ihre Vernichtung ist vorzuschreiben.
- Das wichtigste Treibhausgas ist CO_2 aus der Verbrennung fossiler Energieträger. Der Verbrauch dieser Energieträger muss drastisch

---

* Man hört oft Argumente von der Art: »Auch die Inder wollen Auto fahren, und wir dürfen ihnen das nicht verbieten.« Richtig daran ist, dass wir nicht in der Position sind, zu verbieten. Aber was wollen »die« Inder wirklich? Es gibt in Indien zahlreiche Städte, deren Straßen bis vor kurzem von Fahrrädern, Rikshaws, Fußgängern sowie ein paar Taxis und Kühen bevölkert wurden. Innert weniger Jahre haben die Autos einer wohlhabenden Minderheit diese Verkehrsteilnehmer verdrängt und haben neue Schnellstraßen alte Wege durchschnitten. Ich vermute, dass viele Bewohner dieser Städte vor allem die Mobilität zurückhaben wollen, die sie eben noch besaßen. Zu argumentieren, die Entwicklung solcher Gebiete brauche mehr Autos, ist eine groteske Verdrehung.

reduziert und mittelfristig praktisch aufgegeben werden. Die Rationierung fossiler Energieträger ist die wichtigste Klimaschutzmaßnahme überhaupt, ohne sie ist eine wirksame Bekämpfung des Klimawandels nicht möglich. Es ist sehr viel praktikabler, die Energieträger selber statt der Emissionen aus ihrer Nutzung zu beschränken, mit anderen Worten: Nicht der CO_2-Output der Wirtschaft soll geregelt werden, sondern der Kohlenstoff-Input in die Wirtschaft. Für CO_2 aus anderen Quellen (beispielsweise Zementproduktion) können andere Lösungen angebracht sein.

– Eine Rationierung des fossilen Kohlenstoffs muss global sein: ein »lückenloses Nachfragekartell«, wie es Hans-Werner Sinn nennt[299]. Es ist aber aus politischen Gründen nicht sinnvoll so lange zuzuwarten, bis alle Staaten der Welt mitmachen. Solange die fossile Energie nur in einem Teil der Staaten rationiert ist, gilt es zu verhindern, dass die Emissionen aus den rationierenden in die nicht rationierenden Staaten abwandern oder die Industrie in den rationierenden Staaten benachteiligt wird. Das kann beispielsweise geschehen, indem Güter bei Importen aus Ländern, die den Kohlenstoffverbrauch nicht begrenzen, mit einer ausgleichenden Steuer belegt werden (*border adjustment tax*); ein Weg, den unter anderem der französische Präsident Nicolas Sarkozy im Januar 2008 vorgeschlagen hat.

– Instrumente mit marktwirtschaftlichen Elementen, namentlich Cap and Trade, können bei der Verteilung der natürlichen Güter eine Rolle spielen, sofern die Voraussetzungen für das Funktionieren eines entsprechenden Marktes gegeben sind und sofern die Nachteile des Marktes durch politische Maßnahmen aufgefangen werden.

– Innerhalb von Staaten oder Staatengruppen lässt sich ein Cap-and-Trade-Schema in Form von Kohlenstoff-Bezugsrechten umsetzen, die vom Staat versteigert werden. Wer fossilen Kohlenstoff aus dem Boden holen oder importieren will, muss sich das Recht dazu ersteigern. Damit würden – anders als im EU Emissions Trade Scheme – letztlich alle CO_2-Emissionen aus fossilen Quellen erfasst, und der bürokratieintensive, intransparente und korruptionsanfällige Schacher um Emissionsrechte entfiele. Eine andere Möglichkeit besteht darin, die Bezugsrechte an die einzelnen Bürger abzugeben (Sky-Trust-Modell). Eine CO_2-Steuer bewirkt prinzipiell das selbe wie ein Cap and Trade, sofern sie so lange angepasst wird, bis die erwünschte Reduktion erreicht ist.

– Zwischen den Staaten ist der Handel mit Kohlenstoff-Bezugsrechten nur eingeschränkt sinnvoll, weil die Gefahr besteht, dass die Verursacher von Luxusemissionen in den reichen Ländern den armen Ländern ihre Rechte auf Subsistenzemissionen wegkaufen. Innerhalb von Staaten kann diesem Risiko durch sozialstaatliche Maßnahmen begegnet werden.

– Dass der Staat den Bezug fossiler Energieträger rationiert, scheint in wohl allen Staaten politisch nicht durchsetzbar zu sein. Eine Klimapolitik ist aber nur dann erfolgreich, wenn sie genau das bewirkt, was eine Rationierung verfügt. Wird das Ziel indirekt angestrebt, indem Staaten Effizienzvorschriften erlassen, erneuerbare Energieträger fördern und so weiter, ist der Erfolg dieser Maßnahmen wegen Rebound-Effekten fraglich. Die politische Verknappung des Kohlenstoffangebots ist die einzige sichere Möglichkeit, das notwendige Ziel zu erreichen. Sie ist zudem der liberalste Weg zum Ziel, denn sie überlässt es der Wirtschaft, wie und wo reduziert wird und ob die Reduktion in erster Linie durch eine Steigerung der Energieeffizienz, durch einen Ausbau der erneuerbaren Energieträger oder durch Suffizienz erreicht wird.

– Setzt der Staat die Verknappung des Angebots durch, braucht er keine weiteren Maßnahmen zu ergreifen. Dirigistische Eingriffe mit ihrer Tendenz, neue Fehlanreize zu setzen, wie beispielsweise Effizienzvorschriften, Einspeisevergütungen, Bonus-Malus-Systeme für Auto-Neukäufer oder gar Abwrackprämien für alte Autos sind überflüssig. Der Staat muss aber die politischen Rahmenbedingungen, die er sowieso setzt, so setzen, dass suffizientes Verhalten möglich wird: Wenn die Verknappung fossiler Energieträger beispielsweise das Autofahren so verteuert, dass »nur noch Reiche sich das Autofahren leisten können«, wie einige Politiker befürchten, sind damit keine sozialen Härten verbunden, sofern der Staat eine Wirtschafts- und eine Raumplanungspolitik der kurzen Wege verfolgt, die Mobilität auch ohne Individualfahrzeug ermöglicht.*

– Jegliche Subventionierung fossiler Energiequellen, direkt oder indirekt, durch Staaten und internationale Organisationen ist einzustellen.

– Die Landwirtschaft und die ihr vor- und nachgelagerten Wirtschaftszweige müssen von einer Produktionsweise wegkommen, die viel Energie verbraucht, viel synthetischen Stickstoffdünger verwendet, sich auf Kosten von Wäldern ausdehnt und den Humus der Böden, der Kohlenstoff bindet, abbaut. Die Fleischproduktion, namentlich die Massentierhaltung, muss reduziert werden. Damit dies geschehen kann, muss sich die Landwirtschaft von einer rein ertragsorientierten Denkweise lösen und sich stärker auf regionale Märkte ausrichten. Dazu müssen die politischen Rahmenbedingungen entsprechend angepasst werden. Bei den herrschenden Machtverhältnissen auf dem globalen Agrarmarkt sind die nötigen Umorientierungen nicht zu erwarten. Eine weitere Liberalisierung des Agrarhandels wäre verheerend.

– Die Zerstörung der Wälder, vor allem der riesigen tropischen und borealen Wälder, muss aufhören. Staaten, die ihre Wälder bereits in der Vergangenheit zerstört haben, müssen die Waldländer für die ihnen abverlangte Nicht-Nutzung der Urwälder entschädigen.

– Eine bessere Abfallbewirtschaftung vermeidet Methanemissionen; wichtiger als die Abfallbewirtschaftung aber ist die Abfallvermeidung.

---

* In einer Übergangszeit wird es an den meisten Orten nötig sein, den öffentlichen Verkehr auszubauen. Langfristig muss aber das Gesamtverkehrsvolumen und auch das Volumen des öffentlichen Verkehrs zurückgehen.

- Das Klimaproblem darf nicht isoliert gelöst werden. Klimaschutz darf insbesondere nicht neue Umweltbelastungen auslösen, soziale Ungerechtigkeiten verstärken oder neue soziale Härten schaffen.
- Energiepolitik muss ihre Fokussierung auf das Energie verbrauchende Subjekt – den einzelnen Menschen, das einzelne Unternehmen – aufgeben und vermehrt die Strukturen (Raumstrukturen, Verkehrssysteme, Handelsregimes) in den Blick nehmen, die die Subjekte veranlassen, zu viel Energie zu verbrauchen.
- Wir dürfen uns nicht vor lauter Klimaschutz neue ökologische Nachteile einhandeln. Wasserkraft ist besser als Fossilenergie, aber nicht, wenn der soziale Preis eines Stausees zu hoch ist. Aufforstungen sind eine gute Sache, aber nicht, wenn dafür Menschen von ihrem Land vertrieben werden, und nur, wenn Wälder aufgeforstet werden und nicht Eukalyptusmonokulturen. *Geo-Engineering* ist Hybris.
- Das Prinzip der ökonomischen Effizienz – Klimaschutz zuerst dort zu betreiben, wo pro Euro oder Dollar am meisten erreicht werden kann – kann dazu führen, dass überholte Strukturen länger am Leben erhalten werden. Gerade die besonders aufwendigen Infrastrukturanpassungen müssen so früh als möglich in Angriff genommen werden.
- Es wird nicht genügen, auf »Anreize« zu setzen, sondern es wird ordnungspolitische Maßnahmen wie Verbote, Vorschriften und Planung brauchen. Wer deswegen den Untergang der liberalen Gesellschaftsordnung beklagt, hat einen armseligen Begriff von Liberalität – und übersieht, dass das Konsumverhalten der Individuen so oder so wesentlich von den vom Staat gesetzten Rahmenbedingungen und den vom Staat errichteten Infrastrukturen geprägt ist.

Mit anderen Worten: Was wir brauchen, sind ein paar Dinge, von denen wir heute nicht wissen, wie sie realisiert werden können. Wir brauchen eine Wirtschaft mit weniger Energie- und Materialdurchsatz, was heißen wird: eine Wirtschaft, deren Sozialprodukt schrumpft, ohne dass sie zusammenbricht. Eine Wirtschaft, die nicht Selbstzweck ist; die nicht in erster Linie dazu dient, Gewinne zu generieren, sondern dazu, die grundlegenden Bedürfnisse aller Menschen zu befriedigen. Wege zu einer solchen Wirtschaft zu entwerfen, müsste die Hauptaufgabe der Wirtschaftswissenschaft sein.

Wir brauchen weniger Treibhausgas-Emissionen, weniger Umweltzerstörung, weniger Ressourcenverbrauch, weniger Wirtschaftsleistung, weniger Konsum, tiefere materielle Ansprüche, mehr Langsamkeit, weniger Ungerechtigkeit, mehr Lebensgenuss.

Im Juni 2007 traf sich in Leipzig die European Society for Ecological Economics zu einem Kongress. Das Wetter war prächtig, die Stadt erfüllt von Linden- und Jasminblütenduft, das Bach-Festival fand zeitgleich statt. Eine der Hauptrednerinnen, Inge Røpke von der Technischen Universität Dänemark, sprach über steigende Standards – den Umstand, dass die Ansprüche in der Wohlstandsgesellschaft steigen und steigen. Das, was für uns selber gut genug war, erscheint für unsere Kinder ungenügend. Wir wohnen in immer größeren Wohnungen, reisen immer weiter in die Ferien, besitzen immer mehr elektronische Geräte. Der Vortrag mündete in den Aufruf: »Wir brauchen eine Kultur der Faulheit!«

Als ich Røpke später auf den Vortrag ansprach, sagte sie, es sei ihr nicht ganz wohl damit. Sie fürchte, die Aussage könnte falsch verstanden werden, und es sei möglich, dass man in einer künftigen Welt, die weniger Energie verbraucht, höhere Energiepreise kennt und deren Bevölkerung nicht mehr wächst, mehr arbeiten müsste. Deutlich wird das am Beispiel der Landwirtschaft: Der Trend, Landwirtschaft immer mehr zu industrialisieren und immer weniger arbeitsintensiv zu machen, muss umgekehrt werden. Und dennoch, sagte Røpke, meine sie, was sie sage: Wir müssen uns weniger an Werten wie Profit und materiellem Wohlstand orientieren. Mit anderen Worten: Es geht nicht um die Faulheit im oberflächlichen Sinn nach dem Motto »Zu Fuß gehe ich nur bis zum Auto«. Es geht um die viel profundere »Faulheit«, die gar kein Auto und keinen Wäschetrockner will. Es geht um die Faulheit des Fischers aus Heinrich Bölls »Anekdote zur Senkung der Arbeitsmoral«[300] – des Fischers, der sich weigert, mehr als nötig zu arbeiten, nur um sich eines Tages Angestellte leisten zu können, die dann für ihn arbeiten. Wir müssen »fauler« werden – auch wenn das zur Folge haben kann, dass das Leben manchmal anstrengender wird.

Røpkes Vortrag erntete großen Applaus. Aber niemand von denen, die klatschten, stand auf, rief »So lasst uns denn faul sein!« und legte sich mit einem guten Roman am Elsterbecken unter einem Lindenbaum ins Gras. Auch ich nicht. Stattdessen begann ich an diesem Buch zu schreiben. Ich verbrauchte dafür viel Papier, saß viele Stunden am Computer und verursachte Treibhausgase. Vielleicht werden diese ja kompensiert, wenn es mir mit diesem Buch gelingen sollte, ein paar Menschen vom Wert der Faulheit zu überzeugen.

Nun denn: Auf, in die Gärten*, Parks und Wälder!

---

* Patrick Hofstetter und Mitautoren haben versucht, von vier Aktivitäten, mit denen Menschen nach Glück streben, die Umweltbelastung unter Berücksichtigung psychologischer wie physischer Rebound-Effekte zu errechnen. Von den vier Aktivitäten »Gärtnern«, »einen Hund haben«, »Wochenendhaus« und »Yogakurse besuchen« schloss »Gärtnern« am besten ab – mit einer Umweltbelastung, die dank »negativem totalem Rebound-Effekt« sogar negativ sei (das heißt, die Umwelt wird entlastet). Patrick Hofstetter et al., »Happiness and Sustainable Consumption. Psychological and physical rebound effects at work in a tool for sustainable design«, in: *The International Journal of Life Cycle Assessment*, 11 (2006), Seiten 105–115.

Dank

Dieses Buch wäre nicht zustande gekommen, wenn sich nicht gegen fünfzig Wissenschaftler die Zeit genommen hätten, mir ihre Sicht zu erklären. Allen Interviewpartnern danke ich dafür herzlich.

Die Wochenzeitung, als deren Redaktionsmitglied ich begann, mich mit dem Klimawandel zu befassen, hat mir eine Freiheit gegeben, den Dingen auf den Grund zu gehen, wie das bei keiner anderen Zeitung so möglich gewesen wäre.

Für die intensive kritische Begleitung meiner Arbeit danke ich Blake Alcott und Patrick Hofstetter, ferner für ihre Kritiken und Anregungen Susan Boos, Pier-Luigi Calanca, Sarah Caspers, Lukas Denzler, Gabor Doka, Heini Glauser, Max Hänggi, Manfred Kaufmann, Roman Schürmann und Tobias Straumann.

Anhang

Glossar

Annex B

Der Annex B des ⇒ Kioto-Protokolls listet die 38 Staaten auf, deren ⇒ Treibhausgas-Emissionen durch das Protokoll begrenzt werden. Es handelt sich um die ⇒ OECD-Mitglieder des Jahres 1997 sowie die ehemals sozialistischen Staaten Osteuropas. Der Annex I der Rahmenkonvention zum Klimawandel (⇒ UNFCCC) ist mit dem Annex B des Kioto-Protokolls fast identisch.

Backfire

Ein ⇒ Rebound-Effekt von über hundert Prozent. Backfire bedeutet, dass eine Steigerung der Energieeffizienz zu einem höheren Energieverbrauch führt. Siehe Kapitel »Energieeffizienz ist keine Klimaschutzmaßnahme«.

Brundtland-Bericht

Die Uno-Kommission für Umwelt und Entwicklung unter der Leitung von Gro Harlem Brundtland legte 1988 ihren Bericht *Unsere gemeinsame Zukunft* vor. Siehe »Exkurs: Kohle als Geburtshelferin der Nachhaltigkeit«.

Bruttoinlandprodukt (BIP)

Die Summe der Werte aller gegen Geld gehandelten Güter und Dienstleistungen eines Landes. Siehe »Stichwort: Bruttoinlandprodukt und Alternativen«.

Cap and Trade

Ein Umweltregime, das den Verbrauch einer Ressource oder den Ausstoß eines Schadstoffs begrenzt und gleichzeitig erlaubt, mit diesen Begrenzungen Handel zu treiben. Deutsch meist als »Emissionshandel« übersetzt. Siehe Kapitel »Die Privatisierung der Atmosphäre«.

Carbon Capture and Storage

Abscheidung und Endlagerung von CO_2 aus Abgasen. Siehe Kapitel »Kein unerwünschtes Nebenprodukt«.

CDM

⇒ Clean Development Mechanism.

CH_4

⇒ Methan.

Clean Development Mechanism (CDM)

Ein vom ⇒ Kioto-Protokoll eingerichteter Mechanismus. Unter dem CDM zugelassene »Klimaschutzprojekte« in Staaten, die nicht im ⇒ Annex B des Protokolls aufgeführt sind, generieren beglaubigte »Treibhausgas-Reduktionen«, die gehandelt und in Emissionsrechte umgewandelt werden können. Siehe Kapitel »›Klimaschutz‹ kann Ihr Klima gefährden«.

CO_2

⇒ Kohlendioxid.

CO_2-Äquivalente

Die Umrechnung in CO_2-Äquivalente soll die verschiedenen ⇒ Treibhausgase miteinander vergleichbar machen. Eine Tonne ⇒ Methan entspricht 21 Tonnen CO_2-Äquivalenten, das bedeutet, dass diese Tonne Methan ebenso viel zum Treibhauseffekt beiträgt wie 21 Tonnen ⇒ Kohlendioxid. Siehe »Stichwort: Treibhauseffekt, Treibhausgase«.

Emissionshandel

Siehe Kapitel »Die Privatisierung der Atmosphäre«.

Entropie

Begriff aus der Thermodynamik. Entropie kann mit der Unordnung eines Systems verglichen werden. Der zweite Hauptsatz der Thermodynamik besagt, dass die »Unordnung« eines geschlossenen Systems immer zunimmt. Energieformen mit wenig Entropie – beispielsweise eine gerichtete Bewegung – können vollständig in Energieformen mit viel Entropie – beispielsweise Wärme – umgewandelt werden. Umgekehrt ist die Umwandlung nur unvollständig möglich.

EU-ETS

Emissionshandelssystem der EU *(EU Emissions Trade Scheme)*. Siehe Kapitel »Die Privatisierung der Atmosphäre«.

Externe Kosten

Kosten einer wirtschaftlichen Aktivität, die nicht vom Verursacher getragen werden.

FAO

Landwirtschafts- und Ernährungsorganisation der Vereinten Nationen *(Food and Agriculture Organisation of the United Nations)*.

Fluorchlorkohlenwasserstoffe (FCKW)

Durch das ⇒ Montreal-Protokoll verbotene Gruppe synthetischer ⇒ Treibhausgase, die als Kühlmitel sowie als Treibmittel für Kunststoffschäume oder Spraydosen verwendet wurden.

Geo-Engineering

Gezielte Eingriffe in Biosphäre oder Atmosphäre zur Bekämpfung des Klimawandels. Siehe Kapitel »Kein unerwünschtes Nebenprodukt«.

Grandfathering

Ein Prinzip der Zuteilung der Emissionsrechte im ⇒ Emissionshandel. Grandfathering bedeutet, dass am meisten Emissionsrechte erhält, wer in der Vergangenheit am meisten Emissionen verursacht hat.

Grauenergie, graue Emissionen

Die Energie, die zur Herstellung von Produkten und Dienstleistungen aufgewendet wird, respektive die Emissionen, die dabei entstehen. Siehe »Exkurs: Wer trägt wie viel zur Erderwärmung bei?«.

Fluorkohlenwasserstoffe *(Hydro Fluoro Compounds,* HFC)

Im ⇒ Kioto-Protokoll geregelte Gruppe synthetischer ⇒ Treibhausgase, die als Flammschutz-, Kühl- oder Lösungsmittel verwendet werden. Siehe »Stichwort: Treibhauseffekt, Treibhausgase«.

IAASTD

Internationales Expertengremium zur Bewertung des landwirtschaftlichen Wissens im Dienst der Entwicklung *(International Assessment on Agricultural Knowledge, Science and Technology for Development),* siehe Kapitel »Genug zu essen ohne Erdöl?«.

IEA

International Energy Agency, Energieagentur der ⇒ OECD.

IPCC

Intergovernmental Panel on Climate Change. Siehe Kapitel »Die Konsensmaschine«.

Joint Implementation (JI)

Ein vom ⇒ Kioto-Protokoll eingerichteter Mechanismus. Als JI zugelassene »Klimaschutzprojekte« in ⇒ Annex-B-Staaten generieren beglaubigte »CO_2-Reduktionen«, die als Emissionsrechte gehandelt werden können. Siehe Kapitel »Die Privatisierung der Atmosphäre«.

Kioto-Protokoll

Abkommen zum Klimawandel, verabschiedet in Kioto 1997. Siehe »Stichwort: Klimawandel-Rahmenabkommen UNFCCC und Kioto-Protokoll«.

»Klimaskeptiker«

Selbstbezeichnung derer, die bezweifeln, dass eine maßgeblich vom Menschen verursachte Klimaerwärmung stattfindet. Siehe Kapitel »Schnee von gestern?«.

Kohlendioxid (CO_2)

Wichtigstes der anthropogenen ⇒ Treibhausgase. Siehe »Stichwort: Treibhauseffekt, Treibhausgase«.

Kosten-Nutzen-Analyse

Ökonomisches Instrument, die Kosten und den Nutzen eines bestimmten Ereignisses oder einer Aktivität abzuschätzen. Siehe Kapitel »Problematischer Prophet«.

Lachgas (N_2O)

Distickstoffoxid. ⇒ Treibhausgas, das vor allem aus der Landwirtschaft stammt. Siehe »Stichwort: Treibhauseffekt, Treibhausgase«.

Lock-in

Auch Pfadabhängigkeit. Eine soziale oder technische Entwicklung, die Sachzwänge schafft und wegen dieser kaum mehr überwunden werden kann, sodass sie trotz offensichtlicher Nachteile weiter besteht. Siehe Kapitel »Warum das Gute nicht unbedingt siegt«.

Luxusemissionen

Emissionen, die im Gegensatz zu ⇒ Subsistenzemissionen bei Tätigkeiten frei werden, die nicht lebensnotwendig sind.

Methan (CH_4)

⇒ Treibhausgas und Hauptbestandteil von Erdgas. Siehe »Stichwort: Treibhauseffekt, Treibhausgase«.

Montreal-Protokoll

Internationales Abkommen zum Schutz der Ozonschicht, verabschiedet in Montreal 1988. Das Protokoll verbietet synthetische Gase, die die Ozonschicht schädigen. Diese wirken auch als ⇒ Treibhausgase.

N_2O

⇒ Lachgas.

Nachhaltigkeit

Nachhaltig leben bedeutet, nicht auf Kosten kommender Generationen zu leben. Nach dem »starken« Konzept der Nachhaltigkeit muss jede Generation die natürlichen Ressourcen kommenden Generationen ungeschmälert weitergeben. Das »schwache« Konzept versteht natürliche Ressourcen als eine Form von Kapital. Eine Generation muss die Summe des Gesamtkapitals ungeschmälert weitergeben. Siehe »Exkurs: Kohle als Geburtshelferin der Nachhaltigkeit«.

OECD

Organisation für wirtschaftliche Zusammenarbeit und Entwicklung *(Organization for Economic Cooperation and Development)*. Zusammenschluss der Staaten mit »entwickelten« Ökonomien mit derzeit dreißig Mitgliedern.

Opec

Organisation Erdöl exportierender Länder *(Organization of Petroleum Exporting Countries)*. Erdölkartell, dem neben den Ölländern des Nahen Ostens und Nordafrikas Angola, Ecuador, Indonesien, Nigeria und Venezuela angehören.

Ozon (O_3)

Sehr reaktive Form des Sauerstoffs mit Treibhauswirkung. Entsteht aus Vorläufergasen, die in Abgasen aus der Verbrennung fossiler Brennstoffe enthalten sind (Stickoxide, flüchtige organische Verbindungen). In der Ozonschicht der Atmosphäre filtert Ozon schädliche Ultraviolettstrahlung aus dem Sonnenlicht. Wird durch Chlorverbindungen wie Fluorierte Chlor-Kohlenwasserstoffe (FCKW) abgebaut.

Ozonloch

Bezeichnung für die starke Ausdünnung der Ozonschicht über den Polarregionen; verantwortlich für die starke Zunahme von Hautkrebs.

Peak Oil

Zeitpunkt, ab dem weniger neues Öl erschlossen als verbraucht wird (analog: Peak Gas, Peak Coal). Siehe Kapitel »›Verlassen wir das Öl, bevor es uns verlässt‹«.

Perfluorierte Fluorkohlenwasserstoffe (PFC)

Im ⇒ Kioto-Protokoll geregelte Gruppe synthetischer ⇒ Treibhausgase. Siehe »Stichwort: Treibhauseffekt, Treibhausgase«.

Rebound

Bezeichnung für verschiedene Effekte, die bewirken, dass das Sparpotenzial von Effizienzsteigerungen wieder teilweise zunichte gemacht wird. Beträgt der Rebound über hundert Prozent, führt also die effizientere Nutzung einer Ressource dazu, dass von dieser mehr verbraucht wird, spricht man von ⇒ Backfire. Siehe Kapitel »Energieeffizienz ist keine Klimaschutzmaßnahme«.

Rückkoppelung

Rückwirkung der Folge eines Ereignisses auf dessen Ursache. Positive Rückkoppelung führt zur Beschleunigung einer Entwicklung, negative Rückkoppelung bremst diese ab.

Schwefeldioxid (SO_2)

Schadstoff, der bei der Verbrennung schwefelhaltiger Brennstoffe entsteht und sauren Regen verursacht.

Schwefelhexafluorid (SF_6)

Im ⇒ Kioto-Protokoll geregeltes synthetisches Treibhausgas, das als Isoliergas in der Elektrotechnik verwendet wird. Siehe »Stichwort: Treibhauseffekt, Treibhausgase«.

Skalenökonomie

Wirtschaftliche Aktivität, die mit zunehmender Größe profitabler wird.

Stern-Bericht

Bericht von Nicholas Stern an die britische Regierung vom November 2006. Siehe Kapitel »Problematischer Prophet«.

Subsistenzemissionen

Emissionen, die im Gegensatz zu ⇒ Luxusemissionen bei Tätigkeiten frei-werden, die lebensnotwendig sind.

Suffizienz

Genügsamkeit.

Treibhauseffekt

Siehe »Stichwort: Treibhauseffekt, Treibhausgase«.

Treibhausgas

Siehe »Stichwort: Treibhauseffekt, Treibhausgase«.

Umwelt-Kuznetskurve

Theorie, wonach die Umweltbelastung bei wachsender Wirtschaft bis zu einem gewissen Punkt steigt und danach sinkt. Siehe Kapitel »Wachsen für das Klima«.

Unep

Umweltprogramm der Vereinten Nationen *(United Nations Environmen Programme)*.

UNFCCC

Rahmenkonvention zum Klimawandel von 1992 *(United Nations Framework Convention on Climate Change)*. Siehe »Stichwort: Klimawandel-Rahmenabkommen UNFCCC und Kioto-Protokoll«.

Wichtige Kennzahlen zum Klimawandel

Treibhausgas-Emissionen

Die Zahlen zu den Treibhausgas-Emissionen sind von unterschiedlicher Qualität. Die Annex-B-Staaten des Kioto-Protokolls müssen jährlich ein Treibhausgasinventar beim Sekretariat des Rahmenabkommens für den Klimaschutz UNFCCC in Bonn einreichen. Die Methodik zur Erstellung dieser Inventare ist genau geregelt, die Erhebungen werden überprüft. Dennoch bestehen beträchtliche Unsicherheiten. Die neuesten vom UNFCCC-Sekretariat erhältlichen Zahlen stammen von 2006.[301] Emissionen aus dem internationalen Luft- und Schifffahrtsverkehr sind darin nicht enthalten.

Relativ unproblematisch bestimmt werden können CO_2-Emissionen aus der Verbrennung fossiler Energieträger. Diese Zahlen sind beim World Resources Institut (WRI) für alle Länder derzeit bis ins Jahr 2004 verfügbar.[302] Umstritten ist die Methodik zur Bestimmung der CO_2-Emissionen aus Landnutzung, Landnutzungsänderung und Waldwirtschaft (englisch abgekürzt LULUCF). Diese Emissionen sind negativ in Ländern, wo die Waldfläche zunimmt. In Ländern mit starker Entwaldung – etwa Malaysia oder Brasilien sowie Länder Afrikas – können die LULUCF-Emissionen ein Vielfaches der restlichen Emissionen betragen.

Zahlen für LULUCF-Emissionen sowie für die anderen im Kioto-Protokoll erfassten Treibhausgase sind beim WRI derzeit bis 2000 erhältlich. Andere Quellen (Uno-Umweltprogramm, Internationale Energieagentur) geben teilweise abweichende Zahlen an.

Weltweiter CO_2-Ausstoß 2004

total: 30,7 Gigatonnen (Milliarden Tonnen) ohne LULUCF
pro Kopf: 4,83 Tonnen

Weltweiter Treibhausgas-Ausstoß 2000

Alle im Kioto-Protokoll geregelten Gase inkl. LULUCF
total: 44 Gigatonnen (Milliarden Tonnen) CO_2-Äquivalente
pro Kopf: 7,31 Tonnen CO_2-Äquivalente
(Hochgerechnet auf 2004 ergeben sich rund 50 Gigatonnen oder 7,9 Tonnen pro Kopf.)

Emissionen ausgewählter Länder und Regionen:

Land/Region	CO_2-Ausstoß pro Kopf (ohne LULUCF), mit Grauemissionen 2004[303]	CO_2-Ausstoß pro Kopf (ohne LULUCF), ohne Grauemissionen 2004 gemäß UNFCCC	Treibhausgas-Ausstoß pro Kopf ohne Grauemissionen in Tonnen CO2-Äquivalente (inkl. LULUCF) 2004[304]
USA	22,5	21,0	21,7
Schweiz	14,5	6,5	7,1
Annex-B-Staaten	13,6	12,9	14,1
Deutschland	12,5	10,8	11,7
Österreich	12,0	8,4	9,3
EU-25	10,3	8,4	9,6
Russland	8,4	10,7	13,0
Welt	4,8	4,8	7,9
China	2,2	2,7	5,6
Afrika	1,0	1,0	3,9
Indien	0,87	1,0	2,0

Was verursacht wie viel CO_2[305] Pro Energieeinheit verursachen

Steinkohle: 94 g/MJ

Heizöl leicht: 73,7 g/MJ

Heizöl schwer: 77 g/MJ

Benzin: 73,9 g/MJ

Diesel: 73,6 g/MJ

Kerosen: 73,2 g/MJ

Erdgas: 55 g/MJ

10000 Kilometer Fahrt mit einem Auto, das pro 100 Kilometer 7,5 Liter Benzin verbraucht, verursachen 1,75 Tonnen CO_2 (ohne die Emissionen, die bei der Förderung, dem Transport und der Raffinierung des Erdöls entstehen).

Ein Flug Frankfurt am Main – New York, Hin- und Rückflug, verursacht pro Economy-Class-Passagier laut Myclimate 2,8 Tonnen, laut Atmosfair 4 Tonnen CO_2-Äquivalente.

Anteil der Wirtschaftssektoren an den Treibhausgas-Emissionen[306]

Energiesektor: 63 Prozent

Landnutzungsänderungen und Waldwirtschaft: 18 Prozent
Landwirtschaft: 13 Prozent
Abfallbewirtschaftung: 3 Prozent
industrielle Prozesse: 3 Prozent

Anteil der Treibhausgase am anthropogenen Treibhauseffekt[307] (nur die im Kioto-Protokoll geregelten Gase)

Kohlendioxid (CO_2)	70 Prozent
Methan (CH_4)	23 Prozent
Lachgas (N_2O)	7 Prozent
andere	0,4 Prozent

Weltenergieverbrauch 2006[308]

11 740 Millionen Tonnen Erdöläquivalente = 492 Exajoule = 137 Millionen Gigawattstunden

Das entspricht einer kontinuierlichen Leistung von 15,586 Terawatt oder 2400 Watt pro Kopf.

(Die Vorsilbe »Exa-« steht für den Faktor 10^{18} [Trillionen], »Tera-« für 10^{12} [Billionen], »Giga-« für 10^9 [Milliarden].)

Anteile der Energieträger am Primärenergieverbrauch 2006[309]

Erdöl	35,0	Prozent
Erdgas	20,7	Prozent
Kohle	25,3	Prozent
Atomkraft	6,3	Prozent
Wasserkraft	2,2	Prozent
Biomasse und Abfall	10,0	Prozent[310]
andere	0,5	Prozent

Quellennachweise

1 In den 1990er-Jahren stieg der weltweite CO_2-Ausstoß um 1,1 Prozent pro Jahr; zwischen 2000 und 2004 um 3 Prozent. Michael Raupach et al., »Global and Regional Drivers of Accelerating CO_2 Emissions«, in: *PNAS,* pre-print 22. Mai 2007; www.pnas.org/cgi/content/abstract/104/24/10288.

2 Der Film lief im Herbst 2006 in unseren Kinos. In den USA war der Kinostart am 24. Mai. Erstmals gezeigt wurde der Film am Sundance Film Festival im Januar 2006.

3 Nicholas Stern et al., *Stern Review on the Economics of Climate Change,* 2006; www.hm-treasury.gov.uk/independent_reviews/stern_review_economics_climate_change.

4 Rolf Peter Sieferle, *Rückblick auf die Natur*, München 1997, Seiten 135/136.

5 IPCC, *Climate Change 2007. The Physical Science Basis*, Cambridge 2007, Seite 9. – Für den Alpenraum hat das Forschungsprogramm Alp-Imp (www.zamg.ac.at/ALP-IMP) unter Federführung der Zentralanstalt für Meteorologie und Geodynamik in Wien das Klima bis zurück ins Jahr 800 rekonstruiert. Phasen der Erwärmung konnten für das 10. und 12. Jahrhundert nachgewiesen werden. Es war aber in den vergangenen 1300 Jahren nie so warm wie heute.

6 IPCC, a.a.O., Seite 12.

7 Überblicke über die Geschichte der Klimaforschung bieten: Clive Spash, *Greenhouse Economics. Value and Ethics*, London/New York 2002; Shardul Agrawala, »Structural and Process History of the Intergovernmental Panel on Climate Change«, in: *Climate Change,* 39 (1998), Seiten 621–624; Leigh Glover, *Postmodern Climate Change*, London/New York 2006.

8 World Climate Programme.

9 Klimaworkshop in Villach 1985. Zitiert bei Agrawala, a.a.O., Seiten 607/608.

10 Donella Meadows et al., *Limits to Growth*, London 1972.

11 Zusammen mit Gunnar Myrdal. Streng genommen ist der Wirtschaftsnobelpreis kein Nobelpreis, sondern der »Preis für Ökonomische Wissenschaften in Erinnerung an Alfred Nobel«.

12 Roosevelts zweites sogenanntes »Kamingespräch«, eine Radioansprache vom 7. Mai 1933.

13 *The Economist,* 9. September 2006.

14 William D. Nordhaus, »Reflections on the Economics of Climate Change«, in: *Journal of Economic Perspectives,* 7 (1993), Seiten 11–25.

15 Dieter Lüthi et al., »High-resolution carbon dioxide concentration record 650,000-800,000 years before present«, in: *Nature,* Band 453 (2008), Nr. 7192, Seiten 379–382.

16 Ebenda.

17 IPCC, *Climate Change 2007. The Physical Science Basis*, Seiten 200/201, 274/275.

18 Zur Geschichte des IPCC siehe Agrawala, a.a.O., und ders., »Context and Early Origins of the Intergovernmental Panel on Climate Change«, in: *Climate Change*, 39 (1998), Seiten 605–620; sowie Glover, a.a.O.

19 Resolution A/RES/43/53.

20 Sandrine Bony, »Comment le débat scientifique a fait progresser l'expertise sur les rétroactions atmosphériques«, in: Claire Weill (Hg.), *Science du changement climatique. Acquis et controverses*, Paris 2004, Seiten 37/38.

21 Ein Faksimile des Memos findet sich online: www.nrdc.org/media/docs/020403.pdf.

22 Zitiert in Agrawala, »Context and Early Origins«, Seite 627.

23 IPCC, *Special Report on Emission Scenarios*, Cambridge 2000; www.ipcc.ch/ipcc-reports/sres/tectran/index.htm.

24 Amy Dahan-Dalmedico/Hélène Guillemot, »Changement climatique: Dynamiques scientifiques, expertise, enjeux géopolitiques«, in: *Sociologie du Travail*, Band 48, Nr. 3 (2006), Seiten 412–432.

25 Agrawala, »Context and Early Origins«.

26 James Hansen, »Scientific Reticence and Sea Level Rise«, in: *Environmental Research Letters,* 2 (2007).

27 Hansen et al., »Target Atmospherie CO_2: Where Should Humanity Aim?«, in: *The Open Atmospheric Science Journal,* 2 (2008), Seiten 217–231.

28 IPCC, *Climate Change 2007. Mitigation of Climate Change,* Cambridge 2007, Seite 15, Tabelle SPM.5.

29 Zahlen von 2002, gemäß dem Carbon Dioxide Information Analysis Center, Oak Ridge, http://cdiac.ornl.gov. Die Zahlen beinhalten keine Emissionen aus Landnutzung, Landnutzungsänderung und Forstwirtschaft.

30 Mit Industriestaaten sind hier die Staaten des Annex B des Kioto-Protokolls gemeint. Diese wiesen 2005 offiziell 12,3 Tonnen CO_2-Emissionen pro Kopf aus, dazu kommen 5,6 Prozent sogenannte Grauemissionen aus der Import-Export-Bilanz.

31 Ich folge der deutschen Übersetzung der Zusammenfassungen für politische Entscheidungsträger: www.bmu.de/files/pdfs/allgemein/application/pdf/ipcc_entscheidungstraeger_gesamt.pdf.

32 Siehe beispielsweise Timothy Donaghy et al., *Atmosphere of Pressure. Political Interference in Federal Climate Science*, Cambridge MA 2007; www.ucsusa.org/scientific_integrity/interference/atmosphere-of-pressure.html.

33 Zum Lobbying der Industrie siehe www.exxonsecrets.org, eine Website von Greenpeace USA.

34 *Die Weltwoche,* 6/2007.

35 Einen Überblick über entsprechende Studien bietet das National Snow and Ice Data Center, www.nsidc.org.

36 E. D. Galbraith et al., »Carbon dioxide release from the North Pacific abyss during the last deglaciation«, in: *Nature,* 449 (2007), Seiten 890–894.

37 James Hansen, a.a.O.

38 IPCC, *Climate Change 2007. The Physical Science Basis,* Seite 14.

39 Ein Film über den Kollaps von Larsen B findet sich unter http://nsidc.org/iceshelves/larsenb2002/animation.html.

40 http://earth.uni-muenster.de/polarhomepage/info.shtml.

41 Vergleiche dazu Michael Oppenheimer et al., »The Limits of Consensus«, in: *Science,* Band 317 (2007), Nr. 5844, Seiten 1505/1506.

42 IPCC, *Climate Change 2007. Mitigation,* Fußnote a) zur Tabelle SPM.5, Seite 15.

43 Nigel Lawson, »Deep Thought. Climate of Superstition«, in: *The Spectator,* 11. März 2006.

44 www.climate.unsw.edu.au/bali.

45 IPCC, *Climate Change 2007. Synthesis Report,* Cambridge 2007, Fußnote a) zur Tabelle SPM.6, Seite 20.

46 Bjørn Lomborg, *Cool it! Warum wir trotz Klimawandels einen kühlen Kopf bewahren sollten,* München 2008.

47 *Das Magazin,* 20. Oktober 2001. Ein ähnliches Selbstbild kultiviert der tschechische Staatspräsident Václav Klaus. Sein Buch *Blauer Planet in grünen Fesseln* (2007) zeigt eine Karikatur mit Klaus auf einem brennenden Scheiterhaufen. Ein Ökofundi – Vollbart und langes Haar – sagt zu ihm: »Na, glauben Sie nun an die Erwärmung?«

48 Lomborg, a.a.O., Seite 136.

49 Mein Interview mit Bruno S. Frey, *WOZ Die Wochenzeitung,* 17. Februar 2005: »Wir sind die Spezialisten des Vergleichens«.

50 *The Economist,* 5. Februar 2005.

51 Ich zitiere nach der offiziellen deutschen Zusammenfassung, www.hm-treasury.gov.uk/media/A/9/stern_shortsummary_german.pdf.

52 Eine detaillierte Kritik des Stern-Berichts bietet Clive Spash, »The economics of climate change impacts à la Stern: Novel and nuanced or rhetorically restricted?«, in: *Ecological Economics,* 63 (2007), Seiten 706–713.

53 Als ein Beispiel dieser Position siehe L. D. Danny Harvey, »Uncertainties in global warming science and near-term emission policies«, in: *Climate Policy,* 6 (2006), Seiten 573–584.

54 Michael Grubb, »The economics of climate damages and stabilization after the Stern review« (Editorial), in: *Climate Policy,* 6 (2006), Seiten 505–508.

55 Das Zahlenbeispiel stammt von Spash, *Greenhouse Economics,* Seite 128. Ich stütze mich im Folgenden vor allem auf diese meines Erachtens beste kritische Würdigung der Kosten-Nutzen-Analysen zum Klimawandel.

56 IPCC, *Climate Change 1995. Economic and Social Dimensions of Climate Change,* Cambridge 1995, Seite 183.

57　Zitiert bei Spash, *Greenhouse Economics*, Seite 194.

58　Zitiert bei Spash, »The economics of climate change impacts à la Stern«, Seite 709.

59　Spash *Greenhouse Economics*, Seite 170.

60　Nordhaus, *Question of Balance*.

61　William D. Nordhaus, »The Stern Review on the Economics of Climate Change«, in: *Journal of Economic Literature,* 45 (2007), Seite 686 (Hervorhebung M. H.).

62　Stern argumentiert ethisch dafür, die Diskontrate tief anzusetzen, und spricht von einem Satz von 0,1 Prozent. Spash (»The economics of climate change impacts à la Stern«, Seite 710) zeigt aber auf, dass durch die Berechnungsmethode Sterns die Diskontrate tatsächlich auf 0,1 Prozent *plus die Wachstumsrate* zu stehen kommt, was im Bereich von Nordhaus' Annahmen liegt.

63　IPCC, *Climate Change 2007. Mitigation*, Seite 34 sowie Seiten 131 ff.

64　Silvio O. Funtowicz und Jeroma R. Ravetz, »The Worth of a Songbird: Ecological Economics as a Post-Normal Science«, in: *Ecological Economics,* 10 (1994), Seiten 197–207.

65　*The Economist,* 9. September 2006, Sonderbeilage zum Klimawandel.

66　IPCC, *Climate Change 2007. Mitigation*, Seite 134.

67　IPCC, *Climate Change 1995. Economic and Social Dimensions*, Seite 183.

68　Ich stütze mich auf die Daten von Angus Maddison von der Universität Groningen, www.ggdc.net/maddison.

69　Laut dem Swedish International Peace Research Institute Sipri, Jahresbericht 2008; Zusammenfassung siehe www.sipri.org/contents/editors/SIPRIYB08summary.pdf.

70　Entwurf zum Kapitel 6 von IPCC, *Climate Change 1995. Economic and Social Dimensions*.

71　Zitiert bei Spash, *Greenhouse Economics*, Seite 190.

72　IPCC, *Climate Change 1995. Economic and Social Dimensions*, Seiten 196/197.

73　Ebenda, Seite 200.

74　Zitiert bei Spash, *Greenhouse Economics*, Seite 189.

75　Ohne Landnutzung, Landnutzungsänderung und Forstwirtschaft. Quelle: World Resources Institute. Mit »Industriestaaten« meine ich hier die Annex-B-Staaten des Kioto-Protokolls.

76　Byrd-Hagel-Resolution, S. Res. 98.

77　Agrawala et al., »Indispensability and Indefensability? The United States in the Climate Change Negotiations«, in: *Global Governance,* 5 (1999), Seiten 457–482.

78　Gwyn Prins/Steve Rayner, »Time to ditch Kyoto«, in: *Nature,* 449 (2007), Seiten 973–975.

79　World Commission on Environment and Development, *Our Common Future*, Oxford 1987; http://ringofpeace.org/environment/brundtland.html.

80 Reinhard Loske, »Allen wohl und keinem wehe. Ein kritischer Blick auf den Brundt-land-Bericht«, in: *Ökologisches Wirtschaften*, 1/2007, Seite 11.

81 Herman E. Daly, »Sustainable Development: From Concept and Theory to Opera-tional Principles«, in: *Population and Development Review,* 16 (1990), Supple-ment: Resources, Environment, and Population. Present Knowledge, Future Op-tions, Seite 36.

82 Horace Herring, »Is Energy Efficiency Environmentally Friendly?«, in: *Energy & En-vironment,* Band 11 (2000), Nr. 3, Seiten 313–325.

83 Eberhard Jochem, »Energie rationeller nutzen: Zwischen Wissen und Handeln«, in: *Gaia,* 12 (2003), Seite 9.

84 »Stau ist kein Verkehrsproblem«, Interview mit Hermann Knoflacher, *WOZ Die Wochenzeitung,* 16. Oktober 2003.

85 Zum Überblick über die Geschichte der Rebound-Idee siehe John M. Polimeni et al., *Jevons' Paradox and the Myth of Resource Efficiency Improvements*, London 2007.

86 Vergleiche Blake Alcott, »The sufficiency strategy: Would rich-world frugality lo-wer environmental impact?«, in: *Ecological Economics,* Band 64, Nr. 4 (2007), Seiten 770–786.

87 Mathias Binswanger, *Time-saving Innovations and their Impact on Energy Use: Some Lessons from a Household-production-function Approach*. University of Ap-plied Sciences of Northwestern Switzerland, Discussion Paper No. 2002-W01, So-lothurn 2002.

88 Mathias Binswanger/Eberhard Jochem, »Technischer Fortschritt und Rebound-Ef-fekt«, in: *Fachhochschule Solothurn Nordwestschweiz: Forschungsbericht 2002*, Solothurn 2002.

89 Dorothy L. Robinson, »Do enforced bicycle helmet laws improve public health? No clear evidence from countries that have enforced the wearing of helmets«, in: *British Medical Journal*, Band 332 (2006), Seiten 722–724.

90 Steve Sorrell, *The Rebound Effect: an assessment of the evidence for economy-wide energy savings from improved energy efficience*, 2007; www.ukerc.ac.uk/ResearchProgrammes/TechnologyandPolicyAssessment/ReboundEffect.aspx. Sie-he auch Horace Herring/Steve Sorrell/David Elliot, *Energy Efficiency and Sustain-able Consumption: The Rebound Effect,* Basingstoke 2009.

91 IPCC, *Climate Change 2007. Mitigation*, Seiten 148, 374, 420, 633 und 634.

92 Ich danke Zehra Ali vom Massachusetts Institute for Technology.

93 Pro Quadratmeter strahlen im Durchschnitt 240 Watt Sonnenenergie auf die Erd-oberfläche ein, das ergibt eine Gesamtleistung von 122 000 Terawatt. Der mensch-liche Primärenergieverbrauch beträgt 15 Terawatt.

94 Jochem, a.a.O., Seite 12.

95 Deutsches Zentrum für Luft- und Raumfahrt, *Trans-Mediterraner Solarstromver-bund*. Studie im Auftrag des Bundesministerium für Umwelt, Naturschutz und Re-aktorsicherheit (BMU), 2006; www.desertec.org/downloads/trans-csp_ger.pdf.

96 Mark Barrett, *A Renewable Electricity System for the UK: A Response to the 2006 Energy Review*, London 2006; www.cbes.ucl.ac.uk/projects/EnergyReview.htm.

97 Eine Studie des schweizerischen Paul Scherrer Instituts von 2007 rechnet mit 8 Gramm CO_2-Äquivalenten pro Kilowattstunde (www.psi.ch/medien/Medienmitteilungen/PSI_Fachinfos_CO2_Kernkraft.pdf). Eine andere Studie, die das deutsche Ökoinstitut im selben Jahr im Auftrag des Bundesumweltministeriums verfasst hat, rechnet mit 32 bis 65 Gramm pro Kilowattstunde, je nachdem, woher das Uran stammt (www.oeko.de/oekodoc/318/2007-008-de.pdf). – Zum Vergleich: Ein Gaskraftwerk verursacht 400 bis 650 Gramm CO_2-Äquivalente pro Kilowattstunde, ein Erdölkraftwerk 900, ein Steinkohlekraftwerk 1100.

98 Pressemitteilung zu einer Studie der Energy Watch Group vom 28. Juni 2007, www.energywatchgroup.org/Mitteilungen.26.0.html.

99 Im Jahr 2005. Internatiolan Energy Agency, *Key World Energy Statistics*, Paris 2007; www.iea.org/textbase/nppdf/free/2007/key_stats_2007.pdf.

100 Ich danke Peter Marti vom Ingenieurbüro Metron, Brugg.

101 Rainer Zah et al., *Ökobilanz von Energieprodukten: Ökologische Bewertung von Biotreibstoffen. Schlussbericht*, Bern 2007. Zah kommt allerdings zum Schluss, dass Diesel aus Raps trotz besserer CO_2-Bilanz die Umwelt insgesamt stärker belastet als Diesel aus Erdöl.

102 Berechnet für Zürich, Hochtarif, durchschnittlicher Strommix (»EWZ-Mixpower«). Dieser kostete im Juni 2008 18 Rappen pro Kilowattstunde.

103 John McNeill, *Blue Planet*, Frankfurt am Main/New York 2003, Seite 26.

104 Zur Berechnung: Ein Auto, das für 100 Kilometer 5 Liter Benzin verbraucht, benötigt für 1 Kilometer 0,5 Kilowattstunden. Ein Sänftenträger, der für 1 Kilometer 12 Minuten benötigt und dabei 100 Watt leistet, verbraucht für dieselbe Strecke 0,02 Kilowattstunden.

105 Rede von Leo Brandt, Vizevorsitzender der Deutschen Atomenergiekommission, am Münchner Parteitag der SPD 1956, zitiert nach Horst Meixner, »Die ökonomische Logik der Kernenergie«, in: *Jahrbuch für Sozialwissenschaft*, 34 (1983), Seite 63.

106 A. Kitaigorodski, ohne weitere Quellenangabe zitiert nach Meixner, a.a.O.

107 Ivan Illich, »Energie und Gerechtigkeit«, in: Ders., *Fortschrittsmythen*, Reinbek bei Hamburg 1978, Seiten 76/77 sowie 74.

108 Zu den besten Darstellung zum Thema der Einflussnahme privater Firmen auf die öffentliche Forschung gehört Sheldon Krimsky, *Science in the private interest. Has the lure of profits corrupted biomedical research?*, Lanham 2003.

109 *Berkeley Daily Planet*, 6. Februar 2007. Siehe auch www.stopbp-berkeley.org/.

110 Worldwatch Institute/Gesellschaft für Technische Zusammenarbeit/Bundesministerium für Landwirtschaft und Verbraucherschutz, *Biofuels for Transportation. Global Potential and Implications for Sustainable Agriculture and Energy in the 21st Century*, Washington D.C. 2007, Seite 4.

111 Interview mit der *Zeit*, 4. April 2007.

112 Siehe beispielsweise das Interview mit dem OECD-Direktor für Landwirtschaft und Handel, Stefan Tangermann, in der *Zeit* vom 8. Februar 2007; www.zeit. de/2007/07/Interview-Biosprit.

113 In der Schweiz hat beispielsweise das Ingenieurbüro Carbotech 1991 eine ökologische Bewertung von Rapsdiesel für den WWF vorgenommen und im Jahr 1998 für das Bundesamt für Energie die Studie »Treibstoffe aus Biomasse« verfasst. Die Resultate beider Untersuchungen waren der Empa-Studie von 2007 (Rainer Zah et al., a.a.O.) ähnlich.

114 Zah et al., a.a.O.

115 Paul Crutzen et al., »N2O release from agro-biofuel production negates global warming reduction by replacing fossil fuels«, in: *Atmospheric Chemistry and Physics Discussions,* 7 (2007), Seiten 11192–11205.

116 Timothy Searchinger et al., »Use of U.S. Croplands for Biofuels Increases Greenhouse Gases Through Emissions from Land Use Change«, in: *Science*, 319 (2008), Seiten 829–836.

117 Friends of the Earth et al., *The oil for ape scandal. How palm oil is threatening orang-utan survival*, 2005, www.foe.co.uk/resource/reports/oil_for_ape_full.pdf.

118 *The Guardian,* 3. November 2007.

119 Jean Ziegler, *Report of the Special Rapporteur on the Right to Food: The Impact of Biofuels on the Right to Food*, A/62/269, 22. August 2007; www.righttofood.org/A62289.pdf.

120 Worldwatch Institute et al., a.a.O.

121 Jürgen Trittin, »Volle Tanks und volle Mägen«, in: *Politische Ökonomie,* 106/107 (2007), Seiten 58–60.

122 Im Sommer 2008 erschienen ist ein Bericht aus ablehnender Perspektive vom Hilfswerk Oxfam: *Another Inconvenient Truth. How biofuel policies are deepening poverty and accelerating climate change*, Oxfam Briefing Paper, 114, Juni 2008; www.oxfam.de/download/Inconvenient_Truth_Biofuels.pdf.

123 William Dar: »Research needed to cut risks to biofuel farmers«, www.scidev.net, 6. Dezember 2007.

124 Rolf Widmer et al., »Evaluation and comparison of bio-fuelled mobility with all-electric solutions using Life Cycle Assessment«. Arbeitspapier, vorgestellt an der EET-2007 European Ele-Drive Conference, Brüssel, 30. Mai bis 1. Juni 2007. Für die aktualisierte Zahl: persönliche Mitteilung Rolf Widmer, Empa St. Gallen.

125 Basis der Berechnung: Deutschland verbrauchte 2003 65 Millionen Tonnen Treibstoffe. Ein Hektar Raps gibt ungefähr eine Tonne Diesel pro Jahr. Ein hypothetisches Rapsfeld von der Fläche Deutschlands (357000 Quadratkilometer) ergäbe also rund 36 Millionen Liter pro Jahr.

126 Göran Berndes et al., »The contribution of biomass in the future global energy supply: a review of 17 studies«, in: *Biomass and Bioenergy*, 25 (2003), Seiten 1–28.

127 Edward Smeets et al., *A quickscan of global bio-energy potentials for 2050*, Utrecht 2004, zitiert nach: Thomas Fritz, *Das Grüne Gold. Welthandel mit Bioenergie – Märkte, Macht und Monopole*, Berlin 2007, Seiten 6/7. Hinweise von Thomas Nussbaumer, Hochschule Luzern.

128 Persönliche Mitteilung von Thomas Nussbaumer, Fachgruppe Bioenergie und Nachhaltigkeit der Hochschule Luzern.

129 Interview mit n-tv am 29. Juni 2007, www.n-tv.de/819595.html.

130 Secretar'a de Energ'a, *Potenciales y Viabilidad del Uso de Bioetanol y Biodiesel para el Transporte en México*; www.sener.gob.mx/webSener/res/PE_y_DT/pub/Biocombustibles_en_Mexixo_Estudio_Completo.pdf.

131 Die Berechnung der Flächenleistung von Jatropha beruht auf Ertragsangaben, die sich zwischen 440 und 3200 Litern pro Hektar und Jahr bewegen. Wenn tatsächlich auf marginalen Böden angebaut und nicht gedüngt wird, dürfte der tiefere Wert der realistischere sein.

132 Ich stütze mich beispielsweise auf Roman Herre vom FoodFirst Informations- und Aktions-Netzwerk (Fian), der sich vor allem auf Erfahrungen mit Jatropha in Afrika stützt, sowie auf *The New Nation* (Bangladesch) vom 10. März 2008, http://nation.ittefaq.com/issues/2008/03/10/news0836.htm.

133 http://cgse.epfl.ch/page65660.html.

134 Mineralölsteuergesetz von 2007.

135 Richtlinienentwurf vom 23. Januar 2008.

136 http://news.bbc.co.uk/2/hi/europe/7186380.stm.

137 Richtlinienentwurf vom 23. Januar 2008, http://ec.europa.eu/energy/res/legislation/doc/strategy/res_directive.pdf.

138 Richtlinie 2003/30/EG vom 8. Mai 2003.

139 Die meines Erachtens beste kritische Darstellung des Emissionshandels bietet Larry Lohmann, *Carbon Trading. A Critical Conversation on Climate Change, Privatisation and Power*, 2006; www.thecornerhouse.org.uk/pdf/document/carbonDDlow.pdf. Auf deutsch soeben erschienen ist: Elmar Altvater/Achim Brunnengräber (Hg.), *Ablasshandel gegen Klimawandel? Marktbasierte Instrumente in der globalen Klimapolitik und ihre Alternativen*, Reader des Wissenschaftlichen Beirats von Attac. Hamburg 2008.

140 *Der Spiegel*, 26/2007, Seite 30.

141 Rede von Bundesrätin Doris Leuthard an der ETH Zürich vom 28. September 2007, www.evd.admin.ch/aktuell/00120/index.html?lang=de&msg-id=14891. Vorbereitet worden war Leuthards Vorstoß durch mehrere Artikel in der Zeitschrift des Staatssekretariats für Wirtschaft, *Die Volkswirtschaft*, September 2007.

142 www.panda.org/index.cfm?uNewsID=129881.

143 Michael Grubb, »The Political Context for Emissions Trading in the Climate Change Negotiations«, in: Olav Hohmeyer/Klaus Rennings (Hg.), *Man-Made Climate Change. Economic Aspects and Policy Options*. Proceedings of an International Conference held at Mannheim, Germany, March 6–7, 1997, Heidelberg 1999, Seite 287.

144 Lohmann, a.a.O., Seite 109.

145 Grubb, a.a.O., Seite 284.

146 Auskunft von Paul Filliger, zuständig für das Treibhausgas-Inventar beim schweizerischen Bundesamt für Umwelt. Die EU spricht in ihrem Treibhausgas-Bericht 2008 an die UNFCCC gar von Unsicherheiten in der Landwirtschaft von bis zu 98 Prozent. Die Angabe, die Unsicherheit betrage x Prozent, bedeutet, dass der tatsächliche Wert mit einer Wahrscheinlichkeit von 95 Prozent im Bereich von maximal x Prozent über oder unter dem berechneten Wert liegt.

147 National Inventory Submissions 2008, herunterzuladen von http://unfccc.int.

148 Anil Agarwal/Sunita Narain, *Global Warming in an Unequal World*, New Delhi 1991.

148 Der Vorschlag der »CO_2-Card« stammt ursprünglich von der Aachener Stiftung Kathy Beys, www.CO2card.de.

150 Peter Barnes, *Who Owns the Sky? Our Common Assets and the Future of Capitalism*, Washington 2001. Siehe auch Oliver Tickell, *Kyoto2. Creating a Low Carbon Economy*, London 2008.

151 *The Economist,* 16. Juni 2007, Seite 78.

152 Deutscher Vertragstext: www.unfccc.int/resource/docs/convkp/convger.pdf.

153 Deutscher Vertragstext: www.unfccc.int/resource/docs/convkp/kpger.pdf.

154 Zitiert in Lohmann 2006, Seite 56.

155 Zitiert nach der offiziellen deutschen Zusammenfassung des Stern-Berichts, Seite 1.

156 Ronald Coase, *The Firm, the Market and the Law*, Chicago 1988, Seite 155.

157 Einen Überblick über die Umweltschutzbemühungen der Stadt New York in Catskill-Delaware bietet Philippe Bovet et al., *Le Monde Diplomatique. Atlas der Globalisierung spezial – Klima*, Berlin 2008, Seiten 82/83.

158 Vortrag »Can payment for ecosystem services contribute to poverty alleviation?« am North-South-Forum der ETH Zürich, 15. Februar 2007

159 Eine detaillierte Kritik des Coase-Theorems findet sich in Hans Christoph Binswanger, *Die Wachstumsspirale*, Marburg 2006, Seiten 252–255.

160 John Byrne/Sun-Jin Yun, »Efficient Global Warming: Contradictions in Liberal Democratic Responses to Global Environmental Problems«, in: *Bulletin of Science, Technology & Society*, Band 19 (1999), Nr. 6, Seiten 493–500, Seite 497.

161 Artikel 2, Absatz 1. a) v) des Kioto-Protokolls.

162 *OECD's Environmental Outlook to 2030,* März 2008; www.oecd.org/environment/outlookto2030. Zitiert nach der OECD-Medienmitteilung.

162 www.oecd.org/dataoecd/58/50/29173911.pdf, Seite 198.

164 Zitiert in Oil Change International, *Aiding Oil Harming the Climate. A database of public funds for fossil fuels*, 2007; www.endoilaid.org/aidingoil.

165 Ebenda.

166 Eine eindrückliche Reportage über die Folgen der Ausbeutung von Bodenschätzen für die Bewohner des peruanischen Amazonas ist: Oswald Iten, »Die Hunde des Gärtners hocken auf den Früchten Perus. Die Ureinwohner als Hindernisse bei der Ausbeutung von Erdöl und Erzen«, in: *Neue Zürcher Zeitung,* 19. April 2008; www.nzz.ch/magazin/reportagen/die_hunde_des_gaertners_hocken_auf_den_fruechten_perus__1.712286.html.

167 http://carbonfinance.org/pcf.

168 Zitiert nach Lohmann, a.a.O., Seite 181.

169 Oil Change International, a.a.O.

170 Stern, a.a.O., Seite xvi.

171 International Center for Technology Assessment, *Gasoline Cost Externalities: Security and Protection Services,* 2005; www.icta.org/doc/RPG%20security%20 update.pdf.

172 Doug Koplow, *Biofuels – At What Cost? Government support for ethanol and biodiesel in the United States,* Global Subsidies Initiative 2006; www.globalsubsidies.org.

173 Ronald Steenblik/Juan Simón, *Biofuels: At What Cost? Government support for ethanol and biodiesel in Switzerland,* Global Subsidies Initiative 2007; www.globalsubsidies.org.

174 Géraldine Kutal et al., *Biofuels: At What Cost? Government support for ethanol and biodiesel in the European Union,* Global Subsidies Initiative 2007; www.globalsubsidies.org.

175 Ronald Steenblik, *Biofuels – At What Cost? Government support for ethanol and biodiesel in selected OECD countries,* Global Subsidies Initiative 2007; www.globalsubsidies.org.

176 Zitiert im Onlinejournal der Universität Zürich, *Unipublic,* am 31. Mai 2007, www.unipublic.unizh.ch/magazin/wirtschaft/2007/2560.html.

177 www.oceannourishment.com

178 IPCC, *Klimawandel 2007,* Seite 56.

179 Beispielsweise Arbeiten von Agathe Laës und Stéphane Blain vom Centre d'océanologie in Marseille.

180 Angaben von Marco Mazzotti, ETH Zürich.

181 Angaben nach der deutschen Bundeswaldinventur, www.bundeswaldinventur. de.

182 www.carbonneutral.com/uploadedfiles/Sequestration%20by%20forestry-TCNC. PDF

183 www.justmake.no/kunder/norwatch/index.php?artikkelid=689&back=2.

184 Lohmann, a.a.O., Seite 51.

185 Im Jahr 2002. Quelle: World Resources Institute.

186 »Truth about Kyoto: huge profits, little carbon saved«, in: *The Guardian,* 2. Juni 2007.

187 Lohmann, a.a.O., Seite 147.

188 Ebenda, Seite 171.

189 Zakes Mda, »Ein zweifelhafter Deal«, in: *Neue Zürcher Zeitung,* 24. Mai 2007.

190 www.cdmfund.org.

191 http://cdm.unfccc.int/Statistics/index.html.

192 Als seriös empfiehlt die Studie (in dieser Reihenfolge) Atmosfair, Climate Friendly, MyClimate und Native Energy. Anja Kollmuss/Benjamin Bowell, *Voluntary Offsets For Air-Travel Carbon Emissions. Evaluations and Recommendations of Voluntary Offset Companies,* Medford MA 2006; www.tufts.edu/tie/tci/pdf/TCI_Carbon_Offsets_Paper_April-2-07.pdf

193 Deutschlands Emissionen nach UNFCCC betrugen 1990 1,2 Milliarden Tonnen CO_2-Äquivalente, 2005 965 Millionen Tonnen; das ist eine Reduktion um 20 Prozent. In Spanien stiegen die Emissionen im gleichen Zeitraum um 60 Prozent von 244 auf 391 Millionen Tonnen. Pro Kopf lagen die Emissionen Deutschlands aber auch 2005 mit 11,7 Tonnen deutlich über denen Spaniens (8,7 Tonnen).

194 Bundesamt für Umwelt, *Graue Treibhausgas-Emissionen der Schweiz 1990–2004,* Bern 2007; www.bafu.admin.ch/php/modules/shop/files/pdf/php4w1X2J.pdf.

195 Dieter Helm et al., *Too Good to Be True? The UK's Climate Change Record,* 2007; www.dieterhelm.co.uk/publications/Carbon_record_2007.pdf.

196 Glen P. Peters/Edgar G. Hertwich, »CO_2 Embodied in International Trade with Implications for Global Climate Policy«, in: *Environmental Science and Technology,* 42 (2008), Seiten 1401–1407. Siehe auch Edgar G. Hertwich/Glen P. Peters: »Carbon Footprint of Nations: A Global, Trade-linked Analysis«, in: *Environmental Science & Technology,* Online-Publikationsdatum 15. Juni 2009.

197 Eigene Berechnungen, basierend auf Daten des Carbon Dioxide Information Analysis Center.

198 Zitiert nach Clive Spash, »Climate Change: Need for New Economic Thought«, in: *Economic and Political Weekly*, 10. Februar 2007, Seite 489.

199 U. Thara Srinivasan et al., »The Debt of Nations and the Distribution of Ecological Impacts from Human Activities«, in: *PNAS,* 105 (2008), Seiten 1768–1773.

200 *Spiegel online,* 10. September 2007.

201 IPCC, *Climate Change 2007. Mitigation,* Seite 379.

202 Harriet Bulkeley/Michele Betsil, *Cities and climate change. Urban sustainability and global environmental governance,* London 2003.

203 Margaret Thatcher in einem Interview mit dem Magazin *Women's Own Magazine,* 31. Oktober 1987.

204 Zitiert von Christopher Leo in seinem Blog vom 30. Dezember 2007, *Talking Together instead of Shouting: A Dialogue about Sprawl and Urban Development,* http://blog.uwinnipeg.ca/ChristopherLeo/archives/2007/12/whos_right_what.html. Es gibt auch Befürworter der Zersiedelung, die darin einen Vorteil für die Umwelt sehen und Zersiedelung mit linken Argumenten verteidigen; siehe etwa Robert Bruegman, *Sprawl. A Compact History,* Chicago 2005.

205 Für die USA: Vergleiche Mark Nevin, *Before Americans Can Conserve Gas Government Policies Will Have to Change*, George Mason's University's History News Network, 12. September 2005, http://hnn.us/articles/15582.html. Für Kanada: Vergleiche Christopher Leo, *Peak Oil, Suburbia and Political Tipping Points*, Blog vom 2. März 2008, http://blog.uwinnipeg.ca/ChristopherLeo.

206 http://gov.ca.gov/speech/4143.

207 Eberhard von Koerber: »Chancen oder neue Grenzen des Wachstums? Verträgliches Wachstum für das 21. Jahrhunderts«, in: Beatrice Weder di Mauro (Hg.), *Chancen des Wachstums*, Frankfurt am Main/New York, 2007.

208 1945 lag das Bruttoinlandprodukt der Schweiz 28 Prozent höher als 1939, bei einem um 26 Prozent geringeren Bruttoenergieverbrauch.

209 Tommaso Luzzati/Marco Orsini: »The Natural Environment and Economic Growth: Looking for the Energy EKC«, in: Economic Growth: Institutional and Social Dynamics, Programma die ricerca nazionale PRIN 2005, Arbeitspapier Nr. 07.

210 Stern, a.a.O., Seiten 191/192.

211 Richard G. Lipsey: »Wachstum, Technologie und Institutionen. Parameter der geschichtlichen Entwicklung«, in: Weder di Mauro, a.a.O.

212 David Edgerton, *The Shock of the Old. Technology and Global History since 1900*, London 2006, Seite ix.

213 Ebenda, Seite 6.

214 Ebenda, Seite 33.

215 Ebenda, Seite 49.

216 Ebenda, Seiten 203/204.

217 Marcia Angell, *The Truth About the Drug Companies. How They Deceive Us and What to Do About It*, New York 2004.

218 Edgerton, a.a.O., Seiten 210–212.

219 www.blacksmithinstitute.org/ten.php.

220 Ich stütze mich im Folgenden hauptsächlich auf John R. McNeill, *Blue Planet. Die Geschichte der Umwelt im 20. Jahrhundert*, Frankfurt am Main 2003, Seiten 113–116.

221 Ich danke für die Berechnungen Gabor Doka, Doka Oekobilanzen, Zürich. Für Details siehe www.doka.ch/Hasenstrick03TextDoka.pdf.

222 Deutsches Zentrum für Luft- und Raumfahrtforschung, zitiert nach NZZ vom 9. Oktober 2007.

223 Beispielsweise im *Tages-Anzeiger* vom 12. September 2007.

224 Pressemitteilung der Deutschen Akademie der Technikwissenschaften vom 16. Oktober 2007; http://intern.acatech.de/public_press_information_details.php?newsid=121.

225 Wahlinserat der Zürcher Kantonalpartei der Grünen im *Tages-Anzeiger* vom 12. Oktober 2007.

226 So brachte der Krieg gegen den Irak US-amerikanischen Unternehmen wie Halliburton oder Blackwater enorme Profite. Lawrence Lindsey, Wirtschaftsberater des Weißen Hauses, warb 2002 mit ökonomischen Argumenten für den Krieg: »Bei jedem plausiblen Szenario ist der negative Effekt [des Kriegs] relativ klein gegenüber den wirtschaftlichen Vorteilen, die von einem erfolgreichen Ausgang des Kriegs ausgehen.« Zitiert nach www.heise.de/tp/r4/artikel/13/13262/1.html.

227 U. Thara Srinivasan et al., »The Debt of Nations and the Distribution of Ecological Impacts from Human Activities«, in: *PNAS*, Vol. 105, 5 (2008), Seite 1770.

228 Dennis Meadows, et al., *Grenzen des Wachstums. Das 30-Jahre-Update. Signal zum Kurswechsel*, Stuttgart 2006.

229 Ebenda, Seite 51.

230 Hans Christoph Binswanger, *Die Wachstumsspirale. Geld, Energie und Imagination in der Dynamik des Marktprozesses*, Marburg 2006, Seite 1.

231 Ich stütze mich im Folgenden wesentlich auf Fred Luks, *Die Zukunft des Wachstums. Theoriegeschichte, Nachhaltigkeit und die Perspektiven einer neuen Wirtschaft*, Marburg 2001, sowie auf Binswanger, *Die Wachstumsspirale*.

232 Adam Smith, *The Wealth of Nations*, 1776; Kapitel VIII: »Of the Wages of Labor«.

233 Zitiert in: Meadows, a.a.O., Seite 267.

234 Keynes, *Essays in Persuasion*, zitiert nach Luks, a.a.O., Seite 167.

235 Einen guten Überblick über die empirische Glücksforschung bietet Mathias Binswanger, *Die Tretmühlen des Glücks*, Freiburg i. Br. 2006.

236 Richard A. Easterlin, »Does Economic Growth Improve the Human Lot? Some Empirical Evidence«, in: Paul A. David/Melvin W. Reder (Hg.), *Nations and Households in Economic Growth*, Chicago 1974.

237 Siehe dazu: Giles Slade, *Made to Break. Technology and Obolescence in America*, Cambridge MA., 2006.

238 Edgerton, *Shock of the Old*, Seite 71.

239 Herman E. Daly, *Beyond Growth. The Economics of Sustainable Development*, Boston 1996.

240 Herman E. Daly: »The Economics of Steady State«, in: *The American Economic Review*, Band 64 (1974), Nr. 2, Seite 16.

241 Eine knappe Zusammenfassung seines Denkens bietet Herman Daly in: »Wirtschaft in einer begrenzten Welt«, in: *Spektrum der Wissenschaft*, Dezember 2005, Seiten 50–57.

242 Binswanger, *Wachstumsspirale*, Seite 359.

243 Ebenda, Seite 375.

244 »Beyond GDP«, internationale Konferenz der Europäischen Kommission, des Europäischen Parlaments, der OECD, des Club of Rome und des WWF, 19./20. November 2007 in Brüssel. www.beyond-gdp.eu.

245 *BP Statistical Review of World Energy June 2007*; www.bp.com.

246 Werner Zittel/Jörg Schindler, *Crude Oil. The Supply Outlook. Report to the Energy Watch Group.* Oktober 2007; www.energywatchgroup.org/Erdoel-Report. 32.0.html.

247 Shell-Medienmitteilung vom 25. Januar 2008, www.shell.com.

248 International Energy Agency, *World Energy Outlook,* November 2007; www.worldenergyoutlook.org.

249 Interview mit Fatih Birol in der *Internationalen Politik* vom April 2008, http://www.internationalepolitik.de/archiv/jahrgang-2008/april/.

250 International Energy Agency, *Analysis of the Impact of High Oil Prices on the Global Economy,* Mai 2004; www.iea.org/Textbase/Papers/2004/High_Oil_Prices.pdf.

251 Edgerton, *Shock of the Old,* Seite 120.

252 Robert Hirsch et al., *Peaking of World Oil Production: Impacts, Mitigation, and Risk Management.* US Department of Energy 2005, Seite 4; www.hubbertpeak.com/us/NETL/OilPeaking.pdf.

253 Mohssen Massarrat, »Ölpreis und Demokratie«, in: *Spektrum der Wissenschaft,* November 2006, Seiten 54–61.

254 Ebenda, Seite 58.

255 Ich beziehe mich auf einen Vortrag von Weizsäckers in Engelberg am 11. Oktober 2006.

256 Mitteilung Conrad Gerber, Petro-Logistics, Genf.

257 Berücksichtigt man auch die Gewinnung der Energieträger, so verursacht Kohle je nach Gewinnungs- und Nutzungsart zwischen 20 und 60 Prozent mehr Treibhausgase pro Energieeinheit als Erdöl. 2007 stieg der weltweite Energieverbrauch um 2,4 Prozent, der Ausstoß von CO_2 aus der Verbrennung fossiler Energieträger stieg aber um 3 Prozent. Das lag daran, dass die Kohle gegenüber Öl und Gas an Anteilen gewann. *BP Statistical Review of World Energy.*

258 Massarrat, a.a.O., Seite 60.

259 Pushker A. Kharecha und James E. Hansen: »Implications of ›peak oil‹ for athmospheric CO_2 and climate«, auf: arXiv.org, 20. April 2007; http://arxiv.org/abs/0704.2782.

260 Fatih Birol, a.a.O.

261 Rolf Peter Sieferle et al., *Das Ende der Fläche. Zum gesellschaftlichen Stoffwechsel der Industrialisierung,* Köln/Weimar/Wien 2006.

262 Sieferle, *Rückblick,* Seite 160.

263 Ebenda, Seite 133.

264 Pressemitteilung des World Food Programme vom 22. April 2008, www.wfp.org/english/?ModuleID=137&Key=2820.

265 Tim P. Barnett et al., »Human-Induced Changes in the Hydrology of the Western United States«, *Science,* Band 319 (2008), Nr. 636b, Seiten 1080–1083.

266 David B. Lobell et al., »Prioritizing Climate Change Adaptation Needs for Food Security in 2030«, *Science,* Band 319 (2008), Nr. 580, Seiten 607–610. Siehe auch David S. Battisti/Rosamond L. Naylor, »Historical Warnings of Future Food Insecurity with Unprecedented Seasonal Heat«, in: *Science,* 323 (2009), Seiten 240–244.

267 United Nations Environmental Programme, *Global Environment Outlook GEO4. Environment for Development*, Valletta 2007, Seite 116; www.unep.org/geo/geo4/report/GEO-4_Report_Full_en.pdf.

268 Christian Nellemann et al., *In Dead Water. Merging of Climate Change with Pollution, Over-Harvest, and Infestations in the World's Fishing Grounds*, United Nations Environment Programme, Februar 2008; www.unep.org/pdf/InDeadWater_LR.pdf.

269 http://earthtrends.wri.org/updates/node/303.

270 IPCC, *Climate Change 2007. Mitigation*, Seite 499. Der weltweite Düngemittelverbrauch stieg von 1961 bis 1988 um einen Faktor 4,6, sank dann leicht und nimmt in den letzten Jahren wieder zu. 2002 lag er bei 140 Millionen Tonnen. Quelle: World Resources Institute; http://earthtrends.wri.org.

271 Millennium Ecosystem Assessment, *Ecosystems and Human Well-Being: Synthesis*, Washington D.C. 2005, Seiten 2 und 17.

272 Laut Sieferle war in dieser Entwicklung in Europa der Tiefpunkt um 1980 erreicht; seither wird hier wieder etwas weniger energieintensiv angebaut. In Österreich wurden 1970 pro Hektar Ackerland 146 Kilogramm Kunstdünger eingesetzt, seither ist diese Menge rückläufig und lag 2000 bei nur noch 85 Kilogramm. Großbritannien setzte 1990 198 Kilogramm Kunstdünger pro Hektar ein, 2000 noch 147 Kilogramm. Die Flächenerträge stiegen in dieser Zeit in beiden Ländern. Rolf P. Sieferle et al., *Das Ende der Fläche,* Seite 278, Tabelle 7.6.

273 Basil Gelpke, *The Oil Crash. A Crude Awakening* (DVD), Zürich 2007.

274 Beispielsweise: *Die Zeit* vom 4. April 2007; *NZZ am Sonntag* vom 23. März 2008.

275 Marcel Mazoyer/Laurence Roudart, *Histoire des agricultures du monde,* Paris 2002.

276 Vergleiche mein Interview mit Mazoyer in der *Wochenzeitung* vom 3. April 2008; www.woz.ch/artikel/rss/16159.html.

277 Mazoyer/Roudart, a.a.O., Seite 451.

278 Beispielsweise von der Ernährungs- und Landwirtschaftsorganisation der Uno, der FAO: Nadia El-Hage Scialabba, *Organic Agriculture and Food Security*, Tagungsbericht der FAO, Rom 2007; www.fao.org/organicag/ofs/docs_en.htm.

279 IAASTD, *International Assessment of Agricultural Knowledge, Science and Technology for Development. Global Summary for Decision Makers*, Johannesburg 2008, Seite 10; www.agassessment.org/docs/Global_SDM_210408_FINAL.pdf.

280 Ebenda, Seite 8.

281 Hans Herrren, *Investing in Sustenance. The end of cheap food*, 2008, ohne nähere Quellenangabe unter www.agassessment-watch.org/docs/The%20End%20of%20Cheap%20Food%20hrh.pdf.

282 Angabe von Ewald Schnug, Bundesforschungsanstalt für Landwirtschaft FAL, Braunschweig; http://idw-online.de/pages/de/news71025.

283 IAASTD, a.a.O., Seite 9.

284 IPCC, *Climate Change 2007. Mitigation*, Seiten 252 und 526.

285 José Goldemberg et al., »Basic Needs and Much More with One Kilowatt per Capita«, in: *Ambio*, 14 (1985), Seiten 190–200.

286 Novatlantis, *Leichter leben*, Broschüre 2005, Seite 3; www.novatlantis.ch/index.php?id=27.

287 Marco Morosini, »Energiestrategie an vorsorgeorientiertem Leitbild ausrichten«, in: *Neue Zürcher Zeitung*, 8. April 2008, Seite 17. Die Schätzungen zum Energieumsatz der Landlebewesen bewegen sich im Bereich 40 bis 65 Terawatt. Würde eine Weltbevölkerung von 9 Milliarden Menschen ihren Energieverbrauch auf 6000 Watt pro Kopf steigern, ergäbe das 54 Terawatt (54 Billionen Watt).

288 Tim Helweg-Larsen/Jamie Bull (Hg.), *Zerocarbonbritain. An alternative energy strategy*, Center for Alternative Technology, Machynlleth 2007; www.zerocarbonbritain.com.

289 Ebenda, Seite 99.

290 Ebenda, Seite 6.

291 Ebenda, Seite 8.

292 Jean-Michel Berg, »Wer lebt, stört. Wenn CO_2 zum Maß aller Dinge wird: Treibhausgasausstoß als Sündenparabel und moralische Währung«, in: *Süddeutsche Zeitung*, vom 6. Dezember 2007; www.sueddeutsche.de/kultur/artikel/99/146758/.

293 Ernst Ulrich von Weizsäcker/Amory B. Lovins/L. Hunter Lovins, *Faktor vier. Doppelter Wohlstand – halbierter Naturverbrauch. Der neue Bericht an den Club of Rome*, München 1995.

294 Fred Luks, »Nachhaltigkeit braucht Verschwendung!«, in: *Politische Ökologie*, 102/103 (2007), Seiten 88/89.

295 Paul Baer et al., *The Greenhouse Development Rights Framework. The right to develop in a climate constrained world*, überarbeitete zweite Auflage, Berlin 2008; http://gdrights.org.

296 indyACT/David Suzuki Foundation/Germanwatch/WWF/Greenpeace, *A Copenhagen Climate Treaty, Version 1.0: A Proposal for a Copenhagen Agreement by Members of the NGO Community*, Juni 2009; www.germanwatch.org/treaty.

297 P.M., *Neustart Schweiz. So geht es weiter*, Solothurn 2008.

298 Zum Klimawandel als Kriegsrisiko – eine Frage, die ich hier ausgeklammert habe – vergleiche Harald Welzer, *Klimakriege. Wofür im 21. Jahrhundert getötet wird*, Frankfurt am Main 2008, sowie: Wissenschaftlicher Beirat der Bundesregierung Globale Umweltgefahren (WBGU), *Welt im Wandel: Sicherheitsrisiko Klimawandel*, Berlin/Heidelberg 2007.

299 Sinn, *Paradoxon*, Seite 417.

300 Heinrich Böll, »Anekdote zur Senkung der Arbeitsmoral«, in: Ders., *Aufsätze, Kritiken, Reden*, Köln/Berlin 1967, Seiten 464–466.

301 http://unfccc.int/di/DetailedByParty.do.

302 http://cait.wri.org.

303 Grundlage der Zahlen: Glen P. Peters/Edgar G. Hertwich: »CO_2 Embodied in International Trade with Implications for Global Climate Policy«, in: *Environmental Science and Technology*, 42 (2008), Seiten 1401–1407. Ich rechne die Daten von Peters und Hertwich auf 2004 hoch. Diese Angaben sind mit beträchtlichen – auch methodisch bedingten – Unsicherheiten behaftet.

304 Für Nicht-Annex-B-Staaten aufgrund der Zahlen von 2000 hochgerechnet.

305 Quelle: Bundesamt für Umwelt; www.bafu.admin.ch/klima/00503/00504/index.html?lang=de. Nicht in diesen Zahlen enthalten sind die Emissionen, die bei der Gewinnung, beim Transport und bei der Verarbeitung der Energieträger anfallen. Werden diese mitberücksichtigt, so liegen die Werte je nach Energieträger zwischen zehn und fünfzig Prozent höher.

306 http://earthtrends.wri.org.

307 www.epa.gov/climatechange/economics/international.html.

308 International Energy Agency, *Key World Energy Statistics 2008*, Seite 39; www.iea.org/textbase/nppdf/free/2008/key_stats_2008.pdf.

309 Ebenda, Seite 8.

310 Es handelt sich hier zum überwiegenden Teil um »traditionelle« Bioenergie wie Holz oder Dung.

Literaturverzeichnis

Anil Agarwal/Sunita Narain, *Global Warming in an Unequal World,* New Delhi 1991.

Shardul Agrawala, »Context and Early Origins of the Intergovernmental Panel on Climate Change«, in: *Climate Change,* 39 (1998), Seiten 605–620.

Shardul Agrawala, »Structural and Process History of the Intergovernmental Panel on Climate Change«, in: *Climate Change,* 39 (1998), Seiten 621–624.

Shardul Agrawala et al., »Indispensability and Indefensability? The United States in the Climate Change Negotiations«, in: *Global Governance,* 5 (1999), Seiten 457–482.

Blake Alcott, »The sufficiency strategy: Would rich-world frugality lower environmental impact?«, in: *Ecological Economics,* 64 (2007), Nr. 4, Seiten 770–786.

Elmar Altvater/Achim Brunnengräber (Hg.): *Ablasshandel gegen Klimawandel? Marktbasierte Instrumente in der globalen Klimapolitik und ihre Alternativen.* Reader des Wissenschaftlichen Beirats von Attac, Hamburg 2008.

Marcia Angell, *The Truth About the Drug Companies. How They Deceive Us and What to Do about It,* New York 2004.

Paul Baer et al., *The Greenhouse Development Rights Framework. The right to develop in a climate constrained world,* überarbeitete zweite Auflage, Berlin 2008; http://gdrights.org.

Tim P. Barnett et al., »Human-Induced Changes in the Hydrology of the Western United States«, in: *Science,* 319 (2008), Nr. 363b, Seiten 1080–1083.

Mark Barrett, *A Renewable Electricity System for the UK: A Response to the 2006 Energy Review,* London 2006; www.cbes.ucl.ac.uk/projects/EnergyReview.htm.

David. S. Battisti/Rosamond L. Naylor, »Historical Warnings of Future Food Insecurity with Unprecedented Seasonal Heat«, in: *Science,* 323 (2009), Seiten 240–244.

Jean-Michel Berg, »Wer lebt, stört. Wenn CO_2 zum Maß aller Dinge wird: Treibhausgasausstoß als Sündenparabel und moralische Währung«, in: Süddeutsche Zeitung, 6. Dezember 2007.

Göran Berndes et al., »The contribution of biomass in the future global energy supply: a review of 17 studies«, in: *Biomass and Bioenergy,* 25 (2003), Seiten 1–28.

Hans Christoph Binswanger, *Die Wachstumsspirale,* Marburg 2006.

Mathias Binswanger, *Time-saving Innovations and their Impact on Energy Use: Some Lessons from a Household-production-function Approach.* University of Applied Sciences of Northwestern Switzerland, Discussion Paper, No. 2002-W01, Solothurn 2002.

Mathias Binswanger/Eberhard Jochem, »Technischer Fortschritt und Rebound-Effekt«, in: *Fachhochschule Solothurn Nordwestschweiz: Forschungsbericht 2002,* Solothurn 2002.

Mathias Binswanger, *Die Tretmühlen des Glücks,* Freiburg i. Br. 2006.

Ernst Bloch, *Das Prinzip Hoffnung*, Werkausgabe Band 5, Frankfurt am Main 1985.

Sandrine Bony, »Comment le débat scientifique a fait progresser l'expertise sur les rétroactions atmosphériques«, in: Claire Weill (Hg.), *Science du changement climatique. Acquis et controverses,* Paris 2004, Seiten 37–38.

Heinrich Böll, »Anekdote zur Senkung der Arbeitsmoral«, in: Ders., *Aufsätze, Kritiken, Reden*, Köln/Berlin 1967, Seiten 464–466.

Philippe Bovet et al., *Le Monde Diplomatique. Atlas der Globalisierung spezial – Klima*, Berlin 2008.

BP, *BP Statistical Review of World Energy*, Juni 2007; www.bp.com.

Robert Bruegman, *Sprawl. A Compact History*, Chicago 2005.

Harriet Bulkeley/Michele Betssil: *Cities and climate change. Urban sustainability and global environmental governance*, London 2003.

Bundesamt für Umwelt, *Graue Treibhausgas-Emissionen der Schweiz 1990–2004,* Bern 2007; www.bafu.admin.ch/php/modules/shop/files/pdf/php4w1X2J.pdf.

John Byrne/Sun-Jin Yun, »Efficient Global Warming: Contradictions in Liberal Democratic Responses to Global Environmental Problems«, in: *Bulletin of Science, Technology & Society,* 19 (1999), Nr. 6, Seiten 493–500.

Ronald Coase, *The Firm, the Market and the Law*, Chicago 1988.

Paul Crutzen et al., »N$_2$O release from agro-biofuel production negates global warming reduction by replacing fossil fuels«, in: *Atmospheric Chemistry and Physics Discussions,* 7 (2007), Seiten 11192–11205.

Amy Dahan-Dalmedico und Hélène Guillemot, »Changement climatique: Dynamiques scientifiques, expertise, enjeux géopolitiques«, in: *Sociologie du Travail,* 48 (2006), Nr. 3, Seiten 412–432.

Herman E. Daly: »The Economics of Steady State«, in: *The American Economic Review,* 64 (1974), Nr. 2.

Herman E. Daly, »Sustainable Development: From Concept and Theory to Operational Principles«, in: *Population and Development Review,* 16 (1990), Supplement: Resources, Environment, and Population. Present Knowledge, Future Options, Seiten 25–43.

Herman E. Daly, *Beyond Growth. The Economics of Sustainable Development*, Boston 1996.

Herman E. Daly, »Wirtschaft in einer begrenzten Welt«, in: *Spektrum der Wissenschaft*, Dezember 2005, Seiten 50–57.

William Dar: »Research needed to cut risks to biofuel farmers«, www.scidev.net, 6. Dezember 2007.

Carlos Davidson, »Economic Growth and the Environment: Alternatives to the Limits Paradigm«, in: *BioScience,* 50 (2000), Seiten 434–440.

Deutsches Zentrum für Luft- und Raumfahrt, *Trans-Mediterraner Solarstromverbund.* Studie im Auftrag des Bundesministerium für Umwelt, Naturschutz und Reaktorsicherheit (BMU), 2006; www.desertec.org/downloads/trans-csp_ger.pdf.

Gabor Doka, »Ressourcenverbrauch und Ressourcenschonung beim Automobil,« Kurzfassung eines Vortrages am PUSCH Hasenstrick Seminar am 14. November 2003; www.doka.ch/Hasenstrick03TextDoka.pdf.

Timothy Donaghy et al., *Atmosphere of Pressure. Political Interference in Federal Climate Science*, Cambridge MA 2007; www.ucsusa.org/scientific_integrity/interference/atmosphere-of-pressure.html.

David Edgerton, *The Shock of the Old. Technology and Global History since 1900*, London 2006.

Richard A. Easterlin, »Does Economic Growth Improve the Human Lot? Some Empirical Evidence«, in: Paul A. David/Melvin W. Reder (Hg.), *Nations and Households in Economic Growth*, Chicago 1974.

Friends of the Earth et al., *The oil for ape scandal. How palm oil is threatening orangutan survival*, 2005, www.foe.co.uk/resource/reports/oil_for_ape_full.pdf.

Thomas Fritz, *Das Grüne Gold. Welthandel mit Bioenergie – Märkte, Macht und Monopole*, Berlin 2007.

Silvio O. Funtowicz/Jeroma R. Ravetz, »The Worth of a Songbird: Ecological Economics as a Post-Normal Science«, in: *Ecological Economics,* 10 (1994), Seiten 197–207.

E. D. Galbraith et al., »Carbon dioxide release from the North Pacific abyss during the last deglaciation«, in: *Nature,* 449 (2007), Seiten 890–894.

Basil Gelpke, *The Oil Crash. A Crude Awakening (DVD)*, Zürich 2007.

Leigh Glover, *Postmodern Climate Change*, London/New York 2006.

José Goldemberg et al., »Basic Needs and Much More with One Kilowatt per Capita«, in: *Ambio,* 14 (1985), Seiten 190–200.

Al Gore und Davis Guggenheim, *An Inconvenient Truth* (DVD), Los Angeles 2006.

Michael Grubb, »The Political Context for Emissions Trading in the Climate Change Negotiations«, in: Olav Hohmeyer/Klaus Rennings (Hg.), *Man-Made Climate Change. Economic Aspects and Policy Options. Proceedings of an International Conference held at Mannheim*, Germany, March 6–7, 1997, Heidelberg 1999, Seiten 282–290.

Michael Grubb, »The economics of climate damages and stabilization after the Stern review« (Editorial), in: *Climate Policy,* 6 (2006), Seiten 505–508.

Marcel Hänggi, »Stau ist kein Verkehrsproblem«, Interview mit Hermann Knoflacher, in: *WOZ Die Wochenzeitung*, 16. Oktober 2003, Seite 34.

Marcel Hänggi, »Wir sind die Spezialisten des Vergleichens«, Interview mit Bruno S. Frey, in: *WOZ Die Wochenzeitung*, 17. Februar 2005, Seiten 28–29.

Marcel Hänggi, »Eine hellgrüne Revolution«, Interview mit Marcel Mazoyer, in: *WOZ Die Wochenzeitung*, 3. April 2008, Seite 13; www.woz.ch/artikel/rss/16159.html.

James Hansen, »Scientific Reticence and Sea Level Rise«, in: *Environmental Research Letters,* 2 (2007).

James Hansen et al., »Target Atmospheric CO_2: Where Should Humanity Aim?«, in: *The Open Atmospheric Science Journal*, 2 (2008), Seiten 217–231; http://arxiv.org/abs/0804.1126.

L. D. Danny Harvey, »Uncertainties in global warming science and near-term emission policies«, in: *Climate Policy*, 6 (2006), Seiten 573–584.

Dieter Helm et al., *Too Good to Be True? The UK's Climate Change Record*, 2007; www.dieterhelm.co.uk/publications/Carbon_record_2007.pdf.

Tim Helweg-Larsen/Jamie Bull (Hg.), *Zerocarbonbritain. An alternative energy strategy*, Center for Alternative Technology, 2007; www.zerocarbonbritain.com.

Hans Herrren, *Investing in Sustenance. The end of cheap food*, 2008, ohne nähere Quellenangabe unter www.agassessment-watch.org/docs/The%20End%20of%20 Cheap%20Food%20hrh.pdf.

Horace Herring, »Is Energy Efficiency Environmentally Friendly?«, in: *Energy & Environment*, 11 (2000), Nr. 3, Seiten 313–325.

Horace Herring/Steve Sorrell/David Elliott, *Energy Efficiency and Sustainable Consumption: The Rebound Effect*, Basingstoke 2009.

Edgar G. Hertwich / Glen P. Peters, »Carbon Footprint of Nations: A Global, Trade-Linked Analysis«, in: *Environmental Science & Technology*, Online-Publikationsdatum: 15. Juni 2009.

Robert Hirsch et al., *Peaking of World Oil Production: Impacts, Mitigation, and Risk Management*. US Department of Energy 2005; www.hubbertpeak.com/us/NETL/OilPeaking.pdf.

Mae-Wan Ho/Lim Li Ching, *Mitigating Climate Change through Organic Agriculture and Localized Food Systems*, Institute for Science in Society, 31. Januar 2008; www.i-sis.org.uk/mitigatingClimateChange.php.

Patrick Hofstetter et al., »Happiness and Sustainable Consumption. Psychological and physical rebound effects at work in a tool for sustainable design«, in: *The International Journal of Life Cycle Assessment*, 11 (2006), Seiten 105–115.

Olav Hohmeyer/Klaus Rennings (Hg.), *Man-Made Climate Change. Economic Aspects and Policy Options. Proceedings of an International Conference held at Mannheim*, Germany, March 6–7, 1997, Heidelberg 1999.

IAASTD, *International Assessment of Agricultural Knowledge, Science and Technology for Development. Global Summary for Decision Makers*, Johannesburg 2008.

Ivan Illich, »Energie und Gerechtigkeit«, in: Ders., *Fortschrittsmythen*, Reinbek bei Hamburg 1978, Seiten 73–112; www.pudel.uni-bremen.de/pdf/Illich_2620id.pdf.

indyACT/David Suzuki Foundation/Germanwatch/WWF/Greenpeace, *A Copenhagen Climate Treaty*, Version 1.0: *A Proposal for a Copenhagen Agreement by Members of the NGO Community*, Juni 2009; www.germanwatch.org/treaty.

International Center for Technology Assessment, *Gasoline Cost Externalities: Security and Protection Services*, 2005; www.icta.org/doc/RPG%20security%20update.pdf.

International Energy Agency, *Analysis of the Impact of High Oil Prices on the Global Economy*, Mai 2004; www.iea.org/Textbase/Papers/2004/High_Oil_Prices.pdf.

International Energy Agency, *World Energy Outlook 2007,* November 2007; www.worldenergyoutlook.org.

International Energy Agency, *World Energy Outlook 2008,* November 2008; www.worldenergyoutlook.org.

Internatiolan Energy Agency, *Key World Energy Statistics,* Paris 2007; www.iea.org/textbase/nppdf/free/2007/key_stats_2007.pdf.

Internationale Energieagentur, *World Energy Outlook* 2008, Paris 2008; www.world-energyoutlook.org/2008.asp.

IPCC, *Climate Change 1995. Economic and Social Dimensions of Climate Change,* Cambridge 1995.

IPCC, *Special Report on Emission Scenarios,* Cambridge 2000.

IPCC, *Climate Change 2007. The Physical Science Basis,* Cambridge 2007.

IPCC, *Climate Change 2007. Impacts, Adaptation and Vulnerability,* Cambridge 2007.

IPCC, *Climate Change 2007. Mitigation of Climate Change,* Cambridge 2007.

IPCC, *Climate Change 2007. Synthesis Report,* Cambridge 2007.

IPCC, *Klimawandel 2007,* Deutsche Übersetzung der Zusammenfassungen für Entscheidungsträger, Bern 2007; www.bmu.de/files/pdfs/allgemein/application/pdf/ipcc_entscheidungstraeger_gesamt.pdf.

Oswald Iten, »Die Hunde des Gärtners hocken auf den Früchten Perus. Die Ureinwohner als Hindernisse bei der Ausbeutung von Erdöl und Erzen«, in: Neue Zürcher Zeitung, 19. April 2008; www.nzz.ch/nachrichten/international/die_hunde_des_gaertners_hocken_auf_den_fruechten_perus__1.712286.htm.

Eberhard Jochem, »Energie rationeller nutzen: Zwischen Wissen und Handeln«, in: *Gaia,* 12 (2003), Seiten 9–14.

Pushker A. Kharecha/James E. Hansen: »Implications of ›peak oil‹ for athmospheric CO_2 and climate«, auf: arXiv.org, 20. April 2007; http://arxiv.org/abs/0704.2782.

Anja Kollmuss/Benjamin Bowell, *Voluntary Offsets For Air-Travel Carbon Emissions. Evaluations and Recommendations of Voluntary Offset Companies,* Medford MA 2006; www.tufts.edu/tie/tci/pdf/TCI_Carbon_Offsets_Paper_April-2-07.pdf.

Doug Koplow, *Biofuels – At What Cost? Government support for ethanol and biodiesel in the United States,* Global Subsidies Initiative 2006; www.globalsubsidies.org.

Vaclav Klaus, *Blauer Planet in grünen Fesseln,* Wien 2007.

Sheldon Krimsky, *Science in the Private Interest. Has the lure of profits corrupted biomedical research?,* Lanham 2003.

Géraldine Kutal et al., *Biofuels: At What Cost? Government support for ethanol and biodiesel in the European Union,* Global Subsidies Initiative 2007; www.globalsubsidies.org.

Nigel Lawson, »Deep Thought. Climate of Superstition«, *in: Spectator,* 11. März 2006.

Christopher Leo, *Talking Together instead of Shouting: A Dialogue about Sprawl and Urban Development,* Blog, 30. Dezember 2007; http://blog.uwinnipeg.ca/ChristopherLeo/archives/2007/12/whos_right_what.html.

Christopher Leo, *Peak Oil, Suburbia and Political Tipping Points*, Blog, 2. März 2008; http://blog.uwinnipeg.ca/ChristopherLeo.

Richard G. Lipsey, »Wachstum, Technologie und Institutionen. Parameter der geschichtlichen Entwicklung«, in: Beatrice Weder di Mauro (Hg.): *Chancen des Wachstums*, Frankfurt am Main/New York, 2007.

David B. Lobell et al., »Prioritizing Climate Change Adaptation Needs for Food Security in 2030«, *Science,* 319 (2008), Seiten 607–610.

Larry Lohmann, *Carbon Trading. A Critical Conversation on Climate Change, Privatisation and Power*; Dorset 2006; www.thecornerhouse.org.uk/pdf/document/carbonDDlow.pdf.

Bjørn Lomborg, *The Skeptical Environmentalist. Measuring the real state of the world,* Cambridge 2001.

Bjørn Lomborg (Hg.), *Global Crises, Global Solutions*, Cambridge 2004.

Bjørn Lomborg, *Cool it! Warum wir trotz Klimawandels einen kühlen Kopf bewahren sollten*, München 2008.

Reinhard Loske, »Allen wohl und keinem wehe. Ein kritischer Blick auf den Brundtland-Bericht«, in: *Ökologisches Wirtschaften,* 1 (2007), Seite 11.

Laetitia Loulergue et al., »Orbital and millennial-scale features of atmospheric CH_4 over the past 800,000 years«, in: *Nature,* 453 (2008), Nr. 7193, Seiten 383–386.

Fred Luks, *Die Zukunft des Wachstums. Theoriegeschichte, Nachhaltigkeit und die Perspektiven einer neuen Wirtschaft*, Marburg 2001.

Fred Luks, »Nachhaltigkeit braucht Verschwendung!«, in: *Politische Ökologie,* 102/103 (2007), Seiten 88–89.

Dieter Lüthi et al., »High-resolution carbon dioxide concentration record 650,000–800,000 years before present«, in: *Nature,* 453 (2008), Seiten 379–382.

Tommaso Luzzati/Marco Orsini, »The Natural Environment and Economic Growth: Looking for the Energy EKC«, in Economic Growth: Institutional and Social Dynamics, Programma di ricerca nazionale PRIN 2005, Arbeitspapier Nr. 07.

P.M., *Neustart Schweiz. So geht es weiter*, Solothurn 2008.

Mohssen Massarrat: »Ölpreis und Demokratie«, in: *Spektrum der Wissenschaft*, November 2006, Seiten 54–61.

Marcel Mazoyer/Laurence Roudart, *Histoire des agricultures du monde,* Paris 2002.

John McNeill, *Blue Planet,* Frankfurt am Main/New York 2003.

Zakes Mda, »Ein zweifelhafter Deal«, in: *Neue Zürcher Zeitung,* 24. Mai 2007.

Dennis Meadows, et al., *Grenzen des Wachstums. Das 30-Jahre-Update. Signal zum Kurswechsel*, Stuttgart 2006.

Donella Meadows et al., *Limits to Growth*, London 1972.

Horst Meixner, »Die ökonomische Logik der Kernenergie«, in: *Jahrbuch für Sozialwissenschaft,* 34 (1983), Seiten 59–93.

Millennium Ecosystem Assessment, *Ecosystems and Human Well-Being: Synthesis*, Washington D. C. 2005.

Christian Nellemann et al., *In Dead Water. Merging of Climate Change with Pollution, Over-Harvest, and Infestations in the World's Fishing Grounds*, United Nations Environment Programme, Februar 2008; www.unep.org/pdf/InDeadWater_LR.pdf.

Mark Nevin, *Before Americans Can Conserve Gas Government Policies Will Have to Change*, George Mason's University's History News Network, 12. September 2005; http://hnn.us/articles/15582.html.

William D. Nordhaus, »Reflections on the Economics of Climate Change«, in: *Journal of Economic Perspectives,* 7 (1993), Seiten 11–25.

William D. Nordhaus, »The Stern Review on the Economics of Climate Change«, in: *Journal of Economic Literature,* 45 (2007), Seiten 686–702.

William D. Nordhaus, *A Question of Balance. Weighing the Options on Global Warming Policies*, New Haven 2008.

Novatlantis, *Leichter leben,* Broschüre 2005; www.novatlantis.ch/index.php?id=27.

OECD, *OECD's Environmental Outlook to 2030*, März 2008; www.oecd.org/environment/outlookto2030.

Oil Change International, *Aiding Oil Harming the Climate. A database of public funds for fossil fuels*, 2007; www.endoilaid.org/aidingoil.

Michael Oppenheimer et al., »The Limits of Consensus«, in: *Science,* 317 (2007), Seiten 1505–1506.

Oxfam, *Another Inconvenient Truth. How biofuel policies are deepening poverty and accelerating climate change,* Oxfam Briefing Paper, 114, Juni 2008; www.oxfam.de/download/Inconvenient_Truth_Biofuels.pdf.

Boris Palmer, *Eine Stadt macht blau. Politik im Klimawandel – das Tübinger Modell*, Köln 2009.

Glen P. Peters/Edgar G. Hertwich, »CO_2 Embodied in International Trade with Implications for Global Climate Policy«, in: *Environmental Science and Technology,* 42 (2008), Seiten 1401–1407.

John M. Polimeni et al., *Jevons' Paradox and the Myth of Resource Efficiency Improvements*, London 2007.

Gwyn Prins/Steve Rayner, »Time to ditch Kyoto«, in: *Nature,* 449 (2007), Seiten 973–975.

Das Protokoll von Kyoto zum Rahmenübereinkommen der Vereinten Nationen über Klimaänderungen, 1998; www.unfccc.int/resource/docs/convkp/kpger.pdf.

Michael Raupach et al., »Global and Regional Drivers of Accelerating CO_2 Emissions«, in: *PNAS*, pre-print 22. Mai 2007; www.pnas.org/cgi/content/abstract/104/24/102882007.

Dorothy L. Robinson, »Do enforced bicycle helmet laws improve public health? No clear evidence from countries that have enforced the wearing of helmets«, in: *British Medical Journal,* Band 332 (2006), Seiten 722–724.

C. Ford Runge/Benjamin Senauer, »How Biofuels Could Starve the Poor«, in: *Foreign Affairs,* Mai/Juni 2007; www.foreignaffairs.org/20070501faessay86305/c-ford- runge-benjamin-senauer/how-biofuels-could-starve-the-poor.html.

Astrid Schneider, »Die Sirenen schrillen«, Interview mit Fatih Birol, in: *Internationale Politik*, April 2008; http://www.internationalepolitik.de/ip/archiv/jahrgang-2008/april/--die-sirenen-schrillen--.html

Nadia El-Hage Scialabba, *Organic Agriculture and Food Security*, Tagungsbericht der FAO, Rom 2007.

Timothy Searchinger et al., »Use of U.S. Croplands for Biofuels Increases Greenhouse Gases Through Emissions from Land Use Change«, in: *Science*, 319 (2008), Seiten 829–836.

Secretar'a de Energ'a, *Potenciales y Viabilidad del Uso de Bioetanol y Biodiesel para el Transporte en México*; www.energia.gob.mx/webSener/res/PE_y_DT/pub/biocombustibles_en_Mexixo_Estudio_Completo.pdf.

Rolf Peter Sieferle, *Rückblick auf die Natur*, München 1997.

Rolf Peter Sieferle et al., *Das Ende der Fläche. Zum gesellschaftlichen Stoffwechsel der Industrialisierung*, Köln/Weimar/Wien 2006.

Hans-Werner Sinn, *Das grüne Paradoxon. Plädoyer für eine illusionsfreie Klimapolitik*, Berlin 2008.

Edward Smeets et al., *A quickscan of global bio-energy potentials for 2050*, Utrecht 2004.

Adam Smith, *The Wealth of Nations*, 1776.

Steve Sorrell, *The Rebound Effect: an assessment of the evidence for economy-wide energy savings from improved energy efficience*, 2007; www.ukerc.ac.uk/ResearchProgrammes/TechnologyandPolicyAssessment/ReboundEffect.aspx.

Clive Spash, *Greenhouse Economics. Value and Ethics*, London/New York 2002.

Clive Spash, »Climate Change: Need for New Economic Thought«, in: *Economic and Political Weekly*, 10. Februar 2007, Seiten 489–490.

Clive Spash, »The economics of climate change impacts à la Stern: Novel and nuanced or rhetorically restricted?«, in: *Ecological Economics*, 63 (2007), Seiten 706–713.

U. Thara Srinivasan et al., »The Debt of Nations and the Distribution of Ecological Impacts from Human Activities«, in: *PNAS*, 105 (2008), Seiten 1768–1773.

Ronald Steenblik, *Biofuels – At What Cost? Government support for ethanol and biodiesel in selected OECD countries*, Global Subsidies Initiative 2007; www.globalsubsidies.org.

Ronald Steenblik/Juan Simón, *Biofuels: At What Cost? Government support for ethanol and biodiesel in Switzerland*, Global Subsidies Initiative 2007; www.globalsubsidies.org.

Nicholas Stern et al., *Stern Review on the Economics of Climate Change*, Cambridge 2006; www.hm-treasury.gov.uk/independent_reviews/stern_review_economics_climate_change.

Jürgen Trittin, »Volle Tanks und volle Mägen«, in: *Politische Ökonomie*, 106/107 (2007), Seiten 58–60.

United Nations Environmental Programme, *Global Environment Outlook GEO4. Environment for Development,* Valletta 2007; www.unep.org/geo/geo4/report/GEO-4_Report_Full_en.pdf.

United Nations Framework Convention on Climate Change, 1992; www.unfccc.int/resource/docs/convkp/convger.pdf.

Eberhard von Koerber: »Chancen oder neue Grenzen des Wachstums? Verträgliches Wachstum für das 21. Jahrhunderts«, in: Beatrice Weder di Mauro (Hg.): *Chancen des Wachstums,* Frankfurt am Main/New York 2007.

Ernst Ulrich von Weizsäcker/Amory B. Lovins/L. Hunter Lovins, *Faktor vier. Doppelter Wohlstand – halbierter Naturverbrauch. Der neue Bericht an den Club of Rome,* München 1995.

Beatrice Weder di Mauro (Hg.): *Chancen des Wachstums,* Frankfurt am Main/New York 2007.

Harald Welzer, *Klimakriege. Wofür im 21. Jahrhundert getötet wird,* Frankfurt am Main 2008.

Rolf Widmer et al., »Evaluation and comparison of bio-fuelled mobility with all-electric solutions using Life Cycle Assessment«, Arbeitspapier, vorgestellt an der EET-2007 European Ele-Drive Conference, Brüssel, 30. Mai bis 1. Juni 2007.

Wissenschaftlicher Beirat der Bundesregierung Globale Umweltgefahren (WBGU), *Welt im Wandel: Sicherheitsrisiko Klimawandel,* Berlin/Heidelberg 2007.

World Commission on Environment and Development, *Our Common Future,* Oxford 1987; http://ringofpeace.org/environment/brundtland.html.

WWF International, *Stop Climate Change: It Is Possible!,* 3. Mai 2007; http://assets.panda.org/downloads/ipcc_wg3_solutions_thu3may07.pdf.

Rainer Zah et al., *Ökobilanz von Energieprodukten: Ökologische Bewertung von Biotreibstoffen. Schlussbericht,* Bern 2007.

Jean Ziegler, *Report of the Special Rapporteur on the Right to Food: The Impact of Biofuels on the Right to Food,* A/62/269, 22. August 2007; www.righttofood.org/A62289.pdf.

Werner Zittel/Jörg Schindler: *Crude Oil. The Supply Outlook. Report to the Energy Watch Group,* Oktober 2007; www.energywatchgroup.org/Erdoel-Report.32.0.html.

Ulrich Teusch
Die Katastrophengesellschaft
Warum wir aus Schaden
nicht klug werden

230 Seiten, Broschur, 2008
ISBN 978-3-85869-367-9
Fr. 35.–/Euro 22,–

Die Sicherheitsillusion

Die Welt ist so sicher – und so katastrophenträchtig wie noch
nie. Ulrich Teusch beschreibt in diesem erhellenden Essay den
Umgang, den wir uns mit »der Katastrophe« angeeignet haben:
Sie ist das Schreckliche, das wir nicht missen möchten. Und die
Politik versucht, aus der Ambivalenz Kaptital zu schlagen.

> »Die Katastrophengesellschaft *ist ein sehr lebendiges Buch,*
> *deutlich mit viel Emotionen geschrieben, was sich oft in*
> *Ironie und Zynismus äußert.«*
>
> DEUTCHLANDRADIO KULTUR

Rotpunktverlag.

Christoph Then
Dolly ist tot
Biotechnologie am Wendepunkt

290 Seiten, Broschur, 2008
ISBN 978-3-85869-368-6
Fr. 35.–/Euro 22,–

Die biotechnische Illusion

Die erfolgreiche Analyse der Gene zeigt, dass sich die Lebens-
prozesse nicht auf einzelne Bestandteile reduzieren lassen. Damit
aber werden die Grundlagen des Geschäfts mit Genmanipulati-
on, Klonierung und Patentierung radikal in Frage gestellt.

*»Der Autor zeichnet ein erschreckendes und irritierendes
Bild einer nicht allzu fernen Zukunft mit leuchtenden
Schweinen, mit Bakterien, die Arzneien produzieren und
von Saatgut, das gegen Spritzmittel resistent ist, und die
Mensch, Tier und Umwelt langsam und unaufhaltsam ver-
giften. Denn der Autor schlüsselt den Stand der Forschung
akribisch auf und verdeutlicht, dass die Grundsteine für
solche Entwicklungen längst gelegt wurden.*

SÜDDEUTSCHE ZEITUNG

Rotpunktverlag.

Vandana Shiva
Erd-Demokratie
Alternativen zur neoliberalen
Globalisierung

Aus dem Englischen von Lotta Suter
300 Seiten, Broschur, 2006
ISBN 978-3-85869-327-3
Fr. 34.–/Euro 19,80

Plädoyer für eine andere Globalisierung

Die indische Ökofeministin und Trägerin des Alternativen Frie-
densnobelpreises Vandana Shiva nennt ihre Vision einer gerech-
teren Weltordnung »Erd-Demokratie«: Eine Demokratie, die
lokal und regional verankert ist – aber auf zentralen, universell
gültigen Werten gegründet.
Eine weltumspannende Demokratie, in der nicht die Interessen
der Wirtschaft, sondern die Menschen und der nachhaltige Umgang mit der Natur im Zentrum stehen.

> *»Vandana Shivas neues Buch kämpft wortgewaltig für
> die ursprünglichen Rechte der Bürger und ihre lokale
> Wirtschaftsweise.«*
>
> RUDOLF SPETH, FRANKFURTER RUNDSCHAU

Rotpunktverlag.

Vandana Shiva
Leben ohne Erdöl
Eine Wirtschaft von unten
gegen die Krise von oben

Aus dem Englischen von Lotta Suter

ca. 200 Seiten, Broschur
ISBN 978-3-85869-405-8
ca. Fr. 32.–/ca. Euro 19,50

Erscheint im Oktober 2009

Kultur der würdevollen Arbeit

Noch nie in der Geschichte hat menschliches Handeln die
Existenz der gesamten Menschheit bedroht. Doch heute sehen
wir uns einer dreifachen Krise gegenüber, von denen jede
einzelne unser Überleben gefährdet.
Klima: Die Erderwärmung gefährdet unser Überleben als
Gattung. **Energie:** »Peak Oil« bedeutet das Ende der billigen
Energie, die die Industrialisierung und die Globalisierung
des Konsums angetrieben hat. **Nahrung:** Die Hungerkrise entsteht als Folge des Zusammentreffens von Klimaveränderung,
Peak Oil und verschärftem Nord-Süd-Gefälle.
Vandana Shiva liefert auch mit diesem Buch, gut verständlich
und immer anhand konkreter Beispiele argumentierend,
ein mutiges Plädoyer für ein sofortiges Umdenken. Dazu gibt
es keine Alternative.

Rotpunktverlag.